C·H·Beck
PAPERBACK

«Gewalt wird dadurch angefacht, dass man leichtgläubigen Leuten, die in die Hände von kundigen Fachleuten des Terrors fallen, ausschließliche Identitäten aufschwatzt.» Amartya Sen sagt all jenen den Kampf an, die uns auf eine einzige Identität festlegen wollen, in der es statt Freiheit Vorurteile und statt Vielfalt nur noch Stereotypen gibt. Wenn wir eine Zukunft wollen, in der Gerechtigkeit, Kooperation und Toleranz den Sieg über Fundamentalismus, Vereinfachung und Gewalt davontragen, dann müssen wir uns mit den unverändert aktuellen Thesen von Sen auseinandersetzen. In einem eigens für die deutsche Neuausgabe dieses Buches geschriebenen Nachwort zeichnet der Nobelpreisträger die beunruhigenden Entwicklungen des letzten Jahrzehnts in knapper Form nach und betont dabei die unveränderte Notwendigkeit, radikalen Identitätsfixierungen im Namen einer pluralistischen Gesellschaft entgegenzutreten.

Amartya Sen ist Professor für Philosophie und Professor für Ökonomie an der Harvard Universität. 1998 erhielt er den Nobelpreis für Ökonomie, 2020 wurde ihm der Friedenspreis des deutschen Buchhandels zuerkannt. Mehr als 100 Ehrendoktorate weltweit wurden ihm zuerkannt. Bei C. H. Beck sind von ihm erschienen: «Die Idee der Gerechtigkeit» ([2]2020), «Indien. Ein Land und seine Widersprüche» (2014, mit Jean Drèze) und zuletzt «Die Welt teilen. Sechs Lektionen über Gerechtigkeit» (2020).

Amartya Sen

Identität und Gewalt

Aus dem Englischen von
Friedrich Griese

Mit einem Nachwort zur deutschen Neuausgabe

Aus dem Englischen von
Andreas Wirthensohn

C.H.Beck

Die deutsche Ausgabe dieses Buches
erschien zuerst in gebundener Form
unter dem Titel «Die Identitätsfalle. Warum es
keinen Krieg der Kuturen gibt» im Verlag C. H. Beck 2007.

Titel der amerikanischen Originalausgabe:
Identity and Violence: The Illusion of Destiny
W. W. Norton & Company, New York, London 2006

1. Auflage. 2020

www.chbeck.de
Umschlaggestaltung: Konstanze Berner, München
Autorenfoto: © Gretchen Ertl, picture alliance/AP Photo
Satz: Fotosatz Amann, Memmingen
Druck und Bindung: Druckerei C.H.Beck, Nördlingen
Printed in Germany
ISBN 978 3 406 76259 8

myclimate

klimaneutral produziert
www.chbeck.de/nachhaltig

Inhalt

Für Antara, Nandana, Indrani und Kabir
in der Hoffnung auf eine weniger in
Illusionen gefangene Welt

Prolog

Als ich vor einigen Jahren von einer kurzen Auslandsreise nach England zurückkam (ich war damals Rektor – Master – des Trinity College in Cambridge), stellte mir der Beamte der Einwanderungsbehörde in Heathrow, der meinen indischen Pass sehr eingehend prüfte, eine einigermaßen knifflige philosophische Frage. Wegen des Wohnsitzes, der auf dem Einwanderungsformular angegeben war (Master's Lodge, Trinity College, Cambridge), wollte er wissen, ob der Rektor, dessen Gastfreundschaft ich augenscheinlich genoss, ein enger Freund von mir sei. Das stimmte mich nachdenklich, denn mir war nicht ganz klar, ob ich behaupten konnte, ein Freund von mir zu sein. Nach einiger Überlegung kam ich zu dem Schluss, dass die Frage zu bejahen war, denn ich bin oft ziemlich freundlich zu mir, und außerdem kann ich, wenn ich dumme Sachen sage, sofort sehen, dass ich angesichts von Freunden, wie ich einer bin, keine Feinde brauche. Da es einige Zeit in Anspruch nahm, das alles zu klären, wollte der Beamte der Einwanderungsbehörde genau wissen, warum meine Antwort auf sich warten ließ und ob mit meinem Aufenthalt in Großbritannien etwas nicht stimmte.

Nun, dieses praktische Problem wurde schließlich gelöst, aber das Gespräch war ein Wink, wenn es denn eines solchen bedurfte, dass Identität eine komplizierte Sache sein kann. Natürlich können wir uns unschwer davon überzeugen, dass ein Objekt mit sich selbst identisch ist. Der große Philosoph Wittgenstein bemerkte einmal, es gebe «kein schöneres Beispiel eines nutzlosen Satzes» als den, dass etwas mit sich selbst identisch ist, der aber doch, so fuhr Wittgenstein fort, «mit einem Spiel der Vorstellung verbunden ist».

Noch komplizierter wird es, wenn wir von der Vorstellung, dass *etwas mit sich selbst identisch ist*, zu jener übergehen, dass man *mit anderen* von einer bestimmten Gruppe *eine Identität teilt* (das ist die Form, welche die Vorstellung von sozialer Identität sehr oft annimmt). Aus dem Anspruch, den unterschiedliche Gruppen auf unvereinbare Identitäten erheben, entstehen denn auch viele politische und soziale Konflikte, weil der Begriff der Identität unser Denken und Handeln auf vielerlei Weise beeinflusst.

Mit den gewaltsamen Vorfällen und Greueltaten der letzten Jahre hat eine Zeit schrecklicher Verwirrung und furchtbarer Auseinandersetzungen begonnen. Die Politik der globalen Konfrontation gilt vielfach als natürliche Folge religiöser oder kultureller Spaltungen der Welt. Die Welt wird sogar, wenn auch nur implizit, zunehmend als ein Verbund von Religionen oder Zivilisationen verstanden, wobei man sich über alle anderen Blickwinkel, unter denen die Menschen sich selbst sehen, hinwegsetzt. Dieser Sichtweise liegt die merkwürdige Annahme zugrunde, dass es nur ein einziges, überwölbendes System gebe, nach dem man die Menschen einteilen kann. Wenn man die Weltbevölkerung nach Zivilisationen oder Religionen unterteilt, gelangt man zu einer «solitaristischen» Deutung der menschlichen Identität, wonach die Menschen einer und nur einer Gruppe angehören (die hier durch Zivilisation oder Religion definiert ist, während man früher die Nationalität oder die Klassenzugehörigkeit in den Vordergrund stellte).

Mit einer solitaristischen Deutung wird man mit ziemlicher Sicherheit fast jeden Menschen auf der Welt missverstehen. Im normalen Leben begreifen wir uns als Mitglieder einer Vielzahl von Gruppen – ihnen allen gehören wir an. Eine Person kann gänzlich widerspruchsfrei amerikanische Bürgerin, von karibischer Herkunft, mit afrikanischen Vorfahren, Christin, Liberale, Frau, Vegetarierin, Langstreckenläuferin, Historikerin, Lehrerin, Romanautorin, Feministin, Heterosexuelle, Verfechterin der Rechte von Schwulen und Lesben, Theaterliebhaberin, Umweltschützerin, Tennisfan, Jazzmusikerin und der tiefen Überzeugung sein, dass es im All intelligente Wesen gibt, mit denen man sich ganz dringend verständigen muss (vorzugsweise auf englisch). Jede dieser Gruppen, denen allen diese Person gleichzeitig angehört, vermittelt ihr eine bestimmte Identität. Keine von ihnen kann als die einzige Identitäts- oder

Zugehörigkeits-Kategorie dieser Person aufgefasst werden. Angesichts unserer unausweichlich pluralen Identität müssen wir im jeweils gegebenen Kontext entscheiden, welche Bedeutung wir unseren einzelnen Bindungen und Zugehörigkeiten zumessen.

Um ein menschliches Leben zu führen, muss man also nachdenken und eine Wahl treffen. Der Gewalt wird dagegen Vorschub geleistet, wenn wir die Ansicht hegen, wir müssten unausweichlich eine angeblich einzigartige – oft streitbare – Identität haben, die augenscheinlich weitreichende (und zuweilen höchst unangenehme) Forderungen an uns stellt. Das Auferlegen einer angeblich einzigartigen Identität gehört oft als entscheidender Bestandteil zu der «Kampfkunst», sektiererische Auseinandersetzungen zu schüren.

Viele gutgemeinte Bemühungen, solche Gewalt zu unterbinden, werden leider dadurch erschwert, dass unsere Identitäten erkennbar nicht frei gewählt sind, was unsere Fähigkeit, die Gewalt zu besiegen, ernsthaft beeinträchtigt. Sieht man, wie es zunehmend der Fall ist, die Chancen für gute Beziehungen zwischen unterschiedlichen Menschen vornehmlich in der «Freundschaft zwischen Kulturen», im «Dialog zwischen religiösen Gruppen» oder in «freundschaftlichen Beziehungen zwischen unterschiedlichen Gemeinschaften» (unter Absehung von den vielfältigen sonstigen Möglichkeiten, wie Menschen sich aufeinander beziehen), so wird der Mensch, noch ehe die geplanten Friedensprogramme eingeleitet sind, schwerwiegend verkürzt.

Unser gemeinsames Menschsein wird brutal in Frage gestellt, wenn man die vielfältigen Teilungen in der Welt auf ein einziges, angeblich dominierendes Klassifikationsschema reduziert, sei es der Religion, der Gemeinschaft, der Kultur, der Nation oder der Zivilisation – ein Schema, dem in Sachen Krieg und Frieden jeweils einzigartige Wirkung zugeschrieben wird. Die Aufteilung der Welt nach einem einzigen Kriterium stiftet weit mehr Unfrieden als das Universum der pluralen und mannigfaltigen Kategorien, welche die Welt prägen, in der wir leben. Sie läuft nicht nur der altmodischen Ansicht zuwider, dass «wir Menschen alle ziemlich ähnlich sind» (über die man heutzutage gern – und nicht ganz unbegründet – spottet, weil sie allzu unbedarft ist), sondern auch der seltener erwähnten, aber sehr viel plausibleren Auffassung, dass wir *auf mannigfaltige Weise verschieden* sind. Die Hoffnung auf Eintracht in der heutigen Welt beruht in hohem Maße auf einem klareren Verständnis der Vielzahl unserer menschlichen Identitäten und der Einsicht, dass diese sich überschneiden und damit einer scharfen Abgrenzung nach einem einzigen unüberwindlichen Einteilungskriterium entgegenwirken.

Neben bösen Absichten trägt nämlich auch die gegenwärtige Begriffsverwirrung erheblich zu der Unruhe und Grausamkeit bei, die wir ringsum beobachten. Die Illusion der Schicksalhaftigkeit insbesondere der einen oder anderen ausschließlichen Identität fördert die Gewalt in der Welt sowohl durch Unterlassungen als auch durch Taten. Wir müssen deutlich erkennen, dass wir viele verschiedene Zugehörigkeiten haben und auf sehr viele unterschiedliche Weisen miteinander umgehen können, gleichgültig, was die Aufwiegler und ihre aufgeregten Gegner uns sagen. Wir selbst können über unsere Prioritäten entscheiden.

Die Vernachlässigung der Vielfalt unserer Zugehörigkeiten und der Pflicht, nachzudenken und eine Wahl zu treffen, verfinstert die Welt, in der wir leben. Sie treibt uns hin zu den erschreckenden Aussichten, die Matthew Arnold in «Dover Beach» geschildert hat:

> And we are here on a darking plain
> Swept with confused alarms of struggle and flight,
> Where ignorant armies clash by night.
>
> (Wir sind hier wie in einer dunklen Bucht,
> Wo – von Alarmen, die sie nicht verstehen, gehetzt –
> bei Nacht sich schlagen zwei Armeen.)

Das kann nicht alles sein.

Vorwort

Oscar Wilde stellte die rätselhafte Behauptung auf: «Die meisten Menschen sind jemand anderes.» Das mag nach einem seiner ausgefallenen Wortspiele klingen, doch in diesem Fall begründete Wilde seine Ansicht sehr überzeugend: «Ihre Gedanken sind die Meinungen anderer, ihr Leben ist Nachahmung, ihre Leidenschaften sind Zitate.» Tatsächlich werden wir in erstaunlichem Maße von Menschen beeinflusst, mit denen wir uns identifizieren. Sektiererischer Hass kann sich, wenn er aktiv geschürt wird, zu einem Flächenbrand ausweiten – das haben wir in letzter Zeit im Kosovo, in Bosnien, Ruanda, Timor, Israel, Palästina, im Sudan und an vielen anderen Orten auf der Welt gesehen. Das Gefühl der Identität mit einer Gruppe kann, entsprechend angestachelt, zu einer mächtigen Waffe werden, mit der man anderen grausam zusetzt.

Viele der Konflikte und Grausamkeiten in der Welt beruhen denn auch auf der Illusion einer einzigartigen Identität, zu der es keine Alternative gibt. Die Kunst, Hass zu erzeugen, nimmt die Form an, die Zauberkraft einer vermeintlich überlegenen Identität zu beschwören, die andere Zugehörigkeiten überdeckt, und in einer entsprechend kriegerischen Form kann sie auch jedes menschliche Mitgefühl, jede natürliche Freundlichkeit, die wir normalerweise besitzen mögen, übertrumpfen. Das Ergebnis ist dann entweder krude elementare Gewalt oder heimtückische Gewalt und Terrorismus im globalen Maßstab.

Tatsächlich ist die Annahme, man könne Menschen ausschließlich aufgrund der Religion oder Kultur zuordnen, eine kaum zu unterschätzende Ursache potentieller Konflikte in der heutigen Welt. Der darin enthaltene Glaube an die alles andere beherrschende Macht einer singulären Klassifikation kann die ganze Welt in ein Pulverfass verwandeln.

Oft wird die Welt ausschließlich als eine Ansammlung von Religionen (oder «Zivilisationen» oder «Kulturen») betrachtet, unter Absehung von anderen Identitäten, welche die Menschen haben und schätzen, darunter Klasse, Geschlecht, Beruf, Sprache, Wissenschaft, Moral und Politik. Eine solche einseitige Einteilung löst mehr Konflikte aus als das Universum der pluralen und mannigfaltigen Zuordnungen, welche die Welt prägen, in der wir heute leben. Der Reduktionismus der hohen Theorie kann, oft ungewollt, zur Gewalt der niederen Politik beitragen.

Weltweite Bemühungen um die Überwindung dieser Gewalt werden zudem nicht selten durch eine ähnliche begriffliche Unklarheit behindert; wenn explizit oder implizit eine einzige Identität hingenommen wird, werden dadurch viele der naheliegenden Möglichkeiten des Widerstandes verbaut. Religiös begründete Gewalt wird dann am Ende nicht durch eine Stärkung der Zivilgesellschaft bekämpft, sondern durch die Einsetzung von «gemäßigten» Religionsführern, die die Extremisten in einer innerreligiösen Auseinandersetzung besiegen sollen, indem sie beispielsweise die Forderungen der jeweiligen Religion neu definieren. Wenn man die zwischenmenschlichen Beziehungen nur unter dem Aspekt der Beziehungen zwischen Gruppen sieht, etwa der «Freundschaft» oder des «Dialogs» zwischen Zivilisationen oder Religionsgemeinschaften, und dabei andere Gruppen ignoriert, denen die betreffenden Menschen gleichzeitig angehören (seien es Zusammenschlüsse wissenschaftlicher, sozialer, politischer oder sonstiger kultureller Natur), dann geht vieles, was im menschlichen Leben von Bedeutung ist, gänzlich unter, und man steckt die Menschen in kleine Kästchen.

Dieses Buch handelt von den erschreckenden Folgen einer solchen Verkürzung des Menschen. Sie verlangen von uns eine Überprüfung und Neubewertung etablierter Begriffe, darunter die ökonomische Globalisierung, der politische Multikulturalismus, der historische Postkolonialismus, die soziale Ethnizität, der religiöse Fundamentalismus und der globale Terrorismus. Die Chancen auf Frieden in der heutigen Welt könnten sehr wohl davon abhängen, dass wir die Pluralität unserer Zugehörigkeiten erkennen und anerkennen und dass wir als gemeinsame Bewohner einer großen Welt von der Vernunft Gebrauch machen, statt uns gegenseitig unverrückbar in enge Schubladen zu stecken. Vor allem müssen wir klar erkennen, wie wichtig die Freiheit ist, die wir bei der Bestimmung unserer Prioritäten haben können. Und im Zusammenhang damit müssen wir die Rolle und Wirksamkeit des wohlüberlegten öffentlichen Widerspruchs in den einzelnen Ländern und weltweit angemessen würdigen.

Das Buch ist hervorgegangen aus sechs Vorlesungen über Identität, die ich, der freundlichen Einladung von Professor David Fromkin vom Pardee Center folgend, zwischen November 2001 und April 2002 an der Universität Boston gehalten habe. Das Zentrum widmet sich der Zukunftsforschung, und als Titel der Vorlesungsreihe wurde «Die Zukunft der Identität» gewählt. Doch mit ein wenig Hilfe von T. S. Eliot konnte ich mich davon überzeugen, dass «Gegenwart und Vergangenheit … beide vielleicht gegenwärtig in der Zukunft [sind]». Als das Buch fertig war, zeigte sich, dass es sowohl von der Rolle der Identität in früheren und gegenwärtigen Zusammenhängen als auch von Prognosen für die Zukunft handelt.

Tatsächlich hatte ich zwei Jahre vor den Bostoner Vorlesungen, im November 1998, an der Universität Oxford unter dem Titel «Vernunft vor Identität» einen öffentlichen Vortrag über die Rolle der Vernunft bei der Wahl der Identität gehalten. Obwohl es bei der «Romanes Lecture», die regelmäßig an der Universität Oxford gehalten wird (den ersten Vortrag hatte 1892 William Gladstone gehalten, den von 1999 hielt Tony Blair), sehr förmlich zugeht und ich, kaum war der letzte Satz gesagt (und ehe noch ein Zuhörer eine Frage stellen konnte), in einer Prozession, an deren Spitze die leitenden Herren der Universität in bunten Gewändern marschierten, aus dem Saal geleitet wurde, erreichten mich hinterher doch noch einige hilfreiche Stellungnahmen, weil der Vortrag in einer kleinen Broschüre veröffentlicht wurde. Ich habe mich beim Verfassen dieses Buches auf den Text der Romanes Lecture und daneben auf die Erkenntnisse gestützt, die ich dank dieser Stellungnahmen gewonnen habe.

Überhaupt habe ich sehr profitiert von Kommentaren und Anregungen, die mir nach einer Reihe anderer öffentlicher Vorträge zugingen, welche ich über verwandte Themen (mit einem gewissen Bezug zum Thema Identität) gehalten habe; ich nenne hier die Annual Lecture vor der Britischen Akademie im Jahr 2000, einen Sondervortrag am Collège de France (auf Einladung von Pierre Bourdieu), die Ishizaka Lectures in Tokio, einen öffentlichen Vortrag in der St. Paul's Cathedral, die Phya Prichanusat Memorial Lecture am Vajivarudh College in Bangkok, die Dorab Tata Lectures in Bombay und Delhi, die Eric Williams Lecture bei der Zentralbank von Trinidad und Tobago, die Gilbert Murray Lecture bei OXFAM, die Hitchcock Lectures an der Universität von Kalifornien in Berkeley, die Penrose Lecture vor der American Philosophical Society und die B. P. Lecture des Jahres 2005 im British Museum. Hilfreich waren auch die Diskussionen im Anschluss an diverse Vorlesungen, die ich im Laufe der letzten sieben Jahre in verschiedenen Ländern gehalten habe: am Amherst College, an der Chinesischen Universität Hongkong, der Columbia-Universität in New York, der Universität Dhaka, der Hitosubashi-Universität in Tokio, der Koc-Universität in Istanbul, dem Mt. Holyoke College, der New York University, der Universität Pavia, der Pierre Mendès France-Universität in Grenoble, der Rhodes University in Grahamstown, Südafrika, der Ritsumeikan-Universität in Tokio, der Universität Rovira i Virgili in Tarragona, der Universität Santa Clara, der Technischen Universität Lissabon, der Universität Tokio, der Universität Toronto, der Universität von Kalifornien in Santa Cruz und der Universität Villanova, natürlich zusätzlich zur Harvard-Universität. Diese Diskussionen haben mir sehr geholfen, ein besseres Verständnis der betreffenden Probleme zu entwickeln.

Dank für sehr nützliche Kommentare und Anregungen schulde ich Bina Agarwal, George Akerlof, Sabina Alkire, Sudhir Anand, Anthony Appiah, Homi Bhabha, Akeel Bilgrami, Sugata Bose, Lincoln Chen, Martha Chen, Meghnad Desai, Antara Dev Sen, Henry Finder, David Fromkin, Sakiko Fukuda-Parr, Francis Fukuyama, Henry Louis Gates Jr., Rounaq Jahan, Asma Jahangir, Devaki Jain, Ayesha Jalal, Ananya Kabir, Pratik Kanjilal, Sunil Khilnani, Alan Kirman, Seiichi Kondo, Sebastiano Maffetone, Jugnu Mohsin, Martha Nussbaum, Kenzaburo Oe, Siddiq Osmani, Robert Putnam, Mozaffar Qizilbash, Richard Parker, Kumar Rana, Ingrid

Robeyns, Emma Rothschild, Carol Rovane, Zainab Salbi, Michael Sandel, Indrani Sen, Najam Sethi, Rehman Sobhan, Alfred Stepan, Kotaro Suzumura, Miriam Teschl, Shashi Tharoor und Leon Wieseltier. Mein Verständnis der Vorstellungen Mahatma Gandhis über Identität wurde enorm gefördert durch Diskussionen mit seinem Enkel Gopal Gandhi, der Schriftsteller und gegenwärtig Gouverneur von Westbengalen ist.

Robert Weil und Roby Harrington, meine Lektoren bei Norton, haben mir durch zahlreiche wichtige Anregungen sehr geholfen, und ich habe von Diskussionen mit Lynn Nesbit profitiert. Amy Robbins hat beim Lektorat meines alles andere als sauberen Manuskripts Hervorragendes geleistet, und Tom Mayer hat das Ganze wunderbar koordiniert.

Profitiert habe ich nicht nur von der produktiven akademischen Atmosphäre an der Harvard-Universität, an der ich lehre, sondern auch von den Vorzügen des Trinity College in Cambridge, besonders in den Sommermonaten. Das Centre for History and Economics des King's College in Cambridge war mir als eine sehr effiziente Basis für Recherchen behilflich, und besonders dankbar bin ich Inga Huld Markan, die sich um die Lösung vieler damit verbundener Probleme gekümmert hat. Ananya Kabirs Forschung über verwandte Themen am dortigen Zentrum war ebenfalls eine große Hilfe für mich. Für exzellente Hilfe beim Recherchieren danke ich David Mericle und Rosie Vaughan. Der Ford Foundation, der Rockefeller Foundation und der Mellon Foundation schulde ich großen Dank für ihre gemeinsame Unterstützung bei der Deckung der materiellen Kosten meiner Forschungsaktivitäten.

Schließlich muss ich auch meinen Dank abstatten für den Gewinn, den ich auf dem World Civilization Forum aus umfassenden Diskussionen mit Teilnehmern aus zahlreichen Ländern gezogen habe; dieses Forum fand, von der japanischen Regierung organisiert, im Juli 2005 in Tokio statt, und ich hatte die Ehre, es zu leiten. Profitiert habe ich auch von den Diskussionen der Tagung, die Globus et Locus im Jahr 2004 unter der Leitung von Piero Bassetti in Turin veranstaltete, und vom Symi Symposium über das verwandte Thema der globalen Demokratie, das unter der Leitung von Georgios Papandreou im Juli 2005 in Heraklion, Kreta, stattfand.

Wenngleich es tragische und verstörende Ereignisse sind, denen das aktuelle öffentliche Interesse und Engagement für Fragen der globalen Gewalt entspringt, so ist es doch gut, dass diese Herausforderungen breite Beachtung finden. Da ich mich mit dem größten Nachdruck dafür einsetze, dass wir verstärkt unsere Stimme im Namen einer globalen Zivilgesellschaft (klar abzugrenzen von militärischen Initiativen und strategischen Aktivitäten von Staaten und Staatenbündnissen) erheben, sehe ich mich durch diese interaktiven Entwicklungen ermutigt. Das, denke ich, macht mich zum Optimisten, aber viel wird davon abhängen, wie wir an die uns gestellte Aufgabe herangehen.

Amartya Sen
Cambridge, Massachusetts
Oktober 2005

1. Kapitel

Die Gewalt der Illusion

Der afro-amerikanische Schriftsteller Langston Hughes schildert in seiner 1940 erschienenen Autobiographie *The Big Sea* die unbändige Freude, die ihn ergriff, als er New York hinter sich ließ, um nach Afrika zu reisen. Er warf seine amerikanischen Bücher ins Meer: «Damals glaubte ich, mir eine Million Ziegelsteine vom Herzen zu laden, als ich die Bücher ins Wasser warf.» Er war auf dem Weg in «mein Afrika; Mutterland der schwarzen Völker!» Was er bald erleben würde, war «Afrika! Greifbare, sichtbare Wirklichkeit, kein Buchwissen mehr!»[1] Ein Identitätsgefühl kann eine Quelle nicht nur von Stolz und Freude, sondern auch von Kraft und Selbstvertrauen sein. Es überrascht nicht, dass die Idee der Identität so allgemeine Zustimmung erfährt, vom Grundsatz der Nächstenliebe bei den kleinen Leuten bis hin zu den anspruchsvollen Theorien des sozialen Kapitals und der kommunitaristischen Selbstdefinition.

Und dennoch kann Identität auch töten – und zwar hemmungslos töten. Ein starkes – und exklusives – Gefühl der Zugehörigkeit zu einer Gruppe kann in vielen Fällen mit der Wahrnehmung einer Distanz und Divergenz zu anderen Gruppen einhergehen. Solidarität innerhalb der Gruppe kann Zwietracht zwischen Gruppen verstärken. Es kann passieren, dass wir plötzlich erfahren, dass wir nicht nur Ruander, sondern speziell Hutus sind («wir hassen die Tutsis»), oder dass wir eigentlich nicht nur Jugoslawen sind, sondern genaugenommen Serben («wir können Muslime absolut nicht ausstehen»). Aus meiner Kindheit erinnere ich mich an die Zusammenstöße zwischen Hindus und Muslimen in den 1940 er Jahren im Zusammenhang mit der Teilung Indiens, und ich weiß noch, wie schnell sich die Menschen, die sich im Januar noch kaum voneinander unterschieden, in die grausamen Hindus und die bösen Muslime vom Juli verwandelten. Hunderttausende verloren ihr Leben durch Leute, die, angeführt von den Kommandeuren des Gemetzels, andere im Namen ihres «eigenen Volkes» töteten. Gewalt wird dadurch angefacht, dass man leichtgläubigen Leuten, die in die Hände von kundigen Fachleuten des Terrors fallen, ausschließliche und kriegerische Identitäten aufschwatzt.

Das Identitätsgefühl kann unsere Beziehungen zu anderen – seien es Nachbarn, Mitglieder derselben Gemeinschaft, Mitbürger oder Anhänger derselben Religion – beträchtlich stärken und intensivieren. Die Ausrichtung auf eine bestimmte Identität kann unsere Bindungen bereichern und uns dazu bewegen, vieles füreinander zu tun, und sie kann dazu beitragen, uns aus unserer egozentrischen Lebensführung zu befreien. Die neuere Literatur über das «soziale Kapital», das von Robert Putnam und anderen eindrucksvoll erforscht wurde, hat klar zutage gefördert, dass eine mit anderen in derselben sozialen Gemeinschaft geteilte Identität das Leben aller in dieser Gemeinschaft erleichtern kann; ein Gefühl der Zugehörigkeit zu einer Gemeinschaft wird daher als Ressource betrachtet, genau wie das Kapital.[2] Diese Erkenntnis ist wichtig, muss aber ergänzt werden durch die Einsicht, dass ein Identitätsgefühl viele Menschen entschieden ausschließen kann, während es andere freudig einschließt. Die wohlintegrierte Gemeinde, deren Bewohner mit großartiger Unmittelbarkeit und Solidarität instinktiv absolut wunderbare Dinge füreinander vollbringen, kann genau dieselbe Gemeinde sein, in der Zuwanderern, die von außerhalb in die Gegend ziehen, die Fensterscheiben eingeworfen werden. Die Not der Exklusion kann unter Umständen Hand in Hand gehen mit den Wohltaten der Inklusion.

Die im Zusammenhang mit Identitätskonflikten kultivierte Gewalt scheint sich in aller Welt mit zunehmender Beharrlichkeit zu wiederholen.[3] Obwohl sich die Machtverhältnisse in Ruanda und im Kongo geändert haben mögen, werden die Angriffe einer Gruppe auf die andere mit Nachdruck fortgesetzt. Eine aggressiv auftretende sudanesisch-islamische Identität hat zusammen mit der Ausbeutung ethnischer Unterschiede dazu geführt, dass hilflose Opfer im Süden dieses erschreckend militarisierten Staates vergewaltigt und ermordet werden. Israel und Palästina leiden nach wie vor an dem Wahn dichotomischer Identitäten, die bereit sind, der anderen Seite abscheulichen Schaden zuzufügen. Al Qaida stützt sich stark auf die Kultivierung und Ausbeutung einer militanten islamischen Identität, die sich speziell gegen Menschen des Westens richtet.

Und immer wieder kommen aus Abu Ghraib und von anderen Orten Berichte, dass amerikanische oder britische Soldaten, die ausgesandt wurden, um für Demokratie und Freiheit zu kämpfen, sich äußerst inhumaner Methoden bedienten, um Gefangene zu «zermürben». Die unbeschränkte Macht über das Leben verdächtiger feindlicher Kombattanten oder mutmaßlicher Übeltäter errichtet eine eindeutige Schranke zwischen Gefangenen und Aufsehern auf der Grundlage tiefsitzender unterschiedlicher Identitäten («sie sind ein anderer Schlag als wir»). Oft genug werden dadurch andere, nicht im gleichen Maße trennende Merkmale der Menschen auf der anderen Seite der Schranke verdrängt, zu denen unter anderem die Tatsache gehört, dass auch sie der Menschheit angehören.

Anerkennung konkurrierender Zugehörigkeiten

Wo ist Abhilfe zu finden, wenn ein auf Identität basierendes Denken zu so brutalen Machenschaften führen kann? Sie kann wohl kaum darin bestehen, die Berufung auf die Identität generell zu unterdrücken. Die Identität kann ja eine Quelle von Reichtum und Freundlichkeit wie auch von Gewalt und Terror sein, und es wäre nicht sinnvoll, die Identität insgesamt als ein Übel zu betrachten. Wir müssen uns vielmehr die Einsicht zunutze machen, dass die Stärke einer kriegerischen Identität durch die Macht *konkurrierender* Identitäten eingeschränkt werden kann. Diese können natürlich auch die große Gemeinsamkeit einschließen, dass wir alle Menschen sind, aber daneben viele sonstige Identitäten, die jeder gleichzeitig hat. Das führt zu anderen Einteilungen der Menschen und beschränkt die Möglichkeit, eine besonders aggressive Anwendung einer bestimmten Einteilung auszubeuten.

So mag sich ein Hutu-Arbeiter aus Kigali beispielsweise gedrängt fühlen, sich selbst ausschließlich als Hutu zu verstehen, und dazu angestachelt, Tutsis zu töten, und dennoch ist er nicht nur Hutu, sondern auch Einwohner Kigalis, Ruander, Afrikaner, Arbeiter und Mensch. Es gilt nicht nur, die Pluralität unserer Identitäten und ihre vielfältigen Implikationen anzuerkennen; entscheidend ist auch die Einsicht, dass die zwingende Kraft und Bedeutung bestimmter Identitäten mit ihrer unausweichlichen Verschiedenheit eine Sache unserer freien *Wahl* ist.

So einleuchtend das auch sein mag, muss man doch sehen, dass diese Illusion von den Anhängern geachteter – und wirklich sehr achtbarer – Denkschulen gutgemeinte, aber in ihrer Wirkung verheerende Unterstützung erfährt. Zu den Unterstützern gehören unter anderem engagierte Kommunitaristen, denen zufolge die Gemeinschaftsidentität von vornherein, quasi von Natur aus, unvergleichlich und bestimmend ist, ohne dass es eines menschlichen Willensaktes bedarf (es genügt, um einen sehr beliebten Terminus zu verwenden, die «Anerkennung»), aber auch unbeirrbare Kulturtheoretiker, die die Weltbevölkerung in kleine Kästchen unvereinbarer Kulturen einteilen.

Im normalen Leben verstehen wir uns als Mitglieder einer Vielzahl von Gruppen, denen allen wir angehören. Staatsangehörigkeit, Wohnort, geographische Herkunft, Geschlecht, Klassenzugehörigkeit, politische Ansichten, Beruf, Arbeit, Essgewohnheiten, sportliche Interessen, Musikgeschmack, soziale Engagements usw. – das alles macht uns zu Mitgliedern einer Vielzahl von Gruppen. Jedes dieser Kollektive, denen ein Mensch gleichzeitig angehört, verleiht ihm eine bestimmte Identität. Keine seiner Identitäten darf als seine einzige Identität oder Zugehörigkeitskategorie verstanden werden.

Zwänge und Freiheiten

Viele kommunitaristische Denker neigen zu der Ansicht, eine dominierende gemeinschaftliche Identität sei lediglich eine Sache der Selbsterkenntnis, nicht aber der Wahl. Es fällt jedoch schwer zu glauben, dass ein Mensch wirklich keine Wahl hat, zu entscheiden, welche relative Bedeutung er den verschiedenen Gruppen beimisst, denen er angehört, und dass er seine Identitäten lediglich zu «entdecken» braucht, so als handele es sich um ein rein natürliches Phänomen (wie etwa bei der Feststellung, ob es Tag oder Nacht ist). In Wirklichkeit treffen wir alle – und sei es auch nur stillschweigend – ständig Entscheidungen über die Prioritäten, die wir unseren verschiedenen Zugehörigkeiten und Mitgliedschaften beimessen. Die Freiheit, über unsere Loyalitäten und die Rangfolge der Gruppen, denen wir angehören, selbst zu entscheiden, ist eine besonders wichtige Freiheit, die anzuerkennen, zu schätzen und zu verteidigen wir allen Grund haben.

Aus der Wahlfreiheit folgt natürlich nicht, dass es keine Zwänge gibt, die diese Freiheit einschränken. Eine Wahl wird immer innerhalb der Grenzen dessen getroffen, was wir für machbar halten. Die Machbarkeit wird, was die Identitäten angeht, von den individuellen Merkmalen und Umständen abhängen, welche die uns offenstehenden Möglichkeiten bestimmen. Das ist nun aber keine ungewöhnliche Tatsache. Es gilt für alle Entscheidungen auf allen erdenklichen Gebieten. Nichts könnte elementarer und universaler sein als die Tatsache, dass Entscheidungen immer und überall innerhalb bestimmter Grenzen getroffen werden. Wenn wir beispielsweise entscheiden, was wir auf dem Markt kaufen, können wir uns kaum darüber hinwegsetzen, dass unseren Ausgaben Grenzen gesetzt sind. Der «Budgetzwang», wie die Ökonomen ihn nennen, ist allgegenwärtig. Dass jeder Käufer Entscheidungen treffen muss, heißt nicht, dass es keinen Budgetzwang gibt, sondern nur, dass Entscheidungen innerhalb des jeweiligen Budgetzwangs zu treffen sind.

Was für das elementare Wirtschaften gilt, das gilt auch für komplizierte politische und soziale Entscheidungen. Auch wenn man in den eigenen Augen und in den Augen anderer unausweichlich als Franzose, Jude, Brasilianer, Afro-Amerikaner oder (speziell im Zusammenhang mit den aktuellen Konflikten) als Araber oder Muslim wahrgenommen wird, muss man immer noch entscheiden, welche Bedeutung man dieser Identität im Vergleich zu den anderen Kategorien beimisst, denen man ebenfalls angehört.

Andere überzeugen

Aber auch wenn uns selbst klar ist, wie wir uns sehen möchten, ist es unter Umständen schwierig, andere dazu zu bringen, uns genauso zu sehen. Als in Südafrika noch die Apartheid herrschte, konnte jemand, der nicht weiß war, nicht verlangen, ungeachtet seiner Rassenmerkmale einfach als Mensch behandelt zu werden. Er wurde in der Regel in die Kategorie gesteckt, die der Staat und die dominierenden Mitglieder der Gesellschaft für ihn vorgesehen hatten. Zuweilen kann unsere Freiheit, unsere persönliche Identität in der Wahrnehmung anderer zu behaupten, außerordentlich begrenzt sein, unabhängig davon, wie wir selbst uns sehen.

Manchmal sind wir uns nicht einmal so recht darüber im klaren, wie andere uns wahrnehmen und wie sehr ihre Wahrnehmung von unserer Selbstwahrnehmung abweicht. Eine interessante Lektion steckt in einer Geschichte aus dem Italien der 1920er Jahre, als der Faschismus im ganzen Land rasch Zustimmung fand. Ein Werber der Partei versuchte einen einfachen Sozialisten zu überreden, der faschistischen Partei beizutreten. «Ich ein Mitglied eurer Partei?» antwortete der Umworbene. «Mein Vater war Sozialist. Mein Großvater war Sozialist. Ich kann unmöglich den Faschisten beitreten.» «Was ist das denn für ein Argument?» antwortete der faschistische Werber zu Recht. «Was würdest du denn tun, wenn dein Vater ein Mörder gewesen wäre und dein Großvater auch? Was würdest du dann tun?» «Ach so», sagte der Umworbene, «dann würde ich natürlich der faschistischen Partei beitreten.»

Ist die Zuschreibung in diesem Fall halbwegs annehmbar, ja sogar vorteilhaft, so geht sie in anderen Fällen nicht selten mit einer Verunglimpfung einher, die zur Gewalt gegen den Geschmähten anstiften soll. «Der Jude ist ein Mensch», schrieb Jean-Paul Sartre im «Porträt des Antisemiten», «den die anderen Menschen für einen Juden halten... der Antisemit *macht* den Juden.» Emotionsgeladene Zuschreibungen können zwei verschiedene, aber miteinander zusammenhängende Verzerrungen enthalten: eine falsche Beschreibung von Menschen, die einer angegriffenen Kategorie angehören, und ein Beharren darauf, dass die falsch beschriebenen Merkmale die einzigen seien, die für die Identität der angegriffenen Person relevant sind. Um sich dagegen zu wehren, kann der Angegriffene versuchen, die Zuschreibung bestimmter Merkmale zurückzuweisen, und außerdem auf andere Identitäten verweisen, die er besitzt, wie es Shylock in Shakespeares wunderbar überladener Geschichte versuchte: «Hat nicht ein Jude Augen? Hat nicht ein Jude Hände, Gliedmaßen, Werkzeuge, Sinne, Neigungen, Leidenschaften? Mit derselben Speise genährt, mit denselben Waffen verletzt, denselben Krankheiten unterworfen, mit denselben Mitteln geheilt, gewärmt und gekältet von eben dem Winter und Sommer als ein Christ?»[5]

Gegen herabsetzende Zuschreibungen hat man sich in verschiedenen Kulturen wiederholt mit der Bekräftigung des alle Menschen Einenden gewehrt. In dem rund zweitausend Jahre alten indischen Epos *Mahabharata* antwortet Bharadvaja, ein streitlustiger Gesprächspartner, auf die Verteidigung des Kastensystems durch Bhrigu (eine Säule des Establishments) mit der Frage: «Begierde, Zorn, Furcht, Kummer, Sorge, Hunger und Mühsal scheinen uns alle zu betreffen; weshalb gibt es dann Kastenunterschiede?»

Die Herabsetzung stützt sich nicht nur auf entstellende Beschreibungen, sondern auch auf die Illusion einer ausschließlichen Identität, die der herabzusetzenden Person von anderen zugeschrieben werden muss. «Ich hatte einmal eine Persönlichkeit», sagte der britische Schauspieler Peter Sellers in einem berühmten Interview, «aber ich habe sie operativ entfernen lassen.» Diese Entfernung ist schon eine recht schwierige Sache, aber nicht minder radikal ist die operative Implantation einer «wahren Persönlichkeit» durch andere, die entschlossen sind, aus uns andere zu machen, als wir zu sein glauben. Organisierte Zuschreibung kann den Boden für Verfolgung und Totschlag bereiten.

Aber auch wenn es unter bestimmten Umständen schwierig ist, andere dazu zu bringen, die Bedeutung von Identitäten anzuerkennen, die nicht zum Arsenal der Verunglimpfung gehören (und dabei auf deskriptive Verzerrungen der zugeschriebenen Identität zu verzichten), so ist das kein hinreichender Grund, sich unter veränderten Umständen über diese anderen Identitäten hinwegzusetzen. Das gilt beispielsweise für Juden im heutigen Israel, im Unterschied zum Deutschland der Jahre nach 1933. Es wäre ein später Sieg des Nazismus, hätten die Unmenschlichkeiten der 1930er Jahre einen Juden für immer der Freiheit und der Fähigkeit beraubt, sich auf eine andere Identität als sein Jüdischsein zu berufen.

Außerdem muss die Bedeutung der wohlüberlegten Entscheidung für selbstgewählte Identitäten betont werden, um die Zuschreibung ausschließlicher Identitäten abzuwehren und zu verhindern, dass Menschen sich für Kampagnen mobilisieren lassen, in denen gebrandmarkte Opfer terrorisiert werden. Viele Greueltaten auf der Welt gehen auf Kampagnen zurück, in denen man selbstgewählte Identitäten gegen zugeschriebene austauschte, so dass aus alten Freunden plötzlich Feinde und aus widerlichen Sektierern mächtige politische Führer wurden. Es ist daher eine anstrengende und äußerst wichtige Aufgabe, im identitätsbezogenen Denken den Elementen der Vernunft und der freien Wahl Geltung zu verschaffen.

Leugnung von freier Wahl und Verantwortung

Wenn es tatsächlich Alternativen gibt, zwischen denen wir wählen können, und dennoch angenommen wird, dass es keine gibt, kann man auf den Gebrauch der Vernunft verzichten und kritiklos ein konformistisches Verhalten hinnehmen, wie verwerflich es auch sein mag. Ein solcher Konformismus hat in der Regel konservative Implikationen, und er schirmt überkommene Sitten und Bräuche vor einer vernünftigen Überprüfung ab. Es liegt in der Tat an der fraglosen Hinnahme überkommener Anschauungen (dazu zählt auch die untergeordnete Stellung des traditionellen Underdogs), wenn Frauen in sexistischen Gesellschaften ungleich behandelt werden (und sogar Gewalt erdulden müssen) oder Angehörige anderer ethnischer Gruppen diskriminiert werden. Viele ältere Bräuche und angenommene Identitäten sind durch ihre Infragestellung und Überprüfung zerbröselt. Man darf wohl daran erinnern, dass John Stuart Mills Buch *The Subjection of Women*, erschienen 1874, von vielen seiner britischen Leser als endgültiger Beweis seiner Überspanntheit verstanden wurde, und tatsächlich war das Interesse am Thema der Unterdrückung der Frau so gering, dass dies das einzige Buch von Mill war, bei dem sein Verleger Verlust machte.[6]

Doch nicht immer muss die fraglose Hinnahme einer sozialen Identität auf Traditionalismus beruhen. Es kann auch eine radikale Neuorientierung hinsichtlich der Identität im Spiel sein, die dann, ohne dass eine wohlüberlegte Wahl stattgefunden hätte, als angebliche «Entdekkung» verkauft wird. Daraus kann Gewalt erschreckenden Ausmaßes erwachsen. Es gehört zu meinen schon erwähnten verstörenden Erinnerungen an die Zusammenstöße zwischen Hindus und Muslimen im Indien der 1940er Jahre, dass ich mit dem verwirrten Blick eines Kindes beobachten musste, wie sich infolge der Teilungstendenzen massenhaft Identitäten änderten. Sehr viele Menschen, die sich bisher als Inder, als Bewohner des Subkontinents, als Asiaten oder als Mitglieder der Menschheit verstanden hatten, übernahmen ganz plötzlich eine sektiererische Identifikation mit den Gemeinschaften der Hindus, der Muslime oder der Sikhs. Das anschließende Blutbad beruhte weitgehend auf einem schlichten Herdentrieb der Menschen, die auf einmal ihre neuen kriegerischen Identitäten «entdeckten», ohne diesen Vorgang kritisch zu hinterfragen. Die gleichen Menschen waren auf einmal anders.

Gefangen in der Zivilisation

Einen bemerkenswerten Anwendungsfall imaginierter Singularität findet man in dem grundlegenden Einteilungsschema, das der vieldiskutierten These vom «Kampf der Kulturen» zugrunde liegt, die letzthin, besonders nach dem Erscheinen von Samuel Huntingtons einflussreichem Buch *Kampf der Kulturen. Die Neugestaltung der Weltpolitik im 21. Jahrhundert*, sehr in den Vordergrund gespielt wurde.[7] Das Problem dieses Ansatzes beginnt schon, bevor die Frage, ob es einen solchen Kampf gibt, überhaupt gestellt wird, damit, dass er nur ein Einteilungsmerkmal kennt. Die These vom *Kampf* der Kulturen ist nämlich nur eine parasitäre Weiterführung des Hauptgedankens, die Welt in unterschiedliche Kulturen einzuteilen, die sich zufällig genau an religiösen Trennlinien orientieren, denen singuläre Beachtung zuteil wird. Huntington unterscheidet die westliche Kultur von einer «islamischen», einer «hinduistischen», einer «buddhistischen» Kultur und so weiter. Die angeblich aufeinanderprallenden religiösen Unterschiede sind Bestandteil einer holzschnittartigen Vision, wonach das Weltgeschehen von einer einzigen Konfliktlinie beherrscht ist.

Tatsächlich kann man die Menschheit natürlich nach vielen sonstigen Kriterien unterteilen, und jedes ist von oft weitreichenden Folgen für unser Leben, zum Beispiel nach Nationalität, Wohnort, Klasse, Beruf, Sprache, politischen Neigungen und dergleichen mehr. Dass in den letzten Jahren viel über die religiösen Unterschiede diskutiert worden ist, bedeutet nicht, dass alle sonstigen Unterschiede bedeutungslos sind, und erst recht können sie nicht als einzig relevantes Kriterium zur Einteilung der Menschheit gelten. Wenn man die Weltbevölkerung unterteilt in Angehörige «der islamischen Welt», «der westlichen Welt», «der hinduistischen Welt» und «der buddhistischen Welt», nutzt man stillschweigend das Trennende einer übergeordneten Klassifikation, um die Menschen unverrückbar in ein starres Schema zu pressen. Gegenüber dieser angeblich vorrangigen Unterscheidung treten alle sonstigen Unterschiede (etwa zwischen Reich und Arm, zwischen Angehörigen verschiedener

Klassen und Berufe, zwischen Menschen unterschiedlicher politischer Meinung, zwischen einzelnen Nationalitäten und Wohnorten, zwischen Sprachgruppen usw.) in den Hintergrund.

Die Schwierigkeiten mit der These vom Kampf der Kulturen beginnen lange, bevor wir zum Problem des unausweichlichen Kampfes kommen – sie beginnen mit der Annahme, dass nur eine einzige Klassifikation zählt. Die Frage, ob denn tatsächlich «Kulturen miteinander kämpfen», beruht ja auf der Annahme, dass die Menschheit in erster Linie in ausgeprägte und klar voneinander abgrenzbare Kulturen unterteilt werden kann und dass es irgendwie möglich ist, die Beziehungen zwischen verschiedenen *Menschen* ohne größeren Erkenntnisverlust auf Beziehungen zwischen verschiedenen *Kulturen* zu reduzieren. Der grundlegende Mangel dieser These tritt schon zutage, ehe wir überhaupt zu der Frage kommen, ob es zu einem *Kampf* zwischen den Kulturen kommen muss.

Diese Reduktion geht leider in der Regel einher mit einer recht nebulösen Wahrnehmung der Weltgeschichte, bei der erstens das Ausmaß der Verschiedenheit *innerhalb* dieser Kulturen und zweitens die Reich- und Tragweite der geistigen und materiellen *Interaktionen* übersehen wird, die nicht an den regionalen Grenzen zwischen den sogenannten Kulturen enden (mehr darüber im dritten Kapitel). Sie vernebelt nicht nur die Gehirne derer, die die These vom Kampf bereitwillig unterstützen (sie reichen von westlichen Chauvinisten bis zu islamischen Fundamentalisten), sondern auch derjenigen, die sie *in Zweifel ziehen* möchten, sich dabei aber an die Grenzen des vorher festgelegten Bezugsrahmens halten.

Die Beschränkungen eines solchen kulturbezogenen Denkens können sich als tückisch erweisen, und zwar für Programme eines «Dialogs zwischen den Kulturen» (worum man sich in letzter Zeit stark zu bemühen scheint) ebenso wie für Theorien eines Kampfes der Kulturen. Deutet man das edle und erhebende Bemühen um Freundschaft zwischen den Menschen als Freundschaft zwischen Kulturen, so werden vielseitige Menschen auf eine einzige Dimension reduziert, und die vielfältigen Betätigungen, die jahrhundertelang einen fruchtbaren und vielfältigen Boden für grenzüberschreitende Interaktionen geschaffen haben – Kunst,

Literatur, Wissenschaft, Mathematik, Spiele, Handel, Politik und andere Felder gemeinsamen menschlichen Interesses –, kommen zum Erliegen. Gutgemeinte Bemühungen um globalen Frieden können sehr kontraproduktive Folgen haben, wenn sie sich auf ein grundlegend illusorisches Bild von der Welt der Menschen stützen.

Mehr als ein Verbund von Religionen

Die zunehmende Tendenz, sich bei der Einteilung der Weltbevölkerung auf die Religion zu stützen, könnte zur Folge haben, dass der Westen auf den globalen Terrorismus und die damit verbundenen Konflikte ausgesprochen ungeschickt reagiert. Man erweist «anderen Menschen» seinen Respekt, indem man ihre religiösen Bücher preist, statt die vielfältigen Tätigkeiten und Erfolge der unterschiedlichen Menschen in religiösen wie nicht-religiösen Bereichen in einer global vernetzten Welt zur Kenntnis zu nehmen. Die westliche Politik richtet, wenn sie dem entgegentritt, was in der verworrenen Sprache der heutigen Weltpolitik als «islamischer Terrorismus» bezeichnet wird, ihre geistige Kraft im Grunde darauf aus, den Islam zu definieren oder neu zu definieren.

Doch die ausschließliche Konzentration auf den großen religiösen Unterschied bedeutet nicht nur, dass man andere Anliegen und Ideen, welche die Menschen bewegen, übersieht, sondern hat obendrein zur Folge, dass die Äußerungen religiöser Autoritäten generell aufgebauscht werden. Man behandelt dann die muslimischen Geistlichen so, als seien sie die offiziellen Sprecher der sogenannten islamischen Welt, obwohl sehr viele Menschen, die zufällig muslimischer Religion sind, mit dem, was der eine oder andere Mullah verkündet, überhaupt nicht einverstanden sind. Die Welt erscheint dann ungeachtet unserer *mannigfaltigen Verschiedenheiten* auf einmal nicht als eine Ansammlung von Menschen, sondern als ein Verbund von Religionen und Kulturen. In Großbritannien hat eine verfehlte Anschauung darüber, was eine multiethnische Gesellschaft zu tun hat, dazu geführt, dass neben den schon bestehenden staatlich geförderten christlichen Schulen staatlich finanzierte Muslim-,

Hindu- und Sikh-Schulen entstanden sind, und kleine Kinder werden, lange bevor sie über unterschiedliche Identifikationssysteme, die möglicherweise um ihre Aufmerksamkeit konkurrieren, vernünftig urteilen können, dem ausschließlichen Einfluss bestimmter Zugehörigkeiten ausgesetzt. Zuvor hatten staatliche Konfessionsschulen in Nordirland auf der Grundlage einer schon im frühen Kindesalter vorgenommenen unterschiedlichen Einstufung die politische Distanz zwischen Katholiken und Protestanten verstärkt, und jetzt wird dieselbe frühzeitige Festlegung «entdeckter» Identitäten nicht nur zugelassen, sondern noch gefördert, mit der Folge, dass bei einem anderen Teil der britischen Bevölkerung noch mehr Entfremdung erzeugt wird.

Natürlich kann die religiöse oder kulturelle Einteilung auch eine Ursache für kriegerische Verzerrung sein. Sie kann beispielsweise die Form kruder Anschauungen annehmen, wie sie der amerikanische Generalleutnant William Boykin mit seiner krassen – und inzwischen weithin bekannten – Äußerung verkündete, als er seinen Kampf gegen Muslime mit entwaffnender Derbheit beschrieb: «Ich wusste, dass mein Gott größer ist als seiner» und dass der christliche Gott «ein wirklicher Gott war und [der des Muslims] ein Götze».[8] Das Idiotische einer solch beschränkten Bigotterie ist natürlich leicht zu erkennen, und daher ist es, denke ich, relativ ungefährlich, wenn ein Grobian solche ungelenkten Raketen abfeuert. Ein sehr viel ernsteres Problem sehe ich darin, dass der Westen geistige «Lenkraketen» einsetzt, die auf den ersten Blick als ein nobleres Mittel erscheinen, muslimische Aktivisten von ihrer Frontstellung gegen den Westen abzubringen, nämlich durch die scheinbar gutartige Strategie einer entsprechenden Definition des Islam. Man versucht, islamische Terroristen von der Gewalt fortzureißen, indem man darauf verweist, dass der Islam eine Religion des Friedens sei und dass ein «echter Muslim» tolerant sein müsse («hör also damit auf und sei friedlich»). Die Zurückweisung einer auf Konfrontation ausgerichteten Auffassung des Islam ist in unserer Zeit gewiss angebracht und extrem wichtig, aber wir müssen auch fragen, ob es überhaupt nötig oder sinnvoll oder auch nur möglich ist, in weitgehend politischen Begriffen zu definieren, wie ein «echter Muslim» sein muss.[9]

Muslime und geistige Vielfalt

Die Religion eines Menschen muss nicht seine allumfassende oder ausschließliche Identität sein. Gerade der Islam als Religion enthebt die Muslime in vielen Lebensbereichen nicht der Notwendigkeit einer verantwortungsbewussten Entscheidung. Es ist durchaus möglich, dass der eine Muslim eine streitbare Haltung einnimmt, während ein anderer sich gegenüber Andersgläubigen vollkommen tolerant verhält, ohne dass einer der beiden allein aus diesem Grund aufhört, ein Muslim zu sein.

Ausgesprochen verworren wird die Reaktion auf den islamischen Fundamentalismus und den damit verbundenen Terrorismus auch dann, wenn man generell versäumt, zwischen islamischer Geschichte und der Geschichte der muslimischen Völker zu unterscheiden. Muslime haben wie alle Menschen auf der Welt viele verschiedene Ziele, und nicht all ihre Prioritäten und Werte müssen in ihrer Identität des Islamischseins enthalten sein. (Näheres dazu im vierten Kapitel). Es ist natürlich gar nicht erstaunlich, dass die Anhänger des islamischen Fundamentalismus gern alle anderen Identitäten von Muslimen zugunsten der einen, islamisch zu sein, unterdrücken würden. Es ist aber äußerst merkwürdig, dass diejenigen, welche die mit dem islamischen Fundamentalismus zusammenhängenden Spannungen und Konflikte überwinden möchten, gleichfalls offenbar unfähig sind, Muslime anders zu sehen als eben unter dem Aspekt, dass sie islamisch sind (was dann zu den Bemühungen führt, den Islam neu zu definieren) und nicht die vieldimensionale Natur unterschiedlicher Menschen wahrnehmen, die zufällig auch Muslime sind.

Menschen sehen sich – und haben dafür gute Gründe – auf mannigfaltige Weise. Ein Muslim in Bangladesh ist nicht nur ein Muslim, sondern auch ein Bengale und ein Bangladesher, der in der Regel sehr stolz ist auf die bengalische Sprache, Literatur und Musik, ganz zu schweigen von den Identitäten, die er sonst noch haben mag und die an Klassenzugehörigkeit, Geschlecht, Beruf, politische Einstellung, ästhetischen Geschmack und anderes geknüpft sein können. Die Loslösung Bangladeshs von Pakistan hatte nichts mit Religion zu tun, denn die Mehrheit der

Bevölkerung in den beiden Teilen des ungeteilten Pakistan besaß eine muslimische Identität. Die Loslösung war eine Frage der Sprache, der Literatur und der Politik.

Desgleichen gibt es keinen empirischen Grund dafür, dass Anhänger der muslimischen Vergangenheit oder auch des arabischen Erbes sich ausschließlich auf religiöse Fragen konzentrieren müssten – und nicht auch auf Wissenschaft und Mathematik, wozu arabische und muslimische Gesellschaften so vieles beigetragen haben und was ebenfalls Bestandteil einer muslimischen oder arabischen Identität sein kann. So bedeutsam dieses Erbe auch ist, neigten krude Einteilungen doch dazu, Wissenschaft und Mathematik der «westlichen Wissenschaft» zuzuordnen, so dass anderen Völkern nichts anderes übrig blieb, als ihren Stolz in den Tiefen der Religion zu suchen. Wenn der unzufriedene arabische Aktivist heute nur auf die Reinheit des Islam stolz sein kann und nicht auch auf den mannigfaltigen Reichtum der arabischen Geschichte, trägt die einseitige Vorrangstellung, welche die Krieger auf beiden Seiten der Religion einräumen, nur dazu bei, Menschen in eine einzige Identität einzusperren.

Auch die fieberhafte Suche des Westens nach «dem gemäßigten Muslim» verwechselt Mäßigung in den politischen Anschauungen mit Gemäßigtheit des religiösen Glaubens. Jemand kann einen starken – islamischen oder anderen – religiösen Glauben und zugleich eine tolerante politische Einstellung haben. Sultan Saladin, der während der Kreuzzüge des 12. Jahrhunderts heldenhaft für den Islam kämpfte, konnte, ohne dass dies ein Widerspruch gewesen wäre, dem aus dem intoleranten Europa geflohenen berühmten jüdischen Philosophen Maimonides an seinem königlichen Hof in Ägypten eine ehrenhafte Stellung gewähren. Als der Ketzer Giordano Bruno Anfang des 17. Jahrhunderts auf dem Campo dei Fiori zu Rom auf dem Scheiterhaufen verbrannt wurde, hatte der Großmogul Akbar (der als Muslim geboren wurde und als Muslim starb) in Agra gerade sein großes Projekt vollendet, Minderheitenrechte zu kodifizieren, darunter die Religionsfreiheit für alle.

Besondere Beachtung verdient dabei die Tatsache, dass Akbar seine liberale Politik verfolgen konnte, ohne dass er deshalb aufhörte, ein Muslim zu sein, diese Liberalität aber vom Islam weder vorgeschrieben noch verboten war. Ein anderer Großmogul, Aurangzeb, konnte Minderheitenrechte verweigern und Nicht-Muslime verfolgen, ohne dass man ihm deshalb absprechen konnte, ein Muslim zu sein, ebenso wie Akbar wegen seiner toleranten pluralistischen Haltung nicht aufhörte, Muslim zu sein.

Die Flammen der Verwirrung

Das auch nur stillschweigende Beharren auf einer alternativlosen Singularität der menschlichen Identität setzt nicht nur uns alle in unserer Würde herab, sondern trägt überdies dazu bei, die Welt in Flammen zu setzen. Die Alternative zu einer einzigen, alles andere zurückdrängenden und Unfrieden stiftenden Einteilung besteht nicht in der wirklichkeitsfremden Behauptung, wir seien alle gleich. Das sind wir nicht. Die große Hoffnung auf Eintracht in unserer aufgewühlten Welt beruht vielmehr auf der Pluralität unserer Identitäten, die sich überschneiden und allen eindeutigen Abgrenzungen entgegenstehen, die nur ein einziges, angeblich unentrinnbares Unterscheidungsmerkmal kennen. Unser gemeinsames Menschsein wird brutal in Frage gestellt, wenn unsere Unterschiede reduziert werden auf ein einziges, willkürlich erdachtes Einteilungsschema, dem alles andere untergeordnet wird.

Die wohl schlimmste Beeinträchtigung entspringt der Vernachlässigung und Leugnung der aus der Anerkennung unserer pluralen Identitäten resultierenden Rolle der Vernunft und der Wahlfreiheit. Die Illusion einer einzigen Identität stiftet weit mehr Unfrieden als das Universum der pluralen und mannigfaltigen Unterscheidungen, welche die Welt, in der wir leben, prägen. Weil die alternativlose Singularität die Welt nicht angemessen beschreibt, beschneidet sie unser politisches und gesellschaftliches Urteilsvermögen in schwerwiegender Weise. Die Illusion der Schicksalhaftigkeit fordert einen ungewöhnlich hohen Preis.

2. KAPITEL

Was heißt Identität?

In einem fesselnden Passus seines Buches *In den alten Sklavenstaaten* bringt V. S. Naipaul die Besorgnis zum Ausdruck, seine Vergangenheit und seine geschichtliche Identität im Schmelztiegel der Gegenwart zu verlieren:

> Ich weiß noch, dass ich 1961, als ich für mein erstes Reisebuch in der Karibik unterwegs war, einen Schock empfand, ein Gefühl der Schande und der geistigen Vernichtung, als ich einige der Indianer von Martinique sah und langsam begriff, dass sie von Martinique erdrückt worden waren, dass es mir nicht möglich sein würde, die Weltsicht dieser Leute zu teilen, deren Geschichte irgendwann der meinen geglichen hatte, die nun aber rassisch und in anderer Hinsicht etwas anderes geworden waren.[1]

Solche Sorgen deuten nicht nur auf eine Angst und Unruhe hin, sondern geben auch einen aufschlussreichen Hinweis auf die positive und konstruktive Bedeutung, die von vielen einer gemeinsamen Geschichte und einem darauf beruhenden Zugehörigkeitsgefühl beigemessen wird.

Dennoch sind Geschichte und Herkunft nicht der einzige Aspekt, unter dem wir uns und die Gruppen, denen wir angehören, betrachten. Die Kategorien, denen wir gleichzeitig angehören, sind sehr zahlreich. Was mich betrifft, so kann man mich zur gleichen Zeit bezeichnen als Asiaten, Bürger Indiens, Bengalen mit bangladeshischen Vorfahren, Einwohner der Vereinigten Staaten oder Englands, Ökonomen, Dilettanten auf philosophischem Gebiet, Autor, Sanskritisten, entschiedenen Anhänger des Laizismus und der Demokratie, Mann, Feministen, Heterosexuellen, Verfechter der Rechte von Schwulen und Lesben, Menschen mit einem areligiösen Lebensstil und hinduistischer Vorgeschichte, Nicht-Bramahnen und Ungläubigen, was das Leben nach dem Tode (und, falls es jemanden interessiert, auch ein «Leben vor der Geburt») angeht. Dies ist nur eine kleine Auswahl der unterschiedlichen Kategorien, denen ich gleichzeitig angehören kann – daneben gibt es natürlich noch eine Vielzahl von Zugehörigkeitskategorien, die mich je nach den Umständen bewegen und fesseln können.

Es kann, abhängig vom jeweiligen Kontext, sehr wichtig sein, jeder dieser Gruppen als Mitglied anzugehören. Wenn sie miteinander um Aufmerksamkeit und Vorrangstellung konkurrieren (das muss nicht immer der Fall sein, denn es ist denkbar, dass die Anforderungen unterschiedlicher Loyalitäten einander nicht widersprechen), muss man entscheiden, welche Bedeutung man den einzelnen Identitäten beimisst, und das wird wiederum vom jeweiligen Kontext abhängen. Hier sind zwei Gesichtspunkte zu beachten. Erstens die Einsicht, dass Identitäten entschieden plural sind und dass die Wichtigkeit einer Identität nicht die Wichtigkeit anderer zunichte machen muss. Zweitens muss man explizit oder implizit entscheiden, welche relative Bedeutung man in einem bestimmten Kontext den unterschiedlichen Loyalitäten und Prioritäten beimisst, die möglicherweise miteinander um Vorrang konkurrieren.

Für das Leben in einer Gesellschaft kann es extrem wichtig sein, sich auf die eine oder andere Weise mit anderen zu identifizieren. Doch war es nicht immer leicht, Gesellschaftsanalytiker dazu zu bewegen, die Identität angemessen zu berücksichtigen. So stößt man in der theoretischen Literatur zur Gesellschafts- und Wirtschaftsanalyse gehäuft auf zwei Arten von Reduktionismus. Die eine könnte man «Missachtung der Identität» nennen, und sie äußert sich darin, dass der Einfluss eines Gefühls der Identität mit anderen auf das, was wir schätzen und wie wir uns verhalten, ignoriert oder gänzlich vernachlässigt wird. Ein Großteil der heutigen Wirtschaftstheorie verfährt beispielsweise so, als hätten die Menschen bei der Wahl ihrer Ziele und Prioritäten kein Gefühl der Identität mit irgend jemand außer ihnen selbst oder als beachteten sie dieses nicht. Mag John Donne auch gewarnt haben: «Kein Mensch ist eine Insel, in sich selbst vollständig» – die reine Wirtschaftstheorie postuliert dennoch oft einen Menschen, der sich als ziemlich «vollständig» versteht.

Die andere, mit der «Missachtung der Identität» kontrastierende Art von Reduktionismus können wir als «singuläre Zugehörigkeit» bezeichnen; sie äußert sich in der Annahme, der Mensch gehöre praktisch nur einem Kollektiv an, nicht mehr und nicht weniger. Wir wissen natürlich, dass jeder reale Mensch in Wirklichkeit vielen verschiedenen Gruppen angehört, durch Geburt, Vereinigungen und Bündnisse. Jede dieser Gruppenidentitäten kann dem Menschen ein Gefühl der Zugehörigkeit und Loyalität vermitteln – und tut es zuweilen auch. Trotzdem ist die Annahme einer singulären Zugehörigkeit des Menschen bei mehreren Gruppen von Gesellschaftstheoretikern erstaunlich beliebt, und sei es auch nur stillschweigend. Großen Anklang findet sie offenbar bei Kommunitaristen und bei jenen Theoretikern einer «Kulturpolitik», die die Weltbevölkerung gern in verschiedene Kulturen aufteilen. Man schafft die kniffligen Fragen der pluralen Gruppen und der multiplen Loyalitäten dadurch aus der Welt, dass man jeden Menschen in genau eine Zugehörigkeit presst und die ganze Fülle eines reichen menschlichen Lebens schematisch auf die Behauptung reduziert, der Mensch sei von Natur aus in nur einem Rudel «situiert».

Natürlich ist die Annahme der Singularität nicht nur die Hauptnahrung etlicher Identitätstheoretiker, sie wird auch, wie im ersten Kapitel erörtert, häufig als Waffe sektiererischer Aktivisten benutzt, die ihr Zielpublikum dazu bringen wollen, von allen anderen Verbindungen abzusehen, welche die Loyalität gegenüber der eigens markierten Herde einschränken könnten. Die Aufforderung, von allen Zugehörigkeiten und Loyalitäten außer jenen abzusehen, die von einer einzigen beschränkten Identität ausgehen, kann sehr in die Irre führen und ebenfalls zu sozialen Spannungen und Gewalt beitragen.[2]

Da diese beiden Arten von Reduktionismus im gesellschaftlichen und ökonomischen Denken von heute so stark vertreten sind, verdienen sie ernsthafte Beachtung.

Missachtung der Identität und der rationale Narr

Ich beginne mit der Missachtung der Identität. Vielen modernen Ökonomen erschien die Annahme, der Mensch sei nur auf sein eigenes Interesse bedacht, offenbar ganz «natürlich», und die Merkwürdigkeit dieser Annahme wurde noch durch die ebenfalls recht verbreitete nachdrückliche Behauptung verschärft, dies sei es, was nichts Geringeres als die «Rationalität» grundsätzlich verlangt. Allzu häufig begegnen wir einem Argument, einem vermeintlichen Totschlagargument, das in die Frage gekleidet wird: «Warum hast du dich zu diesem Handeln entschlossen, wenn es nicht in deinem Interesse war?» Indem sie die vielfältigen Motive von Menschen, die mit unterschiedlichen Zugehörigkeiten und Engagements in einer Gesellschaft leben, vollkommen ignoriert, erklärt diese neunmalkluge Skepsis Mahatma Gandhi, Martin Luther King Jr., Mutter Teresa und Nelson Mandela zu riesigen Idioten und den Rest der Menschheit zu kleineren Idioten. Der zielstrebige, eigensüchtige Mensch, der die Verhaltensgrundlage etlicher Wirtschaftstheorien bildet, ist oft mit erhebenden Namen geschmückt worden; man hat ihn zum Beispiel als «homo oeconomicus» oder als «rationalen Akteur» bezeichnet.

Die Annahme eines zielstrebig selbstsüchtigen wirtschaftlichen Verhaltens ist natürlich auf Kritik gestoßen (selbst Adam Smith, der oft als der Gründervater des «homo oeconomicus» gilt, hatte tiefe Zweifel an einer solchen Annahme), doch ein Großteil der modernen Wirtschaftstheorie verhielt sich so, als seien diese Zweifel nicht von Belang und leicht abzutun.[3] In den letzten Jahren wurde diese Generalkritik jedoch ergänzt durch kritische Einwände, die sich auf die Ergebnisse experimenteller Spiele und anderer Verhaltensuntersuchungen stützen, bei denen gewichtige Spannungen zwischen der Annahme eines rein egoistischen Verhaltens mit singulärer Zugehörigkeit und dem tatsächlich beobachteten Verhalten von Menschen zutage traten. Diese Beobachtungen haben die theoretischen Zweifel an der Stimmigkeit und Vertretbarkeit der hypothetisch angenommenen Einstellung solcher einseitig orientierten Menschen empirisch verstärkt, weil in diesem Konzept wegen seiner philosophischen und psychologischen Beschränktheit zwischen durchaus unterscheidbaren Fragen wie «Was soll ich tun?», «Was dient am ehesten meinem Interesse?», «Welche Entscheidungen werden meine Ziele am besten fördern?» und «Was soll ich rational wählen?» nicht wirklich differenziert werden kann. Wer vollkommen konsistent und vorhersagbar handelt, aber auf diese unterschiedlichen Fragen *niemals* verschiedene Antworten geben kann, darf als «rationaler Narr» gelten.[4]

Es ist in diesem Zusammenhang besonders wichtig, in die Charakterisierung von Präferenz und Verhalten in der Wirtschaftstheorie auch die Wahrnehmung und das Verständnis der Identität einzubeziehen.[5] Das ist in der neueren Literatur auf unterschiedliche Weise geschehen. Die Berücksichtigung von Erwägungen der mit anderen in einer Gruppe geteilten Identität und das Wirken von «Loyalitätsfiltern», wie sie der Ökonom George Akerlof nennt, hat starken Einfluss auf das Verhalten und die Interaktionen, die sehr mannigfaltige Formen annehmen können.[6]

Es ist freilich einzuräumen, dass die Widerlegung eines rein egoistischen Verhaltens nicht notwendigerweise bedeutet, dass die Handlungen der Menschen von einem Gefühl der Identität mit anderen beeinflusst werden. Das Verhalten eines Menschen kann durchaus von andersartigen Erwägungen beherrscht sein, beispielsweise dem Festhalten an Normen eines akzeptablen Benehmens (wie etwa finanzieller Redlichkeit oder einem Sinn für Gerechtigkeit) oder seinem Pflichtgefühl – oder seiner treuhänderischen Verantwortung – gegenüber anderen, mit denen er sich nicht erkennbar identifiziert. Dennoch kann ein Gefühl der Identität mit anderen sehr maßgeblich und auf recht komplexe Weise das Verhalten eines Menschen beeinflussen, wobei dieses dann auch ohne weiteres einem borniert egoistischen Verhalten zuwiderlaufen kann.

Diese allgemeine Frage hängt noch mit einer anderen zusammen, nämlich der Bedeutung der evolutionären Selektion von Verhaltensnormen, die eine instrumentell wichtige Rolle spielen können.[7] Führt ein Identitätsgefühl zum Erfolg der Gruppe und dadurch zur Verbesserung der eigenen Lage, so kann es dazu kommen, dass die identitätsabhängigen Verhaltensformen sich ausbreiten und durch Vererbung gefördert werden. Identitätsgefühle können sowohl bei der *reflektierten* Wahl als auch bei der *evolutionären* Selektion bedeutsam sein, und Mischungen von beidem, in denen kritische Reflexion sich mit selektiver Evolution verbindet, können natürlich auch dazu führen, dass identitätsbeeinflusste Verhaltensweisen zunehmen. Die Annahme, auf der die «Missachtung der Identität» beruht, verdient endlich aus der herausgehobenen Position verdrängt zu werden, die sie bisher in beträchtlichen, auf dem Konzept des «homo oeconomicus» aufbauenden Teilen der Wirtschaftstheorie eingenommen hat, aber auch in der politischen Theorie, der Rechtstheorie und der Gesellschaftstheorie (wo sie in nacheifernder Bewunderung – eine aufrichtige Form der Schmeichelei – der sogenannten Ökonomie der rationalen Entscheidung angewandt wurde).

Plurale Zugehörigkeiten und soziale Kontexte

Ich wende mich nun der zweiten Art von Reduktionismus zu, der Annahme der singulären Zugehörigkeit. Jeder von uns hat in seinem Leben in unterschiedlichen Kontexten an Identitäten vielfältiger Art teil, die sich aus seinem Werdegang, seinen Assoziationen und seinen sozialen Aktivitäten ergeben. Das wurde im ersten Kapitel erörtert, sollte hier aber vielleicht noch einmal betont werden. Einer ist beispielsweise britischer Staatsbürger, malaysischer Herkunft, mit äußerlichen chinesischen Merkmalen, Börsenmakler, Nichtvegetarier, Asthmatiker, Linguist, Bodybuilder, Dichter, Abtreibungsgegner, Vogelbeobachter, Astrologe und der Ansicht, Gott habe Darwin geschaffen, um die Leichtgläubigen auf die Probe zu stellen.

Tatsächlich gehören wir auf die eine oder andere Weise vielen verschiedenen Gruppen an, und jedes dieser Kollektive kann einem Menschen eine potentiell bedeutsame Identität vermitteln. Wir müssen dann entscheiden, ob eine bestimmte Gruppe, der wir angehören, für uns wichtig ist oder nicht. Für uns enthält das zwei verschiedene, aber miteinander zusammenhängende Aufgaben: erstens, zu entscheiden, welche unserer Identitäten bedeutsam sind, und zweitens, die relative Bedeutung dieser verschiedenen Identitäten abzuwägen. Beide Aufgaben verlangen, dass wir unsere Vernunft gebrauchen und eine Entscheidung treffen.

Die Suche nach einer eindeutigen Klassifikation zum Zweck der Gesellschaftsanalyse ist natürlich nichts Neues. Schon die politische Einteilung der Menschen in Arbeiter und solche, die nicht arbeiten, die in der klassischen sozialistischen Literatur sehr gebräuchlich war, wies dieses schlichte Merkmal auf. Dass eine solche Einteilung in zwei Klassen bei der sozialen und ökonomischen Analyse (auch für diejenigen, die sich für die Benachteiligten einsetzten) sehr irreführend sein konnte, wird inzwischen weithin anerkannt, und man darf in diesem Zusammenhang vielleicht daran erinnern, dass Karl Marx selbst in seiner *Kritik des Gothaer Programms* im Jahre 1875, ein Vierteljahrhundert nach dem *Kommunistischen Manifest*, diese einseitige Kennzeichnung scharf kritisierte. Er wandte sich in seiner Kritik am Programm der deutschen Arbeiterpartei unter anderem dagegen, die Arbeiter «nur» als Arbeiter zu betrachten und dabei von ihren Unterschieden als Menschen abzusehen:

> aber die ungleichen Individuen (und sie wären nicht verschiedne Individuen, wenn sie nicht ungleiche wären) sind nur an gleichem Maßstab meßbar, soweit man sie unter einen gleichen Gesichtspunkt bringt, sie nur von einer *bestimmten* Seite fasst, z. B. im gegebnen Fall sie *nur als Arbeiter* betrachtet und weiter nichts in ihnen sieht, von allem andern absieht.[8]

Die Auffassung von der singulären Zugehörigkeit wird man mit der schlichten Annahme, jeder gehöre einer und nur einer Gruppe an, kaum begründen können. Jeder von uns gehört offenkundig vielen Gruppen an. Sie lässt sich aber auch nicht einfach mit der Behauptung rechtfertigen, es gebe ungeachtet der Pluralität der Gruppen, denen einer angehört, in jeder Situation eine Gruppe, die für ihn von Natur aus das herausragende Kollektiv ist, und er könne nicht frei über die relative Bedeutung seiner verschiedenen Mitgliedschaften entscheiden.

Ich werde auf die Frage der mehrfachen Zugehörigkeiten und die Rolle der freien Wahl bezüglich der Identität noch zurückkommen müssen, möchte aber schon hier darauf hinweisen, dass bei der Bestimmung der relativen Bedeutung von Identitäten auch erhebliche äußere Einflüsse wirksam sein können; nicht alles hängt von der eigenen Überlegung und Entscheidung ab. Dieser Hinweis ist angebracht, weil die Rolle der eigenen Entscheidung erst zu verstehen ist, wenn man die anderen Einflüsse, die unsere Wahlmöglichkeiten begrenzen, berücksichtigt hat.

Zunächst hängt die Bedeutung einer bestimmten Identität vom sozialen Kontext ab. Wenn man beispielsweise zum Essen eingeladen ist, wird die Identität als Vegetarier wichtiger sein als die Identität als Linguist, während letztere besonders wichtig sein mag, wenn man erwägt, einen Vortrag über Sprachforschung zu besuchen. Diese Situationsbezogenheit rechtfertigt keineswegs die Annahme der singulären Zugehörigkeit, sondern macht deutlich, dass die Rolle der freien Wahl kontextspezifisch gesehen werden muss.

Auch müssen nicht alle Identitäten von dauerhafter Bedeutung sein. Es gibt zuweilen Identitätsgruppen von sehr flüchtiger und kontingenter Existenz. Auf die ungeheure Langeweile eines vierstündigen Films von Otto Preminger mit dem Titel *Exodus* (über den Auszug der Juden aus Ägypten unter Moses' Führung) soll der amerikanische Schauspieler Mort Sahl reagiert haben, indem er im Namen seiner Leidensgefährten vom Regisseur verlangte: «*Otto, let my people go!*» Diese Gruppe gequälter Kinobesucher hatte durchaus Grund für ein Zusammengehörigkeitsgefühl, aber es ist nicht zu übersehen, wie stark sich diese kurzlebige Gruppe, die Sahl als «mein Volk» apostrophierte, von der engen, schwer geprüften Gemeinschaft des Volkes abhebt, für das Moses vom Pharao verlangt hatte: «Lass mein Volk ziehen!»

Es gibt, um zuerst auf die Akzeptanzfrage einzugehen, ganz unterschiedliche Klassifikationen, und nicht alle Kategorien, die sich widerspruchsfrei bilden lassen, geben eine plausible Grundlage für eine wichtige Identität ab. Betrachten wir die Menge derjenigen in aller Welt, die morgens zwischen neun und zehn Uhr Ortszeit geboren sind. Das ist eine eindeutige und sehr wohldefinierte Gruppe. Man kann sich aber kaum vorstellen, dass sich viele dafür erwärmen werden, die Solidarität einer solchen Gruppe und die Identität, die sie möglicherweise vermitteln könnte, aufrechtzuerhalten. Auch Leute mit Schuhgröße 8 sind in der Regel nicht aus diesem Grund durch ein starkes Identitätsgefühl miteinander verbunden (so wichtig diese deskriptive Besonderheit auch ist, wenn es darum geht, Schuhe zu kaufen und, was wichtiger ist, fröhlich in ihnen herumzuspazieren).

Die Klassifikation ist jedenfalls mühelos zu haben, die Identität jedoch nicht. Ob eine bestimmte Klassifikation plausibel ein Identitätsgefühl erzeugen kann oder nicht, wird von den gesellschaftlichen Umständen abhängen. Wenn es zum Beispiel wegen bürokratischer Komplikationen äußerst schwierig wird, Schuhe der Größe 8 zu finden (um sich die Möglichkeit eines solchen Versorgungsengpasses vorzustellen, versetze man sich nach Minsk oder Pinsk auf dem Höhepunkt der sowjetischen Kultur), kann der Bedarf an Schuhen dieser Größe tatsächlich zu einer gemeinsamen Notlage werden und einen hinreichenden Grund für Solidarität und Identität liefern. Vielleicht entstehen sogar Clubs (vorzugsweise mit einer Schankerlaubnis), in denen man Informationen darüber austauscht, wo Schuhe der Größe 8 zu haben sind.

Sollte sich herausstellen, dass zwischen neun und zehn Uhr Geborene aus noch unbekannten Gründen besonders anfällig für eine bestimmte Krankheit sind (die Harvard Medical School könnte den Auftrag erhalten, dem auf den Grund zu gehen), dann haben wir wieder ein gemeinsames Dilemma, das einen Grund für ein Identitätsgefühl liefern kann. Dieses Beispiel lässt sich ein wenig abwandeln: Angenommen, ein autoritärer Herrscher möchte die Freiheit derer, die in dieser Stunde geboren sind, einschränken, weil er sie für heimtückisch hält (vielleicht haben Macbeth'sche Hexen ihm erzählt, ein zwischen neun und zehn Geborener werde ihn töten). Auch in diesem Fall können sich aufgrund der klassifikatorischen Einheit und Verfolgung Solidarität und Identität herausbilden.

Manchmal kann eine Klassifikation, die intellektuell kaum zu begründen ist, durch gesellschaftliche Arrangements gleichwohl wichtig werden. Der französische Philosoph und Soziologe Pierre Bourdieu hat gezeigt, dass gesellschaftliches Handeln am Ende «einen Unterschied erzeugen kann, wo keiner existierte», und «soziale Magie kann Menschen dadurch verändern, dass sie ihnen sagt, sie seien anders». Das geschieht etwa bei Zulassungsprüfungen (der 300. Kandidat ist noch jemand, der

301. ist gar nichts mehr). Mit anderen Worten, die soziale Welt bildet Unterschiede allein dadurch, dass sie sie benennt.[9]

Auch bei willkürlichen oder eigenwilligen Kategorisierungen bekommen, wenn diese einmal artikuliert und als Trennungslinien anerkannt sind, die solcherart gebildeten Gruppen eine abgeleitete Bedeutung (handelt es sich um die Prüfung für die Übernahme in den Beamtenstatus, geht es dabei um den Unterschied zwischen einer schönen Anstellung und keiner Anstellung), und das kann ein plausibler Grund für die Bildung von Identitäten beiderseits der Trennlinie sein.

Bei der Auswahl der relevanten Identitäten muss über die rein intellektuelle Bedeutung hinaus auch die kontingente soziale Bedeutung berücksichtigt werden. Vernunft ist nicht nur bei der Wahl der Identität gefordert, sondern auch der soziale Kontext und die davon abhängige Bedeutung der Zugehörigkeit zu der einen oder anderen Kategorie müssen in die Überlegung einbezogen werden.

Kontrastrierende und nichtkontrastierende Identitäten

Wir können außerdem zwischen «kontrastierenden» und «nichtkontrastierenden» Identitäten unterscheiden. Die verschiedenen Gruppen können zur selben Kategorie mit derselben Art von Mitgliedschaft (wie Staatsangehörigkeit) oder zu verschiedenen Kategorien (wie Staatsangehörigkeit, Beruf, Klasse oder Geschlecht) gehören. Im ersteren Fall besteht ein Kontrast zwischen verschiedenen Gruppen innerhalb derselben Kategorie und daher zwischen den verschiedenen Identitäten, mit denen sie verbunden sind. Haben wir es aber mit Gruppen zu tun, die aufgrund unterschiedlicher Kriterien (zum Beispiel Beruf und Staatsangehörigkeit) gebildet wurden, dann muss, was die «Zugehörigkeit» betrifft, kein wirklicher Gegensatz zwischen ihnen bestehen. Zwar machen sich diese nichtkontrastierenden Identitäten, was die «Zugehörigkeit» angeht, nicht ihre jeweiligen Territorien streitig, doch können sie um unsere Aufmerksamkeit und unsere Prioritäten konkurrieren. Bei der Entscheidung über ein konkretes Handeln kann es einen Loyalitätskonflikt geben, ob man nun der ethnischen Herkunft, der Religion, dem politischen Engagement, den beruflichen Pflichten oder der Staatsangehörigkeit den Vorrang gibt.

Auch innerhalb kontrastierender Kategorien können wir durchaus mehrere Identitäten haben. In der Identität eines Menschen besteht kein grundlegender Gegensatz zwischen einer Staatsangehörigkeit und einer anderen. Auch kontrastierende Identitäten bedeuten, wie dieses Beispiel zeigt, nicht unbedingt, dass nur eine der Spezifikationen sich behaupten kann und alle anderen Alternativen beiseite gefegt werden. Jemand kann beispielsweise eine doppelte Staatsangehörigkeit von Frankreich und den Vereinigten Staaten haben. Es gibt natürlich auch die ausschließliche Staatsangehörigkeit, wie es etwa in China oder Japan der Fall ist (und in den Vereinigten Staaten bis vor kurzem der Fall war). Der Konflikt zwischen doppelten Loyalitäten muss aber auch dann, wenn man auf Ausschließlichkeit besteht, nicht verschwinden. Wenn etwa eine in Großbritannien lebende japanische Staatsbürgerin nicht bereit ist, die britische Staatsangehörigkeit anzunehmen, weil sie ihre japanische nationale Identität nicht verlieren möchte, kann sie gleichwohl ihren britischen Bindungen und anderen Merkmalen ihrer britischen Identität eine beträchtliche Loyalität entgegenbringen, die kein japanisches Gericht verbieten kann. Auch kann eine ehemalige japanische Staatsbürgerin, die diese Staatsangehörigkeit aufgegeben hat, um britische Staatsangehörige zu werden, weiterhin ein erhebliches Maß an Loyalität für ihr japanisches Identitätsgefühl aufbringen.

Wahlfreiheit und Beschränkungen

Es wird in jedem sozialen Kontext eine Reihe von potentiell praktikablen und relevanten Identitäten geben, die man nach ihrer Annehmbarkeit und relativen Bedeutung bewerten kann. In vielen Situationen kann, weil oft dauerhafte und häufig herangezogene Merkmale wie Nationalität, Sprache, Ethnizität, politische Einstellung oder Beruf relevant sind, die Pluralität eine zentrale Bedeutung bekommen. Der Betroffene wird dann entscheiden müssen, welche Bedeutung er den verschiedenen Zugehörigkeiten beimisst; sie kann je nach Kontext variieren. Es ist schwer vorstellbar, dass es ihm nicht möglich ist, alternative Identifikationen in Erwägung zu ziehen, und dass er seine Identitäten nur zu «entdecken» braucht, als handele es sich um ein reines Naturphänomen. Tatsächlich treffen wir alle – und sei es auch nur stillschweigend – permanent Entscheidungen über die unseren verschiedenen Zugehörigkeiten und Verbindungen beizumessenden Prioritäten. Oft werden solche Entscheidungen ganz explizit und nach sorgfältiger Abwägung getroffen, wie im Falle von Mahatma Gandhi, der sich bewusst entschied, seiner Identifikation mit den nach Unabhängigkeit von der britischen Herrschaft strebenden Indern den Vorzug zu geben vor seiner Identität als ausgebildeter Rechtsanwalt innerhalb der englischen Justiz, oder im Falle von E. M. Forster, der zu dem berühmt gewordenen Schluss gelangte: «Wenn ich vor der Wahl stünde, entweder mein Land oder meinen Freund zu verraten, hoffe ich, dass ich den Mut hätte, mein Land zu verraten.»[10]

Die These der singulären Zugehörigkeit erscheint angesichts der ständigen Präsenz verschiedener Kategorien und Gruppen, denen man angehört, wenig plausibel. Die oft zu hörende und unter Verfechtern der singulären Zugehörigkeit verbreitete Ansicht, die Identität sei eine Sache der «Entdeckung», wird möglicherweise durch den Umstand gefördert, dass die Entscheidungen, die wir treffen können, durch praktische Zwänge beschränkt sind (ich kann nicht einfach die Identität eines blauäugigen weiblichen Teenagers aus Lappland wählen, der sich bei halbjähriger Dunkelheit wohlfühlt) und diese Beschränkungen alle möglichen Alternativen als nichtpraktikabel ausschließen. Aber selbst wenn wir dies berücksichtigen, wird es noch Dinge geben, über die wir entscheiden können, zum Beispiel über die Priorität, die wir der Nationalität, der Religion, der Sprache, den politischen Ansichten oder den beruflichen Verpflichtungen einräumen. Das können folgenschwere Entscheidungen sein. Eugenio Colorni, der Vater meiner verstorbenen Frau Eva, musste zum Beispiel abwägen, was es für ihn in Mussolinis faschistischem Italien in den 1930er Jahren bedeutete, Italiener, Philosoph, Professor, Demokrat und Sozialist zu sein, und er entschied sich, die Tätigkeit als

Hochschullehrer der Philosophie aufzugeben und sich dem italienischen Widerstand anzuschließen (er wurde zwei Tage vor dem Eintreffen amerikanischer Soldaten in Rom von den Faschisten ermordet).

Die Beschränkungen können besonders einschneidend sein hinsichtlich des Ausmaßes, in dem wir *andere* dazu bewegen können, zu akzeptieren, dass wir anders sind, als sie uns sehen wollen. Ein Jude in Nazideutschland, ein Afro-Amerikaner angesichts eines zum Lynchmord entschlossenen Mobs im amerikanischen Süden oder ein aufrührerischer landloser Landarbeiter im Norden Bihars, den ein von Grundbesitzern aus einer höheren Kaste angeworbener Schurke mit der Waffe bedroht – sie werden an der Identität, welche die jeweiligen Angreifer ihnen zuschreiben, nichts ändern können. Die Freiheit, unsere Identität aus der Sicht anderer zu wählen, kann bisweilen außerordentlich beschränkt sein. Das ist unbestritten.

Vor vielen Jahren, als ich in Cambridge studierte, sagte Joan Robinson, die als Professorin der Wirtschaftswissenschaft großartig war, während eines Tutoriums, bei dem es wie so oft hoch herging, zu mir: «Die Japaner sind zu höflich, ihr Inder seid zu grob, die Chinesen sind genau richtig.» Ich schluckte diese Verallgemeinerung sofort, denn andernfalls hätte ich natürlich nur einen weiteren Beweis für die Neigung der Inder zur Grobheit geliefert. Mir war aber auch klar, dass sich, gleichgültig, was ich sagen oder tun würde, die Vorstellung meiner Lehrerin von den Indern nicht schlagartig ändern würde (Joan Robinson mochte die Inder übrigens sehr; sie waren in ihren Augen auf eine grobe Art prima Kerle.)

Unsere Wahl unterliegt, ob es nun um unsere Identität geht, wie wir sie sehen, oder um unsere Identität in den Augen anderer, immer bestimmten Zwängen. Das ist kein Wunder – es gilt für alle Entscheidungen in jeder Situation und ist wohl der fundamentalste Aspekt jeder Entscheidung. Jeder Student der Wirtschaftswissenschaft weiß, dass Verbraucher, wie schon im ersten Kapitel erwähnt, ihre Wahl immer im Rahmen eines Budgetzwanges treffen, was aber nicht heißt, dass sie keine Wahl haben, sondern nur, dass sie innerhalb dieses Rahmens wählen müssen.

Abzuwägen sind außerdem die Anforderungen und Folgewirkungen eines identitätsbezogenen Denkens. Dass die Art, wie wir uns selbst sehen, unsere praktische Vernunft beeinflusst, ist einsichtig, aber es ist keineswegs klar, wie – nämlich in welche Richtung – dieser Einfluss sich auswirkt. Eine Frau mag nach reiflicher Überlegung nicht nur entscheiden, dass sie einer bestimmten ethnischen Gruppe (zum Beispiel den Kurden) angehört, sondern auch, dass diese Identität für sie äußerst wichtig ist. Diese Entscheidung kann sie leicht dahingehend beeinflussen, dass sie mehr Verantwortung für das Wohlergehen und die Freiheiten dieser ethnischen Gruppe übernimmt; sie kann für sie eine Ausweitung der Pflicht zu selbstbewusstem Auftreten zur Folge haben (wobei in dieses Selbst auch andere Mitglieder der Gruppe einbezogen sind, mit der sie sich identifiziert).

Das sagt uns aber noch nicht, ob diese Frau mit den von ihr zu treffenden Entscheidungen Mitglieder dieser Gruppe begünstigen sollte oder nicht. Sollte sie zum Beispiel bei staatlichen Entscheidungen die eigene ethnische Gruppe begünstigen, könnte das mit Recht als ein Fall von anrüchiger Vetternwirtschaft angesehen werden – und nicht als leuchtendes Beispiel für Moral und Ethik. Man könnte sogar sagen, dass Selbstverleugnung zur allgemeinen Moral gehört und bei der Begünstigung von Mitgliedern einer Gruppe, der man angehört, besondere Zurückhaltung ratsam ist. Nichts spricht dafür, dass aus der Anerkennung oder Geltendmachung einer Identität bei praktischen Entscheidungen zwingend Solidarität folgt; das muss weiteren Überlegungen und Prüfungen überlassen bleiben. Die Notwendigkeit der sorgfältigen Abwägung gilt für alle Stadien identitätsbezogenen Denkens und Entscheidens.

Gemeinschaftsidentität und die Möglichkeit der Wahl

Ich wende mich nun einzelnen Argumenten und Behauptungen zu und beginne mit dem Vorrang der auf der eigenen Gemeinschaft beruhenden Identität, der in der kommunitaristischen Philosophie nachdrücklich vertreten wird. Diese Auffassung räumt nicht nur der Zugehörigkeit zu einer bestimmten (statt irgendeiner anderen) Gemeinschaft Vorrang ein, sondern lässt außerdem die Neigung erkennen, die Zugehörigkeit zur Gemeinschaft als eine Art Erweiterung des eigenen Ichs zu betrachten.[11] Kommunitaristisches Denken hat in den letzten Jahrzehnten in der Gesellschafts-, Politik- und Moraltheorie an Einfluss gewonnen, und die bestimmende, ja zwingende Rolle der sozialen Identität für Verhalten und Erkenntnis wurde vielfältig erforscht und verteidigt.[12]

In einigen Versionen des Kommunitarismus wird explizit oder implizit angenommen, die Identität mit der eigenen Gemeinschaft müsse die hauptsächliche oder dominierende (vielleicht sogar die einzige bedeutende) Identität sein, die jemand hat. Diese Schlussfolgerung kann an zwei miteinander verwandte, aber verschiedene Überlegungen geknüpft sein. Die erste geht davon aus, dass eine Person keinen Zugang zu anderen, von der eigenen Gemeinschaft unabhängigen Identitätsvorstellungen und zu anderen Auffassungen von Identität hat. Die ihr zugänglichen Denk- und Wertemuster beruhen auf ihrer gänzlich von «Gemeinschaft und Kultur» bestimmten Herkunft. Die zweite Argumentation macht die Schlussfolgerung nicht an Beschränkungen der Wahrnehmung fest, sondern an der Behauptung, Identität sei ohnehin eine Sache der Entdeckung, und die Gemeinschaftsidentität werde, falls Vergleiche angestellt werden sollten, stets als die von höchster Bedeutung erkannt.

Die These von der schwerwiegenden Beschränkung der Wahrnehmung, der wir uns zuerst widmen wollen, tritt uns oft als eine erstaunlich starke Behauptung entgegen. Gemäß den radikalsten Versionen dieser These sind wir außerstande, uns auf ein Kriterium rationalen Verhaltens zu berufen, das nicht auch in der Gemeinschaft gilt, der wir angehören. Wenn wir von Rationalität sprechen, wird uns gleich entgegengehalten: «*Welche* Rationalität?» oder: «*Wessen* Rationalität?» Des weiteren wird behauptet, die *Erklärung* der moralischen Urteile eines Menschen müsse sich auf die Werte und Normen der Gemeinschaft stützen, der dieser Mensch angehört, und außerdem könnten diese Urteile *nur innerhalb* dieser Werte und Normen moralisch bewertet werden, womit man verneint, dass konkurrierende Normen auf die Aufmerksamkeit des Betreffenden Anspruch erheben. Das sind weitreichende Behauptungen, die in der einen oder anderen Form heftig diskutiert und nachdrücklich vertreten wurden.

Aus dieser Sichtweise wurde gefolgert, dass man normative Urteile über Verhalten und Institutionen anderer Kulturen und Gesellschaften nicht bewerten oder gar verstehen könne, und mit ihr hat man verschiedentlich versucht, die Möglichkeit eines ernsthaften interkulturellen Austauschs und gegenseitigen Verstehens in Zweifel zu ziehen. Diese Behauptung einer unüberbrückbaren Kluft dient zuweilen einem politischen Zweck, so etwa, wenn bestimmte Sitten und Traditionen verteidigt werden wie die Ungleichbehandlung von Frauen oder bestimmte Formen herkömmlicher Bestrafung, die von der Amputation bis zur Steinigung angeblicher Ehebrecherinnen reichen. Hier beharrt man darauf, die große Welt in kleine Inseln aufzuteilen, die geistig füreinander unerreichbar sind.

Diese Behauptungen über die Perzeption sollten auf jeden Fall näher beleuchtet werden. Dass die Gemeinschaft oder Kultur, der jemand angehört, die Wahrnehmung einer Situation oder die Bewertung einer Entscheidung stark beeinflussen kann, ist kaum zu bezweifeln. Bei jedem Erklärungsversuch müssen Ortskenntnisse, regionale Normen sowie bestimmte Wahrnehmungen und Werte, die in einer Gemeinschaft verbreitet sind, berücksichtigt werden.[13] Dafür sprechen jedenfalls starke empirische Belege. Die Möglichkeit der Wahlfreiheit und der vernünftigen Reflexion über die Identität wird dadurch aber nicht auf plausible Weise in Zweifel gezogen oder gar beseitigt. Dafür sprechen mindestens zwei Gründe.

Erstens mögen grundlegende kulturelle Einstellungen und Anschauungen zwar die Art unseres Denkens *beeinflussen*, aber das heißt nicht, dass sie diese vollständig *determinieren*. Es gibt mancherlei Einflüsse auf unser Denken, aber nur weil wir uns mit einer bestimmten Gruppe identifizieren und durch die Zugehörigkeit zu ihr beeinflusst wurden, müssen wir noch nicht unsere Fähigkeit einbüßen, andere Denkweisen in Betracht zu ziehen. Einfluss ist nicht gleichbedeutend mit vollständiger Determination, und trotz der Existenz – und Wichtigkeit – kultureller Einflüsse bleibt die Wahlfreiheit doch bestehen.

Zweitens müssen die sogenannten Kulturen nicht einen *einzigen* Komplex von Einstellungen und Anschauungen besitzen, die unser Denken zu beeinflussen vermögen. Viele dieser «Kulturen» weisen beträchtliche innere Variationen auf, und innerhalb einer bestimmten Kultur können verschiedene Einstellungen und Anschauungen gehegt werden. Oft begegnet man der Ansicht, die indischen Traditionen hingen eng mit der Religion zusammen, und das trifft in mancherlei Hinsicht wirklich zu, aber dennoch gibt es in Sanskrit und Pali eine umfangreichere atheistische bzw. agnostische Literatur als in jeder anderen klassischen Sprache, sei es Griechisch, Latein, Hebräisch oder Arabisch. Wenn eine Anthologie verschiedener Lehren wie das im 14. Jahrhundert in Sanskrit veröffentlichte Buch *Sarvadarshanasamgraha* (wörtlich übersetzt «Sammlung aller Philosophien») in sechzehn Kapiteln verständnisvoll auf sechzehn verschiedene Positionen zu religiösen Fragen eingeht (an erster Stelle auf den Atheismus), dann mit dem Ziel, eine wohlinformierte und kritische Entscheidung zu fördern, und nicht etwa, Unverständnis für die Positionen der jeweils anderen zu bekunden.[14]

Natürlich hängt unsere Fähigkeit zu klarem Denken von Ausbildung und Begabung ab, aber als erwachsene und kompetente Menschen können wir, wenn uns die Gelegenheit dazu gegeben wird, Fragen stellen und beginnen, das, was man uns beigebracht hat, in Zweifel zu ziehen. Es mag zuweilen Umstände geben, die uns nicht ermutigen, solche Fragen zu stellen, aber die Fähigkeit zum Zweifeln und Infragestellen ist uns nicht entzogen.

Oft hört man den einleuchtenden Hinweis, man könne nicht aus dem Nichts heraus denken. Das heißt aber nicht, dass die wie auch immer beschaffenen Voraussetzungen unangefochten, unwiderlegbar und von ewiger Geltung bleiben müssen. Die Alternative zur «Entdeckungs»-These besteht nicht in der freien Wahl zwischen Positionen, die von jeglicher Identität «unbelastet» sind (wie einige kommunitaristische Polemiker zu implizieren scheinen), sondern in Wahlmöglichkeiten, die ungeachtet der *belasteten* Position, die man gerade einnimmt, weiterhin gegeben sind. Die Wahl verlangt nicht, dass wir aus dem Nichts irgendwohin springen, aber sie kann dazu führen, dass wir uns von einer Stelle zur anderen bewegen.

Prioritäten und Vernunft

Nach dem Argument der beschränkten Wahrnehmung wende ich mich nun dem anderen denkbaren Grund zu, von alternativlosen Identitäten auszugehen, nämlich der angeblich zentralen Bedeutung der Entdekkung, «zu wissen, wer man ist». Der Politiktheoretiker Michael Sandel hat diese Behauptung (neben anderen kommunitaristischen Behauptungen) auf erhellende Weise erläutert: «Gemeinschaft beschreibt nicht nur, was sie als Mitbürger *haben*, sondern auch, was sie *sind*, nicht eine Beziehung, die sie wählen (wie bei einer freiwilligen Vereinigung), sondern eine Bindung, die sie entdecken, nicht bloß ein Attribut, sondern einen konstituierenden Bestandteil ihrer Identität.»[15]

Die Entdeckung, wo wir stehen, ist jedoch nicht der einzige Weg zu einer bereichernden Identität. Diese kann auch erworben und verdient werden. Als Lord Byron erwog, Griechenland zu verlassen und sich von dem Volk zu trennen, mit dem dieser Inbegriff eines englischen Gentleman sich so fest identifiziert hatte, hatte er Anlass zu klagen:

> Mädchen von Athen, eh' wir scheiden,
> Gib, o gib mir mein Herz zurück!

Byrons erworbene Identität mit den Griechen war eine ungeheure Bereicherung seines Lebens, stärkte aber auch den griechischen Unabhängigkeitskampf. Wir sind nicht in dem Maße in unsere vorgefundenen Standorte und Zugehörigkeiten eingesperrt, wie es die Verfechter der Entdeckungs-These der Identität anzunehmen scheinen.

Der wohl stärkste Grund, an der Entdeckungs-These zu zweifeln, ist jedoch der Umstand, dass wir uns auch innerhalb unserer vorgefundenen Standorte auf unterschiedliche Weise identifizieren. Das in vielen Fällen recht starke Gefühl der Zugehörigkeit zu einer Gemeinschaft muss nicht andere Zusammenschlüsse und Zugehörigkeiten zunichte machen oder unter sich begraben. Mit diesen Alternativen sind wir ständig konfrontiert (auch wenn wir nicht dauernd von den Entscheidungen sprechen, die wir gerade treffen).

Betrachten wir zum Beispiel das Gedicht «Ein Schritt weit weg von Afrika» des karibischen Dichters Derek Walcott, das die divergierenden Anziehungskräfte seiner historischen afrikanischen Herkunft und seiner Loyalität zur englischen Sprache und der mit ihr verbundenen literarischen Kultur einfängt (für Walcott eine sehr starke Verbindung):

> Wohin soll ich mich wenden, gespalten bis aufs Blut?
> Ich, der den betrunkenen Offizier
> Britischer Hoheit verfluchte, wie soll ich wählen
> Zwischen diesem Afrika und der geliebten englischen Zunge?
> Soll ich beide verraten oder zurückgeben, was sie geben?
> Wie kann ich solches Schlachten sehen und ruhig bleiben?
> Wie kann ich mich von Afrika wenden und leben?

Walcott kann nicht einfach «entdecken», welches seine wahre Identität ist; er muss entscheiden, was er tun soll und wie – und wie weit – er in seinem Leben Raum schafft für verschiedene Loyalitäten. Wir müssen auf das Problem des realen oder eingebildeten Konflikts zu sprechen kommen und nach den Implikationen unserer Loyalität für divergierende Prioritäten und differenzierte Affinitäten fragen. Wenn Walcott sich fragt, welcher Konflikt zwischen seiner unauflöslichen Bindung an Afrika und seiner Liebe zur englischen Sprache und zum Gebrauch besteht, den er von dieser Sprache macht (und der erstaunlich schön ist), dann verweist das auf allgemeinere Fragen disparater Anziehungskräfte auf das eigene Leben. Gegensätzliche Anziehungskräfte sind in Frankreich oder Amerika oder Südafrika oder Indien oder wo auch immer genauso real, wie sie in Walcotts Karibik klar zu erkennen sind. Der tiefe Ernst der disparaten Anziehungskräfte – von Geschichte, Kultur, Sprache, Politik, Beruf, Familie, Kameradschaft usw. – muss gebührend anerkannt werden, und sie dürfen nicht alle in der zielstrebigen Feier allein der Gemeinschaft untergehen.

Der strittige Punkt ist nicht, ob wir eine beliebige Identität wählen können (das zu behaupten wäre absurd), sondern ob wir tatsächlich zwischen alternativen Identitäten oder Kombinationen von Identitäten wählen können und ob wir, was vielleicht noch wichtiger ist, wirklich frei sind hinsichtlich der *Priorität*, die wir unseren verschiedenen Identitäten geben.[16] Wie ein Beispiel aus dem vorigen Kapitel zeigte, kann die Wahlfreiheit eines Menschen durch die Erkenntnis beschränkt sein, dass er Jude ist, aber er muss immer noch entscheiden, welche Bedeutung er dieser Identität beimessen will gegenüber anderen, die er gleichzeitig haben mag (und die beispielsweise mit seinen politischen Ansichten, seinem Nationalgefühl, seinen humanitären Engagements oder seinen beruflichen Bindungen zusammenhängen).

In dem vor hundert Jahren erschienenen bengalischen Roman *Gora* von Rabindranath Tagore unterscheidet sich der problematische Titelheld von seinen meisten Freunden und Verwandten im urbanen Bengalen dadurch, dass er sich nachdrücklich für altmodische Hindu-Bräuche und -Traditionen einsetzt und ein strammer religiöser Konservativer ist. Tagore lässt Gora jedoch gegen Ende des Romans in große Verwirrung geraten, als er von seiner vermeintlichen Mutter erfährt, dass er als kleines Waisenkind von der indischen Familie adoptiert wurde, nachdem seine irischen Eltern von den aufständischen Sepoys bei der grausamen antibritischen Meuterei von 1857 ermordet worden waren (der Name Gora bedeutet «hellhäutig», und vermutlich hatte sein ungewöhnliches Aussehen zwar gewisse Aufmerksamkeit, aber keine klare Diagnose erfahren). Goras militanter Konservativismus wird von Tagore mit einem Schlag zunichte gemacht, denn Gora muss auf einmal feststellen, dass aufgrund der borniert konservativen Sache, für die er sich selbst eingesetzt hatte, ihm als einem «Fremdgeborenen» alle Tore der traditionalistischen Tempel verschlossen sind.

Wir entdecken tatsächlich viele Dinge über uns selbst, auch wenn sie nicht so grundlegend sein mögen wie das, womit Gora konfrontiert ist. Das anzuerkennen heißt jedoch nicht, die Identität zu einer bloßen Sache der Entdeckung zu machen. Auch wenn der Mensch etwas sehr Wichtiges über sich entdeckt, gibt es immer noch Fragen, in denen er sich entscheiden muss. Gora muss sich fragen, ob er seinen Kampf für den hinduistischen Konservativismus (wenngleich nunmehr aus unvermeidlicher Ferne) fortsetzen oder sich als etwas anderes betrachten soll. Letztlich entscheidet er sich mit Hilfe seiner Freundin dafür, sich als einen Menschen zu betrachten, der in Indien zu Hause ist, nicht abgegrenzt durch Religion oder Kaste oder Klasse oder Hautfarbe. Wichtige Entscheidungen müssen auch dann getroffen werden, wenn man bedeutsame Entdeckungen gemacht hat. Das Leben ist nicht bloß Schicksal.

3. Kapitel

Gefangen in der Kultur

Der «Kampf der Kulturen» war längst ein populäres Thema, als die entsetzlichen Ereignisse vom 11. September die Konflikte und das Misstrauen in der Welt drastisch anheizten. Aber durch diese schrecklichen Vorkommnisse wurde das Interesse am sogenannten Kampf der Kulturen enorm verstärkt. Viele einflussreiche Kommentatoren konnten der Versuchung nicht widerstehen, zwischen Beobachtungen weltweiter Konflikte und Theorien über Zusammenstöße verschiedener Kulturen einen Zusammenhang zu sehen. Die Theorie vom Kampf der Kulturen, die Samuel Huntington in seinem berühmten Buch eindringlich vorträgt, hat starkes Interesse gefunden.[1] Namentlich die Theorie vom Kampf zwischen der «westlichen» und der «islamischen» Welt ist vielfach beschworen worden.

Mit der Theorie vom Kampf der Kulturen gibt es zwei Schwierigkeiten. Die erste und vermutlich grundlegendere hat damit zu tun, ob es praktisch überhaupt möglich und signifikant ist, Menschen nach den Kulturen zu klassifizieren, denen sie angeblich «angehören». Diese Frage ergibt sich lange vor den Problemen, die wir mit der Ansicht haben, die solchermaßen in Schubladen diverser Kulturen sortierten Menschen müssten sich irgendwie in einem Gegensatz zueinander befinden, die Kulturen, denen sie angehören, seien einander feind. Der These von einem Kampf der Kulturen liegt die sehr viel allgemeinere Vorstellung zugrunde, dass es möglich sei, Menschen vorrangig als Angehörige der einen oder anderen Kultur zu betrachten. Aus dieser reduktionistischen Sicht kann man die Beziehungen zwischen verschiedenen Menschen in der Welt als Beziehungen zwischen den Kulturen verstehen, denen sie jeweils angehören.

Wenn man einen Menschen, wie im ersten Kapitel erwähnt, vorrangig als Angehörigen einer Kultur sieht (Huntington folgend als Angehörigen «der westlichen Welt», «der islamischen Welt», «der hinduistischen Welt» oder «der buddhistischen Welt»), dann reduziert man die Menschen bereits auf diese eine Dimension. Die Schwäche der These vom Zusammenprall liegt längst zutage, bevor wir zu der Frage kommen, ob verschiedene Kulturen (auf welche die Weltbevölkerung säuberlich verteilt ist) zwangsläufig zusammenprallen müssen oder auch nur üblicherweise zusammenprallen. Unabhängig davon, wie wir diese Frage beantworten, verleihen wir schon dadurch, dass wir der Frage in dieser eingeschränkten Form nachgehen, der angeblich herausragenden Bedeutung dieser einen Kategorisierung gegenüber allen anderen Möglichkeiten, die Menschen der Welt einzuteilen, implizit Glaubwürdigkeit.

Selbst die Gegner der Theorie vom «Kampf der Kulturen» können dazu beitragen, deren geistige Grundlage zu stützen, wenn sie sich darauf einlassen, dieselbe singuläre Einteilung der Weltbevölkerung zu akzeptieren. Der herzerwärmende Glaube an ein fundamentales Wohlwollen zwischen Menschen, die verschiedenen Kulturen angehören, ist natürlich himmelweit entfernt von dem kalten Pessimismus, der nur Konflikt und Hader zwischen ihnen sieht. Beiden Betrachtungsweisen liegt jedoch dieselbe reduktionistische Überzeugung zugrunde, es sei möglich, Menschen aus aller Welt anhand der Kulturen, denen sie jeweils angehören, zu verstehen und vorrangig zu charakterisieren. Die Anhänger beider Schulen – der «warmen» und der «kalten» Theorie – teilen dasselbe farblose Bild einer in Kultur-Kästchen aufgeteilten Welt.

Um der groben und gehässigen Verallgemeinerung entgegenzutreten, die Kultur der islamischen Welt sei kriegerisch, pflegt man darauf hinzuweisen, in Wirklichkeit sei sie eine Kultur des Friedens und der Freundlichkeit. Aber damit ersetzt man ein Stereotyp nur durch ein anderes, und obendrein akzeptiert man die stillschweigende Annahme, dass Menschen, die per Religion zufällig Muslime sind, einander im Grunde auch in anderer Hinsicht ähnlich sind. Abgesehen von all den Schwierigkeiten, Kulturen als disparate und disjunktive Einheiten zu definieren (dazu in Kürze mehr), leiden die Argumente beider Seiten in diesem Fall unter dem gemeinsamen Glauben an die Annahme, es sei ein geeigneter Weg zum Verständnis der Menschen, wenn man sie ausschließlich oder vorrangig unter dem Aspekt der religiös begründeten Kulturen betrachtet, für deren Mitglieder man sie hält. Die Aufteilung in Kulturen drängt sich überall in die Gesellschaftsanalyse ein und unterdrückt andere, ergiebigere Betrachtungsweisen. Sie schafft die Grundlagen dafür, fast alle in der Welt misszuverstehen, noch ehe man beginnt, die Trommel für den Krieg der Kulturen zu schlagen.

Singuläre Visionen und das Phänomen der Tiefe

Der Kampf der Kulturen ist eine ausgesprochen globale These über Konflikte, doch gibt es auch bescheidenere, aber ebenfalls einflussreiche Behauptungen, nach denen die vielen Konflikte und Greuel, die wir heute in verschiedenen Teilen der Welt beobachten, mit Gegensätzen von Kulturen und Identitäten zusammenhängen. Statt einer einzigen Aufteilung von überragender Bedeutung, welche die Weltbevölkerung wie in Huntingtons imaginärem Universum in miteinander ringende Kulturen aufspaltet, sind es in den kleineren Varianten dieses Ansatzes lokale Bevölkerungen, die in zerstrittene Gruppen mit unterschiedlicher Kultur und Geschichte zerfallen, woraus quasi «naturwüchsig» gegenseitige Feindschaft erwächst. Die Konflikte, an den etwa Hutus und Tutsis, Serben und Albaner, Tamilen und Singhalesen beteiligt sind, werden dann aus erhabener historischer Sicht uminterpretiert in etwas, das sehr viel größer ist als die schäbige Tagespolitik.

Moderne Konflikte, die ohne Berücksichtigung aktueller Ereignisse und Machenschaften nicht angemessen zu verstehen sind, werden auf diese Weise zu uralten Fehden aufgeblasen, in denen die heutigen Akteure in angeblich altüberkommenen Dramen in vorherbestimmten Rollen auftreten. Die «kulturelle» Betrachtung aktueller Konflikte (in ihren größeren oder bescheideneren Versionen) stellt daher eine hohe geistige Barriere dar, die verhindert, dass man sich eingehender über die allgemeinen politischen Bedingungen informiert und die aktuellen Vorgänge der Aufwiegelung zur Gewalt in ihrer Dynamik untersucht.

Dass der imposante Kultur-Ansatz solchen Anklang findet, ist leicht zu verstehen. Er beschwört die Fülle der Geschichte und die scheinbare Tiefgründigkeit und den Ernst der Kulturanalyse, und er bemüht sich um Tiefe in einer Weise, die der aktuellen politischen Analyse des «Hier und Jetzt», das als alltäglich und profan empfunden wird, offenbar abgeht. Wenn ich den Kultur-Ansatz in Zweifel ziehe, dann nicht, weil ich seine intellektuellen Versuchungen nicht sähe.

Mir fällt in diesem Zusammenhang ein fünfzig Jahre zurückliegendes Ereignis ein, kurz nachdem ich aus Indien nach England gekommen war, um an der Universität Cambridge zu studieren. Ein freundlicher Kommilitone, der sich bereits einen Ruf als kundiger politischer Analytiker erworben hatte, nahm mich mit ins Kino, wo der gerade herausgekommene Film *Das Fenster zum Hof* lief, in dem James Stewart einen gewitzten, aber an den Rollstuhl gefesselten Fotografen spielt, der eine Reihe sehr verdächtiger Vorgänge im Haus gegenüber beobachtet. Auch ich kam in meiner Naivität wie James Stewart zu der Überzeugung, dass in einer der Wohnungen, die vom Fenster zum Hof aus zu sehen waren, möglicherweise ein grauenhafter Mord begangen worden war.

Mein theoretisierender Begleiter erklärte mir jedoch (unter dem raunenden Protest der Umsitzenden, er solle den Mund halten), er sei sicher, dass kein Mord vorliege und der ganze Film, wie ich bald herausfinden würde, eine schwere Anklage gegen den McCarthyismus in Amerika sei, der alle dazu aufrufe, das Treiben ihrer Nachbarn argwöhnisch zu beobachten. «Das ist», erklärte er dem Neuling aus der «Dritten Welt», der ich war, «eine harte Kritik an der in Amerika um sich greifenden Schnüffelei.» Ich sah ohne weiteres ein, dass aus einer solchen Kritik ein durchaus abgründiger Film hätte entstehen können, aber ich fragte mich doch, ob das wirklich der Film war, den wir sahen. Ich weiß noch, dass ich meinem enttäuschten Führer zur westlichen Kultur einen starken Kaffee machen musste, um ihn mit der seichten und trivialen Welt zu versöhnen, in der der Mörder seine profane Quittung bekam. In diesem Sinne muss die Frage gestellt werden, ob wir in der Welt, in der wir leben, tatsächlich

Zeugen eines großangelegten Kampfes der Kulturen sind oder ob wir etwas weit Gewöhnlicheres beobachten, das nur entschlossenen Suchern nach Tiefe und Abgründigkeit als ein Kampf der Kulturen erscheint.

Die Tiefe, um die sich die Kultur-Theoretiker bemühen, ist jedoch nicht der gehobenen intellektuellen Welt vorbehalten. In mancher Hinsicht spiegelt und verstärkt die Kultur-Theorie verbreitete Ansichten, die in nicht gerade intellektuellen Kreisen im Schwange sind. Die Beschwörung «westlicher» Werte gegen das, was «die anderen» glauben, ist in öffentlichen Diskussionen gang und gäbe, sie macht regelmäßig Schlagzeilen in der Massenpresse, und sie taucht in der politischen Rhetorik ebenso auf wie in einwandererfeindlichen Reden. Nach dem 11. September kamen stereotype Äußerungen über Muslime oft genug von Leuten, die sich, soweit ich das beurteilen kann, auf dem Gebiet nicht sonderlich auskennen. Aber häufig haben Theorien über den Kampf der Kulturen vermeintlich anspruchsvolle Grundlagen für anspruchslose und grobe landläufige Meinungen geliefert. Die kultivierte Theorie kann schlichte Intoleranz fördern.

Zwei Schwierigkeiten kulturbezogener Erklärungen

Woran hapert es nun bei der Erklärung des aktuellen Weltgeschehens durch die Berufung auf unterschiedliche Kulturen? Ihre größte Schwäche besteht wohl, wie schon im ersten Kapitel angedeutet, darin, dass sie von der Illusion der Singularität in einer besonders ambitionierten Version Gebrauch macht. Hinzu kommt ein weiteres Problem: die Schlichtheit, mit der die Weltkulturen beschrieben werden; sie erscheinen weit homogener und geschlossener, als sich aus empirischen Untersuchungen der Vergangenheit und der Gegenwart ergibt.

Die Illusion der Singularität stützt sich auf die Annahme, ein Mensch sei nicht als Individuum mit vielen Zugehörigkeiten oder als Mitglied vieler verschiedener Gruppen zu betrachten, sondern ausschließlich als Mitglied eines einzigen Kollektivs, das ihm eine Identität von überragender Bedeutung verleiht. Der unausgesprochene Glaube an die umfassende Erklärungskraft einer einzigen Klassifikation ist nicht nur schlicht, wenn man glaubt, dadurch zu einer Beschreibung und Voraussage zu kommen, er ist auch noch, wenn man seine Form und seine Implikationen berücksichtigt, gröblich auf Konfrontation ausgerichtet. Wenn man die Weltbevölkerung nach einem einzigen Kriterium aufteilt, so läuft das nicht nur der altmodischen Ansicht zuwider, dass «die Leute auf der ganzen Welt ziemlich ähnlich sind», es widerspricht auch der wichtigen und wohlbegründeten Einsicht, dass wir auf mannigfaltige Weise verschieden sind. Unsere Unterschiede liegen nicht nur in einer Dimension.

Die Erkenntnis, dass wir alle viele verschiedene Identitäten haben können und tatsächlich haben, die an verschiedene wichtige Gruppen geknüpft sind, denen wir gleichzeitig angehören, erscheint manchen kompliziert. Dabei handelt es sich, wie im vorigen Kapitel erwähnt, um eine ganz gewöhnliche und elementare Erkenntnis. Im normalen Leben sehen wir uns als Mitglieder einer Vielzahl von Gruppen, denen allen wir angehören. Dass eine Person eine Frau ist, steht nicht im Widerspruch dazu, dass sie Vegetarierin ist, was wiederum nicht dagegen spricht, dass sie Anwältin ist, was sie nicht daran hindert, eine Jazzliebhaberin zu sein oder eine Heterosexuelle oder eine Verfechterin der Rechte von Schwulen und Lesben. Jeder Mensch gehört zu vielen verschiedenen Gruppen (ohne dass dies irgendwie ein Widerspruch wäre), und jedes dieser Kollektive, denen allen der Betreffende angehört, verleiht ihm eine potentielle Identität, die je nach Kontext sehr wichtig sein kann.

Die brandstifterischen Weiterungen grober und singulärer Klassifikationen wurden schon erwähnt und werden uns weiter beschäftigen. Die konzeptionelle Schwäche des Versuchs, durch Aufteilung in Kulturen zu einem singulären Verständnis der Weltbevölkerung zu gelangen, stellt nicht nur unser gemeinsames Menschsein in Frage, sondern untergräbt auch unser aller mannigfaltige Identitäten, die uns nicht entlang einer einzigen starren Trennungslinie gegeneinander postieren. Falsche Beschreibungen und falsche Vorstellungen können die Welt zerbrechlicher machen, als sie sein müsste.

Nicht nur, dass die Annahme einer singulären Klassifikation unhaltbar ist – eine weitere Schwäche der Kultur-Theorie besteht darin, dass sie die Verschiedenheiten innerhalb der benannten Kulturen ignoriert und über die ausgedehnten Wechselbeziehungen zwischen verschiedenen Kulturen hinwegsieht. Die deskriptive Armseligkeit der Theorie übertrifft noch ihren Makel, an die Singularität zu glauben.

Indien als hinduistische Kultur?

Lassen Sie mich das Problem anhand dessen veranschaulichen, wie Indien, mein Land, in diesem Klassifikationsschema behandelt wird.[2] Huntingtons Darstellung des angeblichen «Kampfes der Kulturen» muss, wenn sie Indien als eine «hinduistische Kultur» bezeichnet, die Tatsache bagatellisieren, dass in Indien sehr viel mehr Muslime leben als in jedem anderen Land der Welt, ausgenommen Indonesien und ganz knapp Pakistan. Indien mag in der willkürlichen Definition «der muslimischen Welt» keinen Platz haben, aber Tatsache ist, dass Indien mit seinen 145 Millionen Muslimen – mehr als alle Briten und Franzosen zusammen – sehr viel mehr Muslime hat als fast jedes Land in Huntingtons Definition «der muslimischen Welt». Überdies ist die heutige Kultur Indiens undenkbar ohne die große Rolle, die Muslime in der Geschichte des Landes gespielt haben.

Es wäre in der Tat völlig vergeblich, wollte man Wesen und Vielfalt der Kunst, der Literatur, der Musik, der Filme und der Küche Indiens zu verstehen versuchen, ohne die vielfältigen Beiträge zu berücksichtigen, die von Hindus und Muslimen beigesteuert wurden und sich gründlich miteinander vermischt haben.[3] Auch der Austausch im Alltagsleben und im kulturellen Geschehen kennt keine Trennung nach Religionsgemeinschaften. Um ein Beispiel zu nennen: Der Stil des wundervollen Sitarspielers Ravi Shankar lässt sich zwar von dem des großartigen Sarodspielers Ali Akbar Khan unterscheiden, wenn man ihre spezielle Beherrschung verschiedener Formen der klassischen indischen Musik zugrunde legt, aber nie würde man die beiden als «Hindu-Musiker» beziehungsweise «Muslim-Musiker» bezeichnen (auch wenn Shankar zufällig Hindu und

Khan Muslim ist). Dasselbe gilt für andere Bereiche kultureller Kreativität, einschließlich Bollywoods, dieses bedeutenden Bereichs der indischen Massenkultur, in dem viele Schauspieler und Schauspielerinnen sowie Regisseure muslimischer Herkunft sind (neben vielen, die nicht-muslimischer Abstammung sind), und sie werden tief bewundert von einer Bevölkerung, die zu über 80 Prozent aus Hindus besteht.

Muslime sind im übrigen nicht die einzige nicht-hinduistische Gruppe der indischen Bevölkerung. Die Sikhs stellen ebenso wie die Dschainas eine ansehnliche Minderheit dar. Indien ist nicht nur das Land, in dem der Buddhismus entstand; der Buddhismus war über tausend Jahre lang die dominierende Religion Indiens, und die Chinesen sprachen von Indien oft als dem «buddhistischen Reich». Agnostische und atheistische Schulrichtungen – die Carvaka und die Lokayata – blühten in Indien mindestens vom 6. Jahrhundert v. Chr. bis zum heutigen Tage. Vom 4. Jahrhundert an gab es große christliche Gemeinden in Indien – zwei Jahrhunderte bevor es nennenswerte christliche Gemeinden in Britannien gab. Juden kamen kurz nach dem Fall Jerusalems nach Indien, Parsen vom 8. Jahrhundert an.

Es liegt auf der Hand, dass Huntingtons Bezeichnung Indiens als einer «hinduistischen Kultur» große deskriptive Mängel aufweist. Dennoch vermag sie der unerhörten Geschichtsklitterung und der Manipulation der gegenwärtigen Realitäten, die von sektiererischen Hindu-Politikern ins Werk gesetzt wurde, um Indien als eine «hinduistische Kultur» darzustellen, eine gewisse, sehr trügerische Glaubwürdigkeit zu verleihen. Von etlichen Führern der politisch sehr regen «Hindutva»-Bewegung wird Huntington denn auch häufig zitiert, was kaum verwundert angesichts der Übereinstimmung zwischen seiner Sicht Indiens als einer «hinduistischen Kultur» und der Förderung eines «hinduistischen Bildes» Indiens, das den politischen Gurus von Hindutva so teuer ist.

Wie es sich trifft, erlitt die von der Partei der Hindu-Aktivisten geführte Koalition bei den allgemeinen Wahlen im Frühjahr 2004 eine schwere Niederlage, die einen allgemeinen Umschwung einleitete. Die säkulare Republik Indien hat jetzt nicht nur einen muslimischen Präsidenten, sondern auch einen Sikh als Premierminister, und der Vorsitzende der regierenden Partei ist Christ (nicht schlecht für die größte demokratische Wählerschaft der Welt, die zu über 80 Prozent aus Hindus besteht). Doch die Gefahr, dass die sektiererisch-hinduistische Konzeption Indiens aufs neue hochgespielt wird, ist nicht aus der Welt. Die einem hinduistischen Bild Indiens verpflichteten Parteien haben zwar erheblich weniger als ein Viertel der Stimmen erhalten (was einem ziemlich kleinen Anteil der Hindu-Bevölkerung entspricht), doch die politischen Bemühungen, Indien als eine «hinduistische Kultur» darzustellen, werden deshalb nicht ohne weiteres aufhören. Ein simplifizierendes Bild Indiens und eine künstlich geschaffene singuläre Aufspaltung nach Religionen bilden, abgesehen davon, dass sie das Land falsch beschreiben, weiterhin politischen Sprengstoff.

Über die angebliche Einzigartigkeit westlicher Werte

Die Darstellung Indiens als einer hinduistischen Kultur mag ein grober Fehler sein, doch Grobheit der einen oder anderen Art findet sich auch in der Charakterisierung anderer Kulturen. Betrachten wir etwa die sogenannte «westliche Kultur». Die Verfechter des «Kampfes der Kulturen», die von der herausragenden Bedeutung dieses einen Unterscheidungskriteriums überzeugt sind, neigen zu der Ansicht, Toleranz sei ein spezifisches und dauerhaftes Merkmal der westlichen Kultur, das weit in die Vergangenheit zurückreicht. Sie gilt sogar als einer der zentralen Aspekte des Wertekonflikts, der dem angeblichen Kampf der Kulturen zugrunde liegt. Huntington behauptet, der Westen sei der Westen gewesen, lange bevor er modern war. Er nennt in diesem Zusammenhang (neben anderen angeblich spezifischen Merkmalen wie einem «gesellschaftlichen Pluralismus») «ein Individualitätsgefühl und eine Tradition individueller Rechte und Freiheiten», wie es sie unter allen zivilisierten Gesellschaften nur im Westen gebe.[4]

Diese immer häufiger anzutreffende Ansicht über die Unterschiede zwischen den Kulturen ist keineswegs so tief in der hergebrachten westlichen Analyse der Kulturen verwurzelt, wie zuweilen angenommen wird.

So ließ die Darstellung der westlichen Kultur inmitten anderer, sehr verschiedener Kulturen, wie sie Oswald Spengler in seinem einflussreichen Buch *Der Untergang des Abendlandes* vortrug, ausdrücklich Raum für Ungleichartiges innerhalb der einzelnen Kulturen und für klar zu beobachtende kulturübergreifende Ähnlichkeiten. Spengler sagte sogar: «Sokrates, Epikur und vor allem Diogenes am Ganges – das wäre sehr wohl vorzustellen. Diogenes in einer der westeuropäischen Weltstädte wäre ein bedeutungsloser Narr.»[5]

Huntingtons These lässt sich empirisch in der Tat kaum untermauern. Toleranz und Freiheit gehören sicherlich zu den wichtigen Errungenschaften des modernen Europa (sieht man einmal ab von Verirrungen wie Nazideutschland oder der intoleranten Herrschaft der britischen, französischen oder portugiesischen Imperien in Asien und Afrika). Es ist jedoch einigermaßen bizarr, hier eine über Jahrtausende zurückreichende historische Scheidelinie zu sehen. In keinem Land und keiner Kultur der Welt ist der Kampf für politische Freiheit und religiöse Toleranz in ihren heutigen, voll entfalteten Formen ein altes historisches Phänomen. Platon und Thomas von Aquin waren in ihrem Denken nicht minder autoritär als Konfuzius. Damit soll nicht bestritten werden, dass es im klassischen europäischen Denken Vorkämpfer der Toleranz gegeben hat, aber selbst wenn dies zugunsten der gesamten westlichen Welt (von den alten Griechen und Römern bis zu den Wikingern und Ostgoten) ausgelegt wird, so gibt es doch ähnliche Beispiele auch in anderen Kulturen.

Das Eintreten des indischen Kaisers Aschoka für religiöse und sonstige Toleranz im 3. Jahrhundert v. Chr. («die Sekten anderer verdienen alle aus dem einen oder anderen Grund Ehrerbietung») gehört sicherlich zu den frühesten Dokumenten der politischen Verteidigung der Toleranz überhaupt. Der kürzlich herausgekommene Bollywood-Film *Ashoka* (zufällig von einem muslimischen Regisseur) mag nicht in allen Einzelheiten zutreffen (so wird der Faszination Bollywoods für Gesang, Romanzen und spärlich bekleidete Tänzerinnen allzu reichlich gehuldigt), aber er hebt zu Recht hervor, dass Aschokas Vorstellungen von Säkularismus und Toleranz vor 2300 Jahren wichtig waren und auch im heutigen

Indien relevant sind. Als ein späterer indischer Kaiser, der Großmogul Akbar, sich nach 1590 in Agra in ähnlichem Sinne über religiöse Toleranz äußerte (ein Beispiel: «Niemand soll wegen seiner Religion beeinträchtigt werden, und es ist jedermann gestattet, zu der Religion zu wechseln, die ihm gefällt»), wütete in weiten Teilen Europas die Inquisition, und Ketzer wurden noch immer auf dem Scheiterhaufen verbrannt.

Globale Wurzeln der Demokratie

Auch die Demokratie wird oft als eine typisch westliche Idee hingestellt, die der nicht-westlichen Welt fremd ist. Diese zivilisatorische Simplifizierung wurde in jüngster Zeit bestärkt durch die Schwierigkeiten, auf welche die von Amerika geführte Koalition bei der Schaffung eines demokratischen Regierungssystems im Irak stößt. Es trägt allerdings erheblich zur Unklarkeit bei, wenn die Schwierigkeiten im Irak nach dem Einmarsch nicht darauf zurückgeführt werden, dass die militärische Intervention, zu der man sich voreilig entschlossen hatte, auf nicht hinreichenden Informationen und unzureichender Überlegung beruhte, sondern auf eine angeblich mangelnde Eignung der irakischen, der nahöstlichen oder überhaupt aller nicht-westlichen Kulturen für die Demokratie. Damit werden die Probleme, vor denen wir heute im Nahen Osten und überall sonst stehen, meines Erachtens vollkommen falsch eingeschätzt.

Oft wird bezweifelt, dass es den westlichen Ländern gelingen wird, dem Irak oder einem sonstigen Land die Demokratie «aufzuzwingen». Hinter der so formulierten Frage steckt jedoch die Ansicht, die Demokratie sei Eigentum des Westens, sei eine typisch «westliche» Idee, die ihren Ursprung allein im Westen hat und sich nur dort entfalten konnte. Das ist eine ganz und gar irreführende Ansicht über die Geschichte und die heutigen Aussichten der Demokratie.

Es kann natürlich nicht der geringste Zweifel daran bestehen, dass die modernen Begriffe von Demokratie und öffentlichem Diskurs stark von europäischen und amerikanischen Analysen und Erfahrungen der letzten Jahrhunderte beeinflusst wurden, insbesondere von der geistigen Kraft der europäischen Aufklärung (dazu gehören die Beiträge von Demokratietheoretikern wie Marquis de Condorcet, James Madison, Alexis de Tocqueville und John Stuart Mill). Es wäre jedoch sehr eigenartig, wollte man durch rückwirkende Extrapolation aus diesen relativ jungen Erfahrungen eine wesensmäßige und seit langem bestehende Dichotomie zwischen dem Westen und dem Nichtwesten konstruieren.

Statt sich dem trügerischen Versuch hinzugeben, aufgrund junger Erfahrungen die ferne Vergangenheit neu zu definieren, kann man einen anderen, historisch ambitionierteren Weg einschlagen und speziell das alte Griechenland betrachten. Der Glaube an das angeblich «westliche» Wesen der Demokratie stützt sich oftmals darauf, dass in Griechenland und besonders in Athen schon früh Abstimmungen und Wahlen gebräuchlich waren. Der bahnbrechende Beginn im alten Griechenland war in der Tat bedeutsam, aber vom alten Griechenland zu der These zu springen, die Demokratie sei «westlicher» oder «europäischer» Natur, ist verwirrend und aus mindestens drei Gründen widerlegt.

Da ist zunächst die klassifikatorische Willkür, Kulturen weitgehend «rassisch» zu definieren. Bei dieser Auffassung von unterschiedlichen Kulturen fällt es nicht schwer, die Nachkommen beispielsweise der Goten und der Westgoten als rechtmäßige Erben der griechischen Tradition zu betrachten («sie sind alle Europäer», sagt man uns). Gleichzeitig sträubt man sich, die geistigen Beziehungen der Griechen zu anderen alten Kulturen im Süden und Osten Griechenlands zur Kenntnis zu nehmen, obwohl die alten Griechen selbst weit mehr daran interessiert waren, mit den alten Persern, Indern oder Ägyptern zu reden, als die alten Ostgoten anzusprechen.

Die zweite Frage betrifft die Nachwirkung des frühen griechischen Experiments. Athen machte sicherlich den Anfang mit Wahlen, aber viele Staaten in der Region haben diesen Weg in den folgenden Jahrhunderten weiter beschritten. Nichts deutet indes darauf hin, dass das griechische Experiment mit gewählten Regierungen in den Ländern westlich von Griechenland und Rom *unmittelbare* Nachfolge gefunden hätte, beispielsweise im heutigen Frankreich oder Deutschland oder Großbritannien. Anders sieht es mit einigen damaligen Städten in Asien – in Persien, Baktrien und Indien – aus, die in den Jahrhunderten nach der Blüte der athenischen Demokratie demokratische Elemente in ihre kommunale Regierungsform einbezogen. Die Stadt Susa (auch Shushan) im Südwesten Persiens hatte beispielsweise jahrhundertelang einen gewählten Rat, eine Volksversammlung und Richter, die vom Rat vorgeschlagen und von der Versammlung gewählt wurden.

Drittens geht es bei der Demokratie nicht nur um Abstimmungen und Wahlen, sondern auch um die öffentliche Beratung und Debatte, um die «Regierung durch Diskussion», wie die alte Wendung lautet. Im alten Griechenland erlebte die öffentliche Debatte tatsächlich eine Blütezeit, aber das gilt auch für einige andere alte Kulturen, zuweilen sogar in spektakulärer Weise. Zu den ersten offenen Generalversammlungen, die eigens einberufen wurden, um Differenzen zwischen verschiedenen Standpunkten beizulegen, gehören die sogenannten buddhistischen Konzile in Indien, auf denen die Anhänger unterschiedlicher Ansichten zusammenkamen, um ihre Meinungsverschiedenheiten auszudiskutieren. Der schon erwähnte Kaiser Aschoka, der im 3. Jahrhundert v. Chr. in Paliputra (heute Patna), der damaligen Hauptstadt Indiens, Gastgeber des dritten und größten buddhistischen Konzils war, bemühte sich auch um die Kodifizierung und Verbreitung von Regeln der öffentlichen Diskussion, die zu den ersten historisch dokumentierten gehören (und eine frühe Version der im 19. Jahrhundert aufgestellten «Robert's Rules of Order» darstellen).

Auf die Tradition der öffentlichen Diskussion stößt man in aller Welt. Dafür ein anderes historisches Beispiel: Der buddhistische japanische Kronprinz Shotoku, Regent für seine Mutter, die Kaiserin Suiko, forderte im frühen 7. Jahrhundert in der «17-Artikel-Verfassung»: «Wichtige Entscheidungen sollte nicht eine Person allein treffen. Sie sollten mit vielen diskutiert werden.» Das ist zufällig sechshundert Jahre vor der Unterzeichnung der Magna Charta im 13. Jahrhundert. Die japanische 17-Artikel-Verfassung erläuterte auch, warum es so wichtig ist, gemeinsam zu beraten: «Lass uns nicht empfindlich sein, wenn andere anderer Meinung sind. Denn alle Menschen haben ein Herz, und jedes Herz ist anders. Ihr Gut ist unser Schlecht und andersherum.»[6] Es ist keine Überraschung, dass einige Kommentatoren in dieser Verfassung aus dem 7. Jahrhundert Japans «ersten Schritt einer allmählichen Entwicklung zur Demokratie» gesehen haben.[7]

Die öffentliche Diskussion hat in der ganzen Welt eine lange Geschichte. Sogar der unbesiegbare Alexander kam in den Genuss eines guten Beispiels öffentlicher Kritik, als er um 325 v. Chr. im Nordwesten Indiens umherzog. Als er eine Gruppe dschainistischer Weiser fragte, warum sie dem großen Eroberer keine Beachtung schenkten (Alexander war über das mangelnde Interesse dieser indischen Weisen an seiner Person offenbar enttäuscht), erhielt er die folgende energische Antwort:

> König Alexander, jeder Mensch kann von der Oberfläche der Erde nur soviel besitzen wie das, worauf er steht. Du bist nur ein Mensch wie alle anderen, außer dass du dauernd unterwegs bist und nichts Gutes im Schilde führst, so viele Meilen von deiner Heimat entfernt, eine Plage für dich selbst und für andere!... Bald wirst du tot sein, und dann wird dir gerade soviel von der Erde gehören, wie nötig ist, um dich zu begraben.[8]

Auch in der Geschichte des Nahen Ostens und der Geschichte der muslimischen Völker finden sich viele Schilderungen öffentlicher Diskussionen und politischer Partizipation durch Gespräche. In den muslimischen Reichen um Kairo, Bagdad und Istanbul oder im Iran, in Indien oder auch in Spanien hatte die öffentliche Diskussion viele Verfechter (darunter Kalif Abd ar-Rahman III. von Córdoba im 10. Jahrhundert oder Kaiser Akbar von Indien im 16.). Ich werde auf diese Frage im nächsten Kapitel zurückkommen, wenn es um die systematische Fehlinterpretation der muslimischen Geschichte geht, die man sowohl bei religiösen Fundamentalisten als auch bei westlichen Kulturvereinfachern antrifft.

Die westliche Welt hat kein Eigentumsrecht an demokratischen Ideen. Die modernen institutionellen Formen der Demokratie sind allenthalben etwas relativ Neues, aber die Demokratie in Gestalt öffentlicher Partizipation und Beratung hat in der ganzen Welt eine Vorgeschichte. 1835 notierte Alexis de Tocqueville in seinem Klassiker über die Demokratie, dass die «große demokratische Revolution», die sich in Amerika vollzog, von den einen als «etwas Neues» betrachtet werde, dass sie aber aus einer weiteren Perspektive «als die stetigste, die älteste und die anhaltendste Entwicklung erscheint, die in der Geschichte bekannt ist».[9] Zwar beschränkte Tocqueville seine historischen Beispiele auf die Vergangenheit Europas (er wies etwa darauf hin, dass die Aufnahme von Gemeinen in den Klerus «im Staate Frankreich vor siebenhundert Jahren» sehr zur Demokratisierung beigetragen habe), aber sein allgemeiner Gedankengang ist weit darüber hinaus von Bedeutung.

In seiner Autobiographie *Der lange Weg zur Freiheit* schildert Nelson Mandela, welchen Eindruck es auf ihn als Knaben machte, dass die Versammlungen in seiner Heimatstadt so demokratisch abliefen:

> Es sprach jeder, der sprechen wollte. Es war Demokratie in ihrer reinsten Form. Unter den Rednern mag es zwar eine Hierarchie geben, was die Bedeutung der einzelnen betrifft, doch wurde jeder angehört, ob Häuptling oder einfacher Mann, Krieger oder Medizinmann, Ladenbesitzer oder Farmer, Landbesitzer oder Arbeiter.[10]

Das Verlangen nach Demokratie wurde Mandela nicht vom Westen «aufgezwungen». Es ging eindeutig von seinem afrikanischen Zuhause aus, aber er hat dafür gekämpft, es «den Europäern» (man wird sich vielleicht erinnern, dass die weißen Herrscher Südafrikas sich während des Apartheid-Regimes selber so nannten) «aufzuzwingen». Dass Mandela sich am Ende durchsetzte, war ein Sieg der Menschlichkeit – und nicht einer spezifisch europäischen Idee.

Westliche Wissenschaft und globale Geschichte

Nicht minder wichtig ist die Erkenntnis, dass die sogenannte westliche Wissenschaft sich auf das Erbe der gesamten Menschheit stützt. Es besteht ein Traditionszusammenhang zwischen der Mathematik und Wissenschaft des Westens und frühen nicht-westlichen Vorläufern. So gelangte das Dezimalsystem, das in den ersten Jahrhunderten des ersten

Jahrtausends in Indien entwickelt wurde, gegen Ende des Jahrtausends über die Araber nach Europa. Zur Wissenschaft, Mathematik und Philosophie, die in der europäischen Renaissance und später in der Aufklärung eine bedeutende Rolle spielten, haben sehr viele Einflüsse aus nicht-westlichen Gesellschaften – u. a. der chinesischen, der arabischen, der persischen, der indischen – beigetragen.

Nicht nur, dass der Westen beim weltweiten Aufblühen von Wissenschaft und Technik nicht als einziger eine führende Rolle spielt – es hat bedeutende Fortschritte gegeben, die auf einem umfassenden internationalen Austausch gänzlich außerhalb von Europa beruhten. Betrachten wir den Buchdruck, laut Francis Bacon eine der Entwicklungen, die das Gesicht der Welt und den Zustand aller Dinge verändert haben. Alle während des ersten Jahrtausends unternommenen Versuche mit dem Buchdruck erfolgten weit außerhalb Europas. Auch gingen sie weitgehend auf Anregungen buddhistischer Intellektueller zurück, denen sehr am öffentlichen Vortrag und der Verbreitung von Ideen gelegen war, und so wurden denn auch die ersten Versuche mit dem Buchdruck in China, Korea und Japan allesamt von buddhistischen Handwerkern unternommen. Indische Buddhisten hatten mit ihren Bemühungen um die Entwicklung des Buchdrucks im 7. Jahrhundert weniger Erfolg, aber sie steuerten das Material für das erste gedruckte Buch der Welt bei, einen buddhistischen Sanskrit-Klassiker (*Vajracchedikaprajnaparamita*), allgemein bekannt als das *Diamant-Sutra*, das im Jahre 402 von einem halb indischen, halb türkischen Gelehrten aus dem Sanskrit ins Chinesische übersetzt wurde. Als das Buch im Jahre 868 in chinesischer Sprache gedruckt wurde, enthielt es ein Vorwort, in dem es hieß, das Buch sei «zwecks allgemeiner unentgeltlicher Verbreitung» gedruckt worden.[11]

Der ungeheure Fortschritt der Ideen und Erkenntnisse in Europa und Amerika in den letzten Jahrhunderten verdient sicherlich, angemessen gewürdigt zu werden. Dem Abendland sind die bedeutenden Errungenschaften zu verdanken, zu denen es während der Renaissance, der Aufklärung und der industriellen Revolution in der westlichen Welt gekommen ist, Errungenschaften, welche die gesamte menschliche Zivilisation verändert haben. Es wäre jedoch ein schwerwiegender Irrtum anzunehmen, das alles sei aus der Blüte einer völlig abgeschlossenen «westlichen Kultur» hervorgegangen, die sich in gänzlicher Isolation entwickelt hat.

Gelehrsamkeit und Denken in der Welt pflegen aufgrund von Entwicklungen in verschiedenen Regionen voranzukommen, und angesichts dessen wäre es unangemessen, den Fortschritt einer imaginierten Absonderung der Kulturen zuzuschreiben. Ideen und Erkenntnisse, die in den letzten Jahrhunderten im Westen entwickelt wurden, haben die moderne Welt dramatisch verändert, aber eine rein westliche Konzeption ist darin schwerlich zu erkennen.

Schludrige Abstraktionen und nebulöse Geschichte

Die Einteilung in Kulturen weist aus mindestens zwei Gründen schwerwiegende Mängel auf. Erstens enthält die stillschweigende Annahme, eine Einteilung in Kulturen sei die einzig relevante und müsse jede andere Klassifikation verdrängen oder ausschalten, ein grundlegendes methodologisches Problem. Dass die Anstifter globaler Konfrontationen oder lokaler sektiererischer Gewalt denjenigen, die als «Handlanger» politischer Brutalität vorgesehen sind, eine vorweg bestimmte, einzige und ausschließliche Identität aufzuzwingen versuchen, ist schon schlimm genug, wenn auch kaum überraschend. Aber es ist wirklich traurig, dass diese bornierte Sichtweise noch erheblich gestärkt wird durch die implizite Unterstützung, welche die antiwestlichen fundamentalistischen Krieger durch in westlichen Ländern ausgeheckte Theorien erhalten, welche die Weltbevölkerung nach einem einzigen Kriterium aufteilen.

Das andere Problem mit der Einteilung in Kulturen sind die außergewöhnliche deskriptive Grobschlächtigkeit und die mangelnde Geschichtskenntnis dieses Ansatzes. Viele der bedeutsamen Verschiedenheiten innerhalb der Kulturen werden praktisch ignoriert, und die Wechselbeziehungen zwischen ihnen werden größtenteils übersehen.

Aufgrund dieser beiden Versäumnisse entsteht ein auffallend dürftiges Bild verschiedener Kulturen und ihrer Ähnlichkeiten, Verbindungen und Wechselbeziehungen in Wissenschaft, Technik, Mathematik, Literatur, Gewerbe und Handel sowie bei politischen, wirtschaftlichen und gesellschaftlichen Vorstellungen. Die verschwommene Wahrnehmung der Weltgeschichte führt zu einer erstaunlich beschränkten Sicht der einzelnen Kulturen, einschließlich einer merkwürdig engstirnigen Auffassung der westlichen Kultur.

4. Kapitel

Religionszugehörigkeiten und muslimische Geschichte

In den Thesen vom Kampf der Kulturen wird zumeist der religiöse Unterschied zum Hauptmerkmal verschiedener Kulturen erhoben. Aber abgesehen davon, dass es eine konzeptionelle Schwäche darstellt, die Menschen nach einer einzigen Zugehörigkeit zu unterteilen, und dass es historisch falsch ist, über die wichtigen Wechselbeziehungen zwischen den als getrennte und abgeschlossene Einheiten verstandenen Kulturen hinwegzugehen – beide Probleme wurden im letzten Kapitel erörtert –, besteht eine weitere Schwäche dieser Kultur-Theorien darin, dass sie über die Heterogenität der religiösen Zugehörigkeiten hinwegsehen müssen, die für die meisten Länder und in noch stärkerem Maße für die meisten Kulturen charakteristisch sind. Diese Schwäche kann ebenfalls ein beträchtliches Problem darstellen, denn nicht selten verteilen sich die Anhänger einer Religion über viele Länder und mehrere Kontinente. Indien mag, wie schon erwähnt, von Samuel Huntington als «hinduistische Kultur» betrachtet werden, aber mit annähernd 150 Millionen muslimischen Bürgern gehört Indien auch zu den drei größten muslimischen Ländern der Welt. Die religiöse Unterteilung lässt sich mit Klassifikationen von Ländern und Kulturen nicht ohne weiteres in Einklang bringen.

Dieses Problem lässt sich überwinden, wenn man die Menschen nicht in große Kultur-Einheiten mit religiösen Korrelaten (wie «islamische Kultur», «hinduistische Kultur» und dergleichen bei Huntington) einteilt, sondern direkt in religiöse Gruppierungen. Damit käme man zu einer klareren und weniger mangelhaften Klassifikation, die verständlicherweise bei vielen Anklang gefunden hat. In der Kulturanalyse ist die Einteilung nach den religiösen Zugehörigkeiten der Menschen seit einigen Jahren jedenfalls sehr gebräuchlich. Verhilft diese auf der Religion basierende Unterteilung zu einem besseren Verständnis der Menschheit?

Ich muss das bestreiten. Diese Klassifikation der Weltbevölkerung mag kohärenter sein als die Einteilung nach Kulturen, aber sie macht denselben Fehler, nur ein Zugehörigkeitsmerkmal zu verwenden, nämlich die Religion. In vielen Kontexten kann eine solche Klassifikation hilfreich sein (etwa bei der Festlegung religiöser Feiertage oder bei der Sorge für die Sicherheit von Kultstätten), aber würde man das zur Grundlage der sozialen, politischen und kulturellen Analyse insgesamt machen, müssten alle sonstigen Zugehörigkeiten und Loyalitäten der Menschen, die für das Verhalten, die Identität und das Selbstverständnis des einzelnen bedeutsam sein können, übergangen werden. Auch die Ersetzung der Kultur durch die Religion als Merkmal der Klassifikation ändert nichts daran, dass wir die pluralen Identitäten der Menschen und die von ihnen gewählten Prioritäten zu berücksichtigen haben.

Die zunehmend gebräuchliche Anwendung der religiösen Identität als hauptsächlichem oder gar einzigem Klassifikationsmerkmal hat denn auch zu einer Vergröberung der gesellschaftlichen Analyse geführt. Viele Erkenntnisse gehen insbesondere dadurch verloren, dass man nicht unterscheidet zwischen (1) den verschiedenen Zugehörigkeiten und Loyalitäten, die jemand hat, der zufällig Muslim ist, und (2) seiner speziellen islamischen Identität. Die islamische Identität kann eine der Identitäten sein, die der Betreffende als wichtig (oder gar entscheidend) betrachtet, ohne damit zu leugnen, dass andere Identitäten ebenfalls bedeutsam sein können. In der sogenannten «islamischen Welt» leben natürlich überwiegend Muslime, aber verschiedene muslimische Menschen können sich in anderer Hinsicht stark voneinander unterscheiden und tun dies auch, etwa in ihren politischen und gesellschaftlichen Werten, ihren wirtschaftlichen und literarischen Bestrebungen, ihren beruflichen und philosophischen Engagements, ihrer Einstellung zum Westen und so weiter. Was diese «übrigen Zugehörigkeiten» angeht, können die Trennungslinien sehr unterschiedlich verlaufen. Wer allein die religiöse Klassifikation betrachtet, übersieht die zahlreichen – und vielfältigen – Interessen, die Menschen, welche zufällig muslimischer Religion sind, in der Regel haben.

Die Unterscheidung kann extrem wichtig sein, nicht zuletzt in einer Welt, in der islamischer Fundamentalismus und islamische Militanz an Einfluss gewonnen haben und in der die westliche Abwehr dieser Erscheinungen oft einhergeht mit einem erheblichen, wenn auch nur vage formulierten Misstrauen gegen Muslime insgesamt. Diese allgemeine Einstellung ist eine grobe Vereinfachung und übersieht die offenkundige Tatsache, dass es bei den politischen und gesellschaftlichen Ansichten starke Unterschiede unter den Muslimen gibt. Unterschiede gibt es auch im literarischen und künstlerischen Geschmack, im Interesse an Wissenschaft und Mathematik und sogar in der Form und dem Grad ihrer Religiosität. Die politische Dringlichkeit dieser Fragen hat zwar bewirkt, dass man im Westen die religiösen Untergruppen innerhalb des Islam (zum Beispiel den Unterschied zwischen Schiiten und Sunniten) etwas besser kennt, aber zugleich wächst die Abneigung, von den vielen nichtreligiösen Identitäten gebührend Kenntnis zu nehmen, die Muslime genau wie andere Menschen außerdem noch haben. Dabei bestehen in den Ansichten zu politischen, kulturellen und gesellschaftlichen Fragen und den entsprechenden Prioritäten erhebliche Unterschiede zwischen den Muslimen.

Religiöse Identität und kulturelle Vielfalt

Große Unterschiede kann es auch im Sozialverhalten verschiedener Anhänger ein und derselben Religion geben, selbst auf Gebieten, von denen man vielfach meint, sie hingen eng mit der Religion zusammen. Das lässt sich in der heutigen Welt leicht aufzeigen, wenn man beispielsweise das typische Verhalten traditionalistischer Dorfbewohnerinnen in Saudi-Arabien mit dem muslimischer Großstadtbewohnerinnen in der Türkei vergleicht, wo man selten Kopftücher findet und der Dress-Code oft dem europäischer Frauen ähnelt. Es wird auch deutlich an den großen Unterschieden in den Gewohnheiten gesellschaftlich aktiver Frauen in Bangladesh und von weniger extrovertierten Frauen in konservativeren Kreisen ebendort, obwohl die Betreffenden alle muslimischen Glaubens sind.

Diese Unterschiede dürfen jedoch nicht als bloße Aspekte eines neuen, durch die Moderne in die muslimischen Länder getragenen Phänomens verstanden werden. Der Einfluss anderer Interessen, anderer Identitäten lässt sich in der gesamten Geschichte muslimischer Völker beobachten. Ein Beispiel liefert die Debatte zwischen zwei Muslimen im 14. Jahrhundert. Ibn Battuta, der 1304 in Tanger geboren wurde und dreißig Jahre lang verschiedene Länder Afrikas und Asiens bereiste, war entsetzt über Beobachtungen in einer Gegend, die heute auf dem Gebiet von Mali und Ghana liegt. In Iwaltan, unweit von Timbuktu, freundete Ibn Battuta sich mit dem muslimischen Kadi an, der dort ein wichtiges öffentliches Amt bekleidete.

Ibn Battuta bekundet seinen Abscheu vor dem sozialen Verhalten in der Familie des Kadi:

> Eines Tages begab ich mich in die Audienz des Kadis von Iwaltan, nachdem ich ihn um die Erlaubnis gebeten hatte, eintreten zu dürfen, und traf bei ihm auf eine junge und auffallend schöne Frau. Bei ihrem Anblick zögerte ich und wollte mich schon zurückziehen, aber sie lachte mich aus und empfand keine Scheu. Der Kadi sagte zu mir: «Warum kehrst du um? Sie ist meine Freundin.» Das Verhalten der beiden versetzte mich in Erstaunen.[1]

Der Kadi war aber nicht der einzige, der Ibn Battuta schockierte. Sein Tadel traf besonders Abu Muhammad Yandakan al-Musufi, der ein guter Muslim war und sogar schon Marokko besucht hatte. Als Ibn Battuta ihn in seinem Haus besuchte, traf er auf eine Frau, die sich mit einem Mann, der auf einem Sofa saß, unterhielt. Ibn Battuta berichtet:

> Ich sagte zu ihm: «Wer ist diese Frau?» Er sagte: «Sie ist mein Weib.» Ich sagte: «Welche Beziehung hat der Mann zu ihr?» Er erwiderte: «Er ist ihr Freund.» Ich sagte zu ihm: «Du duldest das, nachdem du in unserem Land gelebt und die Vorschriften der Scharia kennengelernt hast?» Er erwiderte: «Wir sind mit dem Umgang zwischen Frauen und Männern einverstanden, das gehört bei uns zum guten Benehmen, dem nichts Verdächtiges anhaftet. Sie sind nicht wie die Frauen in deinem Land.» Ich war erstaunt über diese Laxheit. Ich verließ ihn und kehrte danach nicht mehr wieder. Er lud mich mehrmals ein, aber ich nahm die Einladungen nicht an.[2]

Der Unterschied zwischen Abu Muhammad und Ibn Battuta beruht nicht auf ihrer Religion – sie waren beide Muslime –, sondern auf ihrer Entscheidung über die richtige Lebensführung.

Muslimische Toleranz und Vielfalt

Ich wende mich jetzt einem politischeren Problem zu. In der Weltgeschichte sind oftmals die Einstellungen zur religiösen Toleranz gesellschaftlich bedeutsam gewesen, und unter Muslimen findet man in dieser Beziehung eine große Bandbreite. Kaiser Aurangzeb zum Beispiel, der im späten 17. Jahrhundert den Mogulthron bestieg, gilt allgemein als ziemlich intolerant; seinen nicht-muslimischen Untertanen erlegte er sogar eine Kopfsteuer auf. Einer ganz anderen Haltung begegnen wir dagegen im Leben und Verhalten seines älteren Bruders Dara Shikoh, des ältesten Sohnes (und legitimen Erben) von Kaiser Shah Jahan und dessen Gemahlin Mumtaz Mahal, zu deren Gedenken das Taj Mahal errichtet werden sollte. Aurangzeb tötete Dara, um den Thron an sich zu reißen. Dara war nicht nur ein Kenner des Sanskrit und ein bedeutender Forscher auf dem Gebiet des Hinduismus – seine Übersetzung der *Upanischaden* ins Persische war über ein Jahrhundert lang für Europäer eine der Hauptgrundlagen ihrer Auseinandersetzung mit der hinduistischen Religionsphilosophie.

Akbar, der Urgroßvater von Dara und Aurangzeb, förderte, wie schon erwähnt, die religiöse Toleranz sehr und machte es zur erklärten Pflicht des Staates, dafür zu sorgen, dass «niemand wegen seiner Religion beeinträchtigt werden soll und es jedermann gestattet ist, zu der Religion zu wechseln, die ihm gefällt». Im Einklang mit dem von ihm verfolgten «Weg der Vernunft» (*rahi aql*) betonte Akbar die Notwendigkeit des offenen Dialogs und der Wahlfreiheit, und er organisierte regelmäßige Diskussionen, an denen nicht nur Denker der Hauptströmungen, des Islam und des Hinduismus, sondern auch Christen, Juden, Parsen, Dschainas und sogar Atheisten teilnahmen.[3] Außer Dara rebellierte auch Aurangzebs eigener Sohn, der ebenfalls Akbar hieß, gegen seinen Vater und machte dabei gemeinsame Sache mit den Hindu-Königreichen in Rajasthan und später mit den hinduistischen Marathas (seine Rebellion wurde von Aurangzeb schließlich niedergeschlagen). Von Rajasthan aus kämpfend, schrieb Akbar seinem Vater und protestierte gegen dessen Intoleranz und die Verleumdung seiner hinduistischen Freunde.[4]

Angesichts dieser Vielfalt unter den Muslimen stellt sich für diejenigen, die zwischen der Eigenschaft, ein Muslim zu sein, und dem Besitz einer islamischen Identität keinen Unterschied erkennen können, vielleicht die Frage: «Welche Ansicht ist dem Islam zufolge richtig? Ist der Islam für oder gegen eine solche Toleranz? Was ist er eigentlich?» Das vordringliche Problem, um das es hier geht, ist nicht, welches die richtige Antwort auf diese Frage ist, sondern, ob die Frage als solche überhaupt diejenige ist, die man zu stellen hat. Muslim zu sein ist keine alles überragende Identität, die alles, woran ein Mensch glaubt, determiniert. Im Indien des 16. Jahrhunderts hatten Kaiser Akbars Toleranz und Heterodoxie beispielsweise unter den einflussreichen muslimischen Gruppen in Agra und Delhi sowohl Anhänger als auch Kritiker. Muslimische Geistliche leisteten sogar beträchtlichen Widerstand gegen ihn. Doch als Akbar im Jahre 1605 starb, konnte der islamische Theologe Abdul Haq, der viele von Akbars toleranten Ansichten scharf kritisiert hatte, nur zu dem Schluss kommen, Akbar sei trotz seiner «Neuerungen» ein guter Muslim geblieben.[5]

Entscheidend ist in diesem Zusammenhang: Angesichts dieser Unstimmigkeit braucht nicht geklärt zu werden, ob nun entweder Akbar oder Aurangzeb kein richtiger Muslim war. Sie können beide ausgezeichnete Muslime gewesen sein, ohne dass sie deshalb dieselben politischen Ansichten oder dieselben sozialen und kulturellen Identitäten teilen mussten. Ein Muslim kann ohne weiteres eine intolerante Haltung gegenüber der Heterodoxie einnehmen und ein anderer eine tolerante, ohne dass der eine oder der andere deshalb aufhört, ein Muslim zu sein. Das liegt nicht nur daran, dass die Idee der *ijtehad*, der Auslegung der religiösen Quellen, einen beträchtlichen Spielraum innerhalb des Islam zulässt, sondern auch daran, dass der einzelne Muslim große Freiheit hat, selbst zu bestimmen, welche sonstigen Werte und Prioritäten er wählt, ohne den grundlegenden islamischen Glauben in Frage zu stellen.

Angesichts der gegenwärtigen Abneigung zwischen arabischen und jüdischen Politikern darf auch an die lange Geschichte der gegenseitigen Hochachtung zwischen den beiden Gruppen erinnert werden. Im ersten Kapitel wurde erwähnt, dass der jüdische Philosoph Maimonides, im 12. Jahrhundert zur Emigration aus einem intoleranten Europa gezwungen, in der arabischen Welt tolerante Aufnahme fand. Sein Gastgeber, der ihm an seinem Hof in Kairo eine ehrenvolle und einflussreiche Stellung verschaffte, war kein geringerer als Sultan Saladin, dessen muslimischer Leumund kaum angezweifelt werden kann, hatte er doch in den Kreuzzügen tapfer für den Islam gekämpft (Richard Löwenherz war einer seiner herausragenden Gegner).

Maimonides' Erfahrung war in der Tat keine Ausnahme. Heute gibt es viele Beispiele für Konflikte zwischen Muslimen und Juden, aber in der arabischen Welt und im mittelalterlichen Spanien war es lange Zeit Praxis der muslimischen Herrscher, die Juden als verlässliche Mitglieder der sozialen Gemeinschaft zu integrieren und ihre Freiheiten zu achten, zuweilen sogar ihre führende Rolle zu respektieren. So hat María Rosa Menocal in ihrem Buch *The Ornament of the World* (dt. *Die Palme im Westen*) festgehalten, dass Córdoba im muslimisch beherrschten Teil Spaniens es bis zum 10. Jahrhundert dahin gebracht hatte, «mit gleichem oder gar mit noch größerem Recht als Bagdad Anspruch auf den Titel des kultiviertesten Ortes auf Erden zu erheben», und dass es diese Stellung der konstruktiven Zusammenarbeit von Kalif Abd ar-Rahman III. und seinem jüdischen Wesir Hasdai ibn Shaprut verdankte.[6] Es spricht, sagt Menocal, vieles dafür, dass die Stellung der Juden nach der muslimischen Eroberung «in jeder Hinsicht eine Verbesserung war, denn sie wurden von einer verfolgten zu einer geschützten Minderheit».[7]

Unsere religiöse oder kulturelle Identität mag durchaus sehr wichtig sein, aber sie ist nur eine Mitgliedschaft unter vielen. Wir sollten nicht fragen, ob der Islam (oder der Hinduismus oder das Christentum) eine friedliebende oder eine aggressive Religion ist («sag uns, was ist er eigentlich?»), sondern vielmehr, wie ein religiöser Muslim (oder Hindu oder Christ) seine religiösen Ansichten und Praktiken mit anderen Merkmalen seiner persönlichen Identität und anderen Engagements und Werten (wie etwa der Haltung zu Krieg und Frieden) in Einklang bringen kann. Es wäre eine höchst problematische Diagnose, würde er seine religiöse – oder «kulturelle» – Zugehörigkeit als eine allesverschlingende Identität begreifen.

In allen Religionen hat es unter den treuen Anhängern wilde Krieger und großartige Friedenskämpfer gegeben, und statt zu fragen, wer denn nun der «wahre Gläubige» und wer ein «bloßer Schwindler» ist, sollten wir akzeptieren, dass unser religiöser Glaube nicht alle Entscheidungen klärt, die wir im Leben zu treffen haben, nicht zuletzt die in bezug auf unsere politischen und gesellschaftlichen Prioritäten und die damit verbundenen Fragen nach unserem Verhalten und Handeln. Sowohl die Verfechter von Frieden und Toleranz als auch die Anhänger von Krieg und Intoleranz können derselben Religion angehören und (auf ihre Weise) wahre Gläubige sein, ohne dass dies als Widerspruch empfunden würde. Unsere religiöse Identität siegt nicht über alle sonstigen Aspekte unseres Selbstverständnisses und unserer Zugehörigkeit.

Wäre Muslim zu sein die einzige Identität eines Menschen, der zufällig Muslim ist, dann hätte diese Identität natürlich die gewaltige Last der Verantwortung für die vielen Entscheidungen, die der Betreffende in anderen Lebensbereichen treffen muss, zu tragen. Doch islamisch zu sein kann kaum die einzige Identität eines Muslims sein. Verneint man die Pluralität und lehnt man die Wahlfreiheit hinsichtlich der Identität ab, können erstaunlich bornierte und irregeleitete Ansichten herauskommen. Auch im aktuellen Streit über die Ereignisse des 11. September fanden sich Muslime in allen Meinungslagern wieder, und statt nach der richtigen islamischen Position zu fragen, sollten wir anerkennen, dass ein Muslim in politischen, moralischen und gesellschaftlichen Fragen zwischen mehreren verschiedenen Positionen wählen kann, ohne dass er deshalb aufhört, ein Muslim zu sein.

Die Tatsache, dass am 11. September sehr viele Muslime im World Trade Center umgekommen sind, hat viele Diskussionen ausgelöst. Sie sahen in ihrer Tätigkeit dort anscheinend keinen üblen Ausdruck der westlichen Kultur. Natürlich hatte das World Trade Center mit seiner enormen Höhe und seiner fortgeschrittenen Technik (etwa der Röhrenkonstruktion) große symbolische Bedeutung, und es konnte für politische Feinde als Ausdruck westlicher Anmaßung gelten. Es sei in diesem Zusammenhang daran erinnert, dass der für das Röhrenkonzept verantwortliche Ingenieur der in Chicago sitzende Fazlur Rahman Khan war, der die Hauptarbeit für diese Neuerung leistete und später auch mehrere andere Hochbauten konstruierte, darunter den Sears Tower mit seinen 110 Stockwerken und das 100 Stockwerke hohe John Hancock Center in Chicago, aber auch das Hadsch-Terminal von Dschidda in Saudi-Arabien. Wie es sich fügt, hat er außerdem 1971 für die Unabhängigkeit Bangladeshs von Pakistan gekämpft und in Bengali ein sehr lesenswertes Buch über diesen Krieg geschrieben. Dass Muslime in vielen kulturellen und politischen Fragen unterschiedlicher Auffassung sind, ist eigentlich nicht verwunderlich, wenn man anerkennt, dass Muslim zu sein keine allesverschlingende Identität ist.

Bedeutsam ist auch die Tatsache, dass viele wichtige Beiträge von Muslimen zum Wissen der Menschheit überhaupt nichts mit dem Islam zu tun haben. Wenn ein moderner Mathematiker am MIT oder in Princeton oder Stanford bei der Lösung eines schwierigen Rechenproblems von einem «Algorithmus» spricht, dann erinnert das bis heute an den persischen Mathematiker al-Chwarizmi aus dem 9. Jahrhundert, von dessen Namen sich der Ausdruck «Algorithmus» herleitet; der Ausdruck «Algebra» geht zurück auf sein Buch *Hisab al-dschabr wa-l-muqabala.* Viele weitere bedeutende Entwicklungen in der Geschichte von Mathematik, Wissenschaft und Technik sind der muslimischen Intelligenz zu verdanken.

Viele dieser Entwicklungen gelangten erst Anfang des zweiten Jahrtausends nach Europa, als sich die Übersetzungen aus dem Arabischen ins Lateinische mehrten. Einen gewissen Einfluss hatten schon vorher die muslimischen Herrscher in Andalusien ausgeübt. Um nur ein Beispiel des technischen Fortschritts zu erwähnen: Muslimische Ingenieure, ob Araber oder Berber, entwickelten die Bewässerungstechnik, die in Spanien in Gestalt der *acequías* angewandt wurde, und stützten sich dabei auf die Neuerungen, die sie zuvor in den regenarmen Ländern des Nahen Ostens eingeführt hatten. So konnten vor über tausend Jahren auf zuvor völlig dürrem europäischem Boden Feldfrüchte, Obst und Gemüse angebaut und Vieh geweidet werden. Viele Jahrhunderte lang hielten muslimische Techniker diese bewundernswerten Vorrichtungen in Betrieb.[8]

An der Globalisierung technischen Wissens durch die Ausbreitung von Ideen in der Alten Welt waren muslimische Mathematiker und Wissenschaftler in herausragendem Maße beteiligt. So gelangten das Dezimalsystem und frühe Ergebnisse der Trigonometrie Anfang des zweiten Jahrtausends von Indien nach Europa, vermittelt durch die Werke arabischer und persischer Mathematiker. Die lateinischen Versionen der Erkenntnisse der indischen Mathematiker Aryabhata, Varahamihira und Brahmagupta, zwischen dem 5. und dem 7. Jahrhundert in Sanskrit niederlegt, gelangten in zwei Schritten nach Europa; zuerst wurden sie aus dem Sanskrit ins Arabische und dann aus dem Arabischen ins Lateinische übersetzt (auf diese multikulturellen Überlieferungen komme ich im siebten Kapitel zurück). Muslimische Intellektuelle, die damals führend waren im innovativen Denken, gehörten zu den engagiertesten Globalisierern von Wissenschaft und Mathematik. Die muslimische, hinduistische oder christliche Religion der Beteiligten war für das wissenschaftliche Engagement dieser muslimischen Spitzengelehrten in Mathematik und Wissenschaft unerheblich.

Auch viele der westlichen Klassiker, speziell aus dem alten Griechenland, haben sich nur dank ihrer arabischen Übersetzungen erhalten, die dann in den ersten Jahrhunderten des zweiten Jahrtausends zurückübersetzt wurden, zumeist ins Lateinische, und die Voraussetzung für die europäische Renaissance waren. Die arabischen Übersetzungen waren ursprünglich natürlich nicht mit dem Ziel der Erhaltung dieser Werke angefertigt worden, sondern im Hinblick auf ihre Benutzung in der arabischsprachigen Welt, die gegen Ende des ersten Jahrtausends eine beträchtliche Ausdehnung hatte. Aber die globalen wie die inneren Folgen dieses Prozesses entsprachen voll und ganz dem, was man von der Spannweite und Universalität der Gelehrsamkeit derer erwarten konnte, die während dieser entscheidenden Jahrhunderte die weltweite geistige Führung innehatten.

Plurale Identitäten und die gegenwärtige Politik

Es ist heute von größter Bedeutung, auf den Unterschied zu achten zwischen (1) der Betrachtung der Muslime ausschließlich oder vorwiegend unter dem Aspekt ihrer islamischen Religion und (2) ihrem umfassenderen Verständnis unter dem Aspekt ihrer vielfältigen Zugehörigkeiten, zu denen sicherlich auch ihre islamische Identität gehört, die aber ihrerseits nicht die Engagements verdrängen muss, welche sich aus ihren wissenschaftlichen Interessen, beruflichen Verpflichtungen, literarischen Neigungen oder politischen Zugehörigkeiten ergeben. Dafür sprechen mehrere Gründe.

Der erste Grund ist natürlich der Wert des Wissens – es ist wichtig, zu wissen, was geschieht. Klarheit des Verstehens ist an sich erstrebenswert, aber sie kann darüber hinaus für Denken und Handeln weitreichende Folgen haben. Wenn beispielsweise eine Bande von Aktivisten ihre terroristischen Bestrebungen aus dem Islam ableitet und damit die Reichweite religiöser Gebote radikal auszudehnen versucht, dürfen wir sicherlich fragen, ob sie sich zu Recht auf den Islam beruft. Es wäre ein eklatanter und grober Fehler, würden wir wie sie den Unterschied zwischen einer islamischen Identität und der Identität eines engagierten Terroristen verkennen, der, wie sie glauben, für die Sache des Islam kämpft. Die Kenntnis dieses Unterschieds schließt selbstverständlich nicht die Möglichkeit aus, darüber zu diskutieren, ob islamische Gebote so interpretiert werden können, aber die Debatte könnte gar nicht erst stattfinden, wenn man den Unterschied zwischen einer islamischen

Identität und den zahlreichen Identitäten eines muslimischen Menschen völlig ignorieren würde.

Nun würde die Behauptung, islamische Gebote könnten Terrorismus erfordern oder sanktionieren oder auch nur tolerieren, von den meisten muslimischen Gelehrten energisch zurückgewiesen, auch wenn viele von ihnen – worauf wir gleich eingehen werden – gleichzeitig argumentieren würden, dass jemand nicht aufhören würde, ein Muslim zu sein, selbst wenn er seine Pflichten anders (und in den Augen der Kritiker falsch) interpretieren sollte, solange er am Kern der islamischen Glaubenssätze und Praktiken festhält. Das Hauptproblem ist jedoch, die Rolle einer bestimmten religiösen Identität nicht mit den verschiedenen Prioritäten zu verwechseln, für die sich ein Anhänger dieser Religion (aus einer Reihe anderer Gründe) möglicherweise entscheidet.

Zweitens ist die Unterscheidung wichtig im Kampf gegen die Politisierung der Religion, wie sich nicht nur am rapiden Zuwachs des politischen Islam zeigt, sondern auch an dem Elan, mit dem die Politisierung anderer Religionen in letzter Zeit vorangeschritten ist (zu beobachten am politischen Einfluss der «wiedergeborenen» Christen, des jüdischen Extremismus oder der Hindutva-Bewegung). Die Welt der religiösen Praxis, die zuweilen eine sehr hässliche und brutal sektiererische Praxis ist, lebt regelrecht davon, dass Religion bei der Entscheidung über Dinge, die gar nicht notwendig zum Bereich des religiösen Glaubens gehören, gleichgesetzt wird mit Missachtung der Notwendigkeit rationalen Denkens und der Denkfreiheit. Der Prozess der unberechtigten Politisierung lässt sich in der zunehmend polarisierten Welt in unterschiedlichen Ausmaßen beobachten; das kann vom direkten Beitrag zur Rekrutierung für den aktiven Terror über die Förderung der Anfälligkeit für eine solche Anwerbung bis zur Förderung der Duldung von Gewalt im Namen der Religion reichen.

Die «schleichende Schariaisierung Indonesiens» zum Beispiel, die der indonesische muslimische Gelehrte Syafi'i Anwar voller Sorge beschrieben hat, betrifft nicht nur die Entwicklung der religiösen Praxis, sondern umfasst auch die Ausbreitung einer ausgesprochen aggressiven sozialen und politischen Sichtweise in einem traditionell toleranten und überaus multikulturellen Land.[9] Ähnliches lässt sich über eine Reihe anderer Länder sagen, darunter Malaysia, in denen trotz ihrer historischen kulturellen Vielfalt und politischen Aufgeschlossenheit eine auf Konfrontation ausgerichtete Kultur im Namen des Islam rapide zugenommen hat. Um der politischen Polarisierung entgegenzutreten, muss man auf dieser grundlegenden Unterscheidung nachdrücklich bestehen, weil bei der Kultivierung organisierter Konflikte dieser Art die Ausbeutung einer religiösen (in diesem Fall islamischen) Identität eine so große Rolle spielt.[10]

Drittens erlaubt uns die Unterscheidung, besser zu verstehen, was innerhalb von Ländern geschieht, die von Außenstehenden in eine religiöse Schublade wie etwa die sogenannte islamische Welt gesteckt werden, so als könne diese Identifizierung die aktuellen geistigen Entwicklungen dort umfassend erklären. Man muss erkennen, dass in vielen Ländern, die formal islamische Staaten sind, politische Auseinandersetzungen stattfinden, deren Protagonisten, mögen sie auch fromme Muslime sein, ihre Argumente nicht nur aus ihrer islamischen Identität schöpfen.

Nehmen wir Pakistan, das sicherlich ein islamischer Staat ist und den Islam als Staatsreligion hat, was eine Reihe von politischen Implikationen nach sich zieht (ein Nichtmuslim könnte zum Beispiel, gleichgültig, wie viele Stimmen er bekäme, nicht zum Präsidenten des Landes gewählt werden). Und doch lässt die Zivilgesellschaft dieses geistig regen Landes Raum für vielfältige Engagements und Bestrebungen, die nicht vorrangig – oder überhaupt nicht – aus der Religion abgeleitet sind. So hat Pakistan eine einsatzfreudige und in vieler Hinsicht sehr erfolgreiche Menschenrechtskommission, die sich nicht nur auf islamische Rechtsansprüche beruft, sondern auch auf allgemeiner gefasste Menschenrechte. Im Unterschied zu den Menschenrechtskommissionen Indiens oder Südafrikas, die anerkannte Organe mit rechtlichen Befugnissen sind, hat die Kommission in Pakistan zwar keinen gesetzlichen oder verfassungsmäßigen Rang (offiziell ist sie eigentlich nur eine nichtstaatliche Organisation), dennoch hat sie sich unter der Führung visionärer Führer der Zivilgesellschaft wie Asma Jahangir und I. A. Rehman energisch für die Freiheiten von Frauen, Minderheiten und anderen gefährdeten

Gruppen eingesetzt. Ihr begrenzter Erfolg verdankt sich der Anwendung des pakistanischen Zivilrechts (soweit es nicht durch extremistische Reformen verstümmelt wurde), dem Mut und dem Engagement ziviler Dissidenten, dem Vorhandensein einer breiten, sozial fortschrittlichen Öffentlichkeit und nicht zuletzt der Wirkung der Medien, die die Aufmerksamkeit auf Unmenschlichkeiten und Verstöße gegen das einem Staat schickliche Verhalten gelenkt haben. Außerdem haben die Medien Pakistans, genau wie die Presse in Bangladesh, sehr aktiv Fälle von Missbrauch direkt untersucht und groß darüber berichtet sowie humane – und vielfach säkulare – Probleme einer nachdenklichen Öffentlichkeit zur Kenntnis gebracht.[11]

Dies anzuerkennen soll keineswegs von der dringenden Auseinandersetzung mit «den Abgründen von Pakistans Problem mit dem islamischen Extremismus» ablenken, wie Husain Haqqani, ehemaliger Botschafter Pakistans in Sri Lanka, es formuliert hat. Die überzeugende Diagnose Haqqanis, dass «der unverhältnismäßige Einfluss fundamentalistischer Gruppen in Pakistan das Ergebnis staatlicher Förderung dieser Gruppen ist», muss unbedingt beachtet werden, ebenso wie seine Warnung, dass «eine von islamistischen und militaristischen Ideologien beherrschte Umwelt der ideale Nährboden für Radikale und für exportfähigen Radikalismus ist».[12] Diese Probleme müssen auf unterschiedlichen Ebenen angegangen werden, und sie verlangen dringend danach, die Regierungsführung und das Militär zu reformieren, auf demokratischen Rechten zu bestehen, nicht-religiösen und nicht-extremistischen Parteien größeren Spielraum zu gewähren und sich mit Ausbildungslagern und fundamentalistischen Schulen zu befassen, die bei den Schülern eine Bereitschaft zu Konfrontation und Militanz fördern. Zu beachten ist aber auch die fortwährende Auseinandersetzung in Pakistan, in der die starke intellektuelle Gemeinschaft des Landes eine wertvolle und oft visionäre Rolle gespielt hat. Ein Teil dieser sehr konstruktiven Bewegung ist denn auch Husain Haqqanis scharfsinnige Analyse. Der von Amerika geführte «Krieg gegen den Terror» war so sehr mit militärischen Schritten, zwischenstaatlicher Diplomatie, intergouvernementalen Dialogen und der Zusammenarbeit mit Herrschern überhaupt (in aller Welt, nicht nur in

Pakistan) beschäftigt, dass man darüber die Zivilgesellschaft sehr vernachlässigt hat, obwohl sie unter sehr schwierigen Umständen eine entscheidend wichtige Arbeit leistet.

Weitgespannte humanistische Bestrebungen haben in Pakistan eine reiche Geschichte, und diese Tradition verdient gefeiert und unterstützt zu werden. Sie hat schon vielbewunderte Ergebnisse gebracht, die in anderen Zusammenhängen weltweit Beachtung fanden. Pionier des an der menschlichen Entwicklung orientierten Verständnisses von wirtschaftlichem und sozialem Fortschritt (das den Fortschritt nicht nur am Bruttosozialprodukt misst, sondern an der Verbesserung der menschlichen Lebensverhältnisse) war beispielsweise der pakistanische Ökonom und ehemalige Finanzminister Mahbub ul Haq.[13] Dieser Ansatz hat international vielfach Anwendung gefunden, auch in Pakistan, um die Defizite öffentlicher Maßnahmen zu beurteilen (die Kritik war oft verheerend), und er ist noch immer ein Grundpfeiler der konstruktiven Bemühungen der Vereinten Nationen um wirtschaftliche und soziale Entwicklung. Es gilt anzuerkennen, dass A. Q. Khans geheimes Nuklearmaterial nicht das einzige war, was Pakistan exportiert hat.

Solche wichtigen, nicht konfessionsgebundenen Beiträge beruhen auf den weitgespannten Visionen der Beteiligten, nicht speziell auf ihrer Religiosität. Diese Tatsache hat indes aus Mahbub ul Haq keinen schlechteren Muslim gemacht. Sein Glaube an die Religion in ihrem eigentlichen Bereich war stark, wie ich bestätigen kann, da ich den Vorzug hatte, ihn als einen engen Freund zu kennen (seit unseren gemeinsamen Studentenzeiten in Cambridge in den frühen 1950er Jahren bis zu seinem plötzlichen Tod im Jahre 1998). Es ist außerordentlich wichtig, den Unterschied zwischen der großen Bandbreite der Engagements von Muslimen und ihrer enggefassten islamischen Identität zu verstehen.

Der vierte Grund, die Wichtigkeit dieser Unterscheidung zu betonen, besteht darin, dass sie in manchen der «Schlachten gegen den Terrorismus», die derzeit geschlagen werden, weitgehend – und zuweilen gänzlich – ignoriert wird. Das kann sehr kontraproduktive Folgen haben und hat sie bereits, wie ich glaube. Bemühungen etwa, den Terrorismus dadurch zu bekämpfen, dass man die Religion «auf der eigenen Seite» einsetzt, waren nicht nur gänzlich fruchtlos, sie leiden auch, wie ich behaupten möchte, an einer schwerwiegenden Begriffsverwirrung. Dieses Thema verdient ausführlicher behandelt zu werden.

Den Terrorismus bekämpfen und Identitäten verstehen

Die Verwechslung der pluralen Identitäten von Muslimen mit ihrer islamischen Identität ist nicht nur ein deskriptiver Fehler, sie hat auch ernste Folgen für Friedensmaßnahmen in der prekären Welt, in der wir leben. Heute herrscht in der Welt große Angst vor globalen Konflikten und Terrorismus. Das ist berechtigt, denn die Gefahren sind real, und es ist dringend geboten, etwas zu tun, um diese Gefahren zu überwinden und zu bezwingen. Zu den in den letzten Jahren ergriffenen Maßnahmen gehörten militärische Interventionen in Afghanistan und im Irak. Das sind wichtige Themen, die öffentlich diskutiert werden müssen (ich muss gestehen, dass ich mir insbesondere von den Schritten, welche die Partner der Koalition für die Irak-Operation beschlossen hatten, nichts Gutes erwartet habe), aber ich will mich an dieser Stelle mit einem anderen Aspekt der weltweiten Reaktion auf Konflikte und Terrorismus befassen, nämlich den staatlichen Maßnahmen in bezug auf die kulturellen Beziehungen und die Zivilgesellschaft.

Dieses Buch widmet sich, wie im ersten Kapitel erwähnt, besonders dem theoretischen Rahmen, innerhalb dessen diese Konfrontationen gesehen und verstanden werden, und der Frage, wie die Forderungen nach staatlichem Handeln interpretiert werden. Verwirrend wirkt dabei das Vertrauen, das man einer Einteilung der Weltbevölkerung nach nur einem Kriterium entgegenbringt. Die Verwirrung verstärkt die Entflammbarkeit der Welt, in der wir leben. Das Problem, auf das ich mich beziehe, ist weitaus subtiler als die kruden und falschen Ansichten, die von Menschen im Westen über andere Kulturen geäußert worden sind, beispielsweise von dem unvermeidlichen Generalleutnant der US-Armee William Boykin (dessen Behauptung, der christliche Gott sei «größer als» der islamische Gott, im ersten Kapitel behandelt wurde). Die Beschränktheit und Geistlosigkeit solcher Ansichten ist unübersehbar.

Ein größeres und allgemeineres Problem (auch wenn darin keine grobe Schmähung enthalten ist) stellen jedoch die möglicherweise schrecklichen Folgen dar, die sich aus der Klassifikation der Menschen nach singulären Zugehörigkeiten ergeben können, wenn dabei ausschließlich auf die religiösen Identitäten abgehoben wird. Das ist besonders wichtig, wenn man Wesen und Dynamik der globalen Gewalt und des Terrorismus in der heutigen Welt verstehen will. Die religiöse Einteilung der Welt ergibt ein völlig irreführendes Bild der Menschen in aller Welt und der vielfältigen Beziehungen zwischen ihnen, und sie hat zusätzlich den Effekt, einen einzigen Unterschied zwischen Menschen zu vergrößern und dabei alle anderen wichtigen Belange auszuschließen.

Im Hinblick auf den «islamischen Terrorismus» wurde darüber diskutiert, ob die Zugehörigkeit zum Islam von den Muslimen eine besonders entschiedene Militanz verlangt oder ob, wie von etlichen führenden Politikern in freundlichen, ja sogar begeisternden Worten behauptet wurde, ein «echter Muslim» ein toleranter Mensch sein muss. Es ist heute sicherlich angebracht und äußerst wichtig, die Notwendigkeit einer konfrontativen Deutung des Islam zu verneinen, und namentlich Tony Blair verdient großen Beifall für das, was er in dieser Beziehung getan hat. Doch im Hinblick auf die «moderate und wahre Stimme des Islam», von der Blair häufig spricht, müssen wir uns fragen, ob es überhaupt möglich oder notwendig ist, einen «echten Muslim» durch politische und gesellschaftliche Ansichten zu Konfrontation und Toleranz zu definieren, worüber Muslime, wie oben dargelegt, im Laufe der Geschichte sehr unterschiedliche Auffassungen hatten. Diese an der Religion festgemachte politische Betrachtungsweise und die aus ihr abgeleiteten institutionellen Maßnahmen (mit häufigen Ankündigungen der folgenden Art: «die Regierung trifft sich mit muslimischen Führern, um in einer weiteren wichtigen Etappe eine Einheitsfront zu schmieden») hatten zur Folge, dass die Stimme religiöser Autoritäten gestärkt wurde, während die Bedeutung nichtreligiöser Institutionen und Bewegungen gemindert wurde.

Die Schwierigkeit, wie man mit der Annahme nur einer – der religiösen – Identität in der Praxis umgeht, ist natürlich kein Problem, das nur für Muslime gilt. Sie würde auch dann auftreten, wenn man in dem Bemühen, die politischen Ansichten und sozialen Einschätzungen von Christen, Juden, Hindus oder Sihks zu verstehen, hauptsächlich oder ausschließlich auf das hören würde, was ihre angeblichen religiösen Führer im Namen ihrer «Herde» erklären. Die singuläre Klassifikation verleiht denen, die in der jeweiligen religiösen Hierarchie zum «Establishment» gehören, eine dominierende Stimme, während andere Perspektiven demgegenüber bagatellisiert und an den Rand gedrängt werden.

Mit Sorge und einem gewissen Erstaunen hat man zur Kenntnis genommen, dass selbst in westlichen Ländern der religiöse Fundamentalismus und die Rekrutierung militanter Kämpfer nach wie vor florieren, trotz der Bemühungen, mit der religiösen Führung von Muslimen und anderen nichtchristlichen Gruppen zu einem Dialog über globalen Frieden und lokale Ruhe zu kommen. Dabei ist das eigentlich nicht erstaunlich. Versucht man, religiöse Führer und Geistliche für politische Anliegen zu gewinnen, und versucht man gleichzeitig, die betreffenden Religionen im Hinblick auf politische und gesellschaftliche Einstellungen neu zu definieren, so mindert man die Bedeutung von nichtreligiösen Werten, welche die Menschen, seien sie nun religiös oder nicht, in ihrem eigenen Bereich haben können und tatsächlich haben.

Natürlich könnte das Bemühen, die Mullahs und Geistlichen dazu zu bewegen, außerhalb des engeren Bereichs der Religion eine Rolle zu spielen, einen gewissen Einfluss auf das ausüben, was in Moscheen oder Tempeln gepredigt wird. Aber es entwertet auch die gemeinsamen Initiativen, die von Menschen, welche zufällig muslimischer Religion sind, zusammen mit anderen unternommen werden können und unternommen werden, um Probleme zu lösen, die im Grunde politischer und sozialer Natur sind. Außerdem verstärkt es das Gefühl der Distanz zwischen Mitgliedern verschiedener religiöser Gemeinschaften, weil es insbesondere ihre religiösen Differenzen aufbauscht, oftmals zu Lasten anderer Identitäten (einschließlich derer, Bürger des betreffenden Landes zu sein), die eher einigend wirken könnten. Soll ein britischer Staatsbürger, der zufällig Muslim ist, sich auf Geistliche oder andere Führer der religiösen Gemeinschaft verlassen müssen, um mit dem Premierminister seines Landes zu kommunizieren, dem besonders daran gelegen war, sich der Vermittlung der religiösen Führer zu bedienen?

Will man den Einfluss des religiösen Sektierertums verringern, so kann sich das Ignorieren aller anderen Identitäten außer denen, die mit der Religion zusammenhängen, als problematisches Vorgehen erweisen. Das sollte eigentlich niemanden wundern. In aller Schärfe stellt sich dieses Problem angesichts der deutlich schwierigeren und turbulenteren polischen Lage im kriegsgeplagten Irak und in Afghanistan. Die Wahlen und das Referendum, die 2005 im Irak stattfanden, können nach ihren eigenen Bewertungsmaßstäben als ein beträchtlicher Erfolg gelten: Die Wahlen fanden tatsächlich statt, die Wahlbeteiligung war recht hoch, und gewaltsame Störungen haben das Ganze nicht ruinieren können. Weil es aber über den Rahmen dessen hinaus, was die religiösen Institutionen boten, keine Gelegenheiten für einen offenen und partizipatorischen Dialog gab, war die Abstimmung selbst vorhersehbar auf sektiererische Weise von religiösen und ethnischen Zugehörigkeiten geprägt. Die Mitwirkung der Angehörigen verschiedener Gruppen (Schiiten, Sunniten, Kurden) schien strikt von den jeweiligen Wortführern vermittelt zu sein, während die allgemeine Eigenschaft, Bürger des Landes zu sein, kaum zum Tragen kommen konnte.

Trotz zahlreicher Erfolge der Regierung Karzai in Kabul (es ist auf jeden Fall viel erreicht worden) stellt sich ein ähnliches Problem, wenngleich nicht ganz so scharf, auch in Afghanistan, wo man versucht hat, sich auf Versammlungen von Stammesführern und Räte von Geistlichen zu stützen, und nicht den anstrengenderen, aber entscheidend wichtigen Weg eingeschlagen hat, den offenen allgemeinen Dialog und Interaktionen zu pflegen, die über religiöse Winkelzüge hinausgehen könnten. Der politische Preis dafür, dass man die religiöse Zugehörigkeit als bestimmende Identität ansieht, kann beträchtlich sein. Angesichts der ungeheuren Aufgaben, vor denen die afghanische Führung steht, muss man mit den Lösungen, die sie ausprobiert, Geduld haben, aber auch wenn man die Bewunderung für das, was die Regierung Karzai erreicht hat, nicht schmälern möchte, muss man doch darauf hinweisen, welche langfristigen Schwierigkeiten daraus erwachsen können, dass sie diesen schmalen Weg gewählt hat.

Was die globale Herausforderung durch den Terrorismus angeht, haben wir Anlass, von den Staatsmännern, die ihn bekämpfen, mehr gedankliche Klarheit zu erwarten, als wir gegenwärtig geboten bekommen. Der unausgesprochene Glaube an das solitaristische Identitätsverständnis stiftet eine Verwirrung, die es ernsthaft erschwert, den globalen Terrorismus zu überwinden und eine Welt ohne ideologisch begründete umfassende Gewalt zu schaffen. In der unruhigen Welt, in der wir leben, kann die Anerkennung multipler Identitäten und jener Welt, die es auch für sehr religiöse Menschen jenseits ihrer religiösen Zugehörigkeiten gibt, vielleicht etwas bewirken.

Terrorismus und Religion

Ich hatte das Glück, Daniel Pearl etwas näher kennenzulernen. Er kam zu einem Vortrag, den ich im Sommer 2000 in Paris hielt, und wir haben uns anschließend ziemlich lange unterhalten. Er wusste, dass er in Kürze nach Bombay (oder Mumbai, wie es jetzt genannt wird) gehen würde, um als Korrespondent des *Wall Street Journal* über den Subkontinent zu berichten. Anfang Februar 2001 traf ich ihn in Bombay wieder, und wir konnten unser Gespräch fortsetzen. Mich beeindruckte nicht nur Pearls bemerkenswerte Intelligenz, sondern auch das Engagement, mit dem er der Wahrheit nachging und auf diese Weise dazu beitrug, eine bessere – oder weniger ungerechte – Welt zu schaffen. Wir sprachen besonders bei unserem ersten Treffen auch darüber, wie durch Unwissenheit und Verwirrung sowie durch Ungerechtigkeiten, die unbeachtet bleiben, Gewalt in der Welt gesät wird. Ich war geistig wie emotional berührt von der Hingabe, mit der Daniel Pearl durch die Förderung von Verständnis und Aufklärung für Frieden und Gerechtigkeit kämpfte. Es war die Hingabe, mit der er den Dingen auf den Grund ging, die ihn schließlich das Leben kosten sollte, als er ein Jahr nach unserer letzten Begegnung in Pakistan von Terroristen gefangengenommen und hingerichtet wurde.

Daniels Vater Judea Pearl, Vorsitzender der Daniel Pearl Foundation, die sich der interkulturellen Verständigung widmet, brachte vor einiger Zeit in einem bewegenden und zugleich erhellenden Artikel über das Ergebnis einer Konferenz muslimischer Gelehrter in Amman (Jordanien) seine Enttäuschung zum Ausdruck. Die Teilnehmer, 170 Geistliche und Experten aus vierzig Ländern, versuchten «die Realität des Islam und seine Rolle in der heutigen Gesellschaft» zu bestimmen. Das am 6. Juli 2005 herausgegebene Abschlusskommuniqué der Konferenz von Amman erklärte kategorisch: «Es ist nicht möglich, eine Gruppe von Muslimen, die an Allah den Mächtigen und Erhabenen und an seinen Propheten (Friede und der Segen Allahs sei mit ihm) und an die Säulen der Religion glaubt und die Säulen des Islam achtet und keinen der unumstößlichen Artikel der Religion leugnet, zu Abtrünnigen zu erklären.»[14] Judea Pearl, der zu freundlich und tolerant ist, seinem Ärger Luft zu machen, war enttäuscht von der Schlussfolgerung, dass «der Glaube an die Grundsätze der Religion dauerhaft Schutz vor dem Vorwurf der Abtrünnigkeit gewährt». Das bedeute, schrieb er, dass «bin Laden, Abu Musab al-Zarqawi und die Mörder von Daniel Pearl und Nick Berg bona fide Mitglieder der muslimischen Religion bleiben werden, solange sie ihr nicht ausdrücklich abschwören».

Die Enttäuschung Judea Pearls war Ausdruck der von ihm offenbar gehegten Hoffnung, die entsetzlichen Terrorakte würden von den muslimischen Gelehrten nicht nur verurteilt werden (das taten sie, und zwar unzweideutig), sondern seien auch ein hinreichender Grund für die religiöse Exkommunikation. Doch zur Exkommunikation kam es nicht, konnte es auch nicht kommen angesichts der Art, wie die Anforderungen an einen Muslim im Islam grundsätzlich definiert sind. Im Falle Judea Pearls ist die persönliche Enttäuschung vollkommen verständlich, aber wenn in der Strategie zur Bekämpfung des Terrorismus im globalen Maßstab dieselbe Erwartung gehegt wird, erhebt sich die berechtigte Frage, ob die westlichen Strategen wirklich erwarten können, eine ganze Religion lasse sich für den Kampf gegen den Terrorismus in dem Sinne gewinnen, dass sie Terroristen zu Abtrünnigen erklärt. Diese Erwartung wurde in Amman zunichte gemacht, aber konnten die Strategen diese Erwartung vernünftigerweise hegen?

Wir müssen uns, wie schon erwähnt, fragen, ob es überhaupt möglich ist, einen «echten Muslim» anhand seiner Ansichten über Konfrontation und Toleranz zu definieren, eine Frage, zu welcher der Islam keine Vorschriften enthält und über die im Laufe der Jahrhunderte von Muslimen ganz gegensätzliche Auffassungen vertreten worden sind. Dank dieser Freiheit konnte König Abdullah II. von Jordanien auf der besagten Konferenz mit Entschiedenheit erklären, dass «die von gewissen extremistischen Gruppen im Namen des Islam begangenen Akte der Gewalt und des Terrorismus den Prinzipien und der Ideologie des Islam völlig widersprechen». Diese Diagnose – mehr noch, diese Rüge – gibt uns aber immer noch keine Handhabe, nach der die solchermaßen kritisierten Personen als «Abtrünnige» zu betrachten sind, und es ist dieser zentrale Punkt, den die Ammaner Erklärung muslimischer Gelehrter bekräftigte. Bei der Abtrünnigkeit geht es um elementare Glaubenssätze und eine genau umschriebene Praxis; es geht nicht um eine korrekte Interpretation sozialer oder politischer Prinzipien, nicht um die Rechtmäßigkeit der Zivilgesellschaft und auch nicht um die Bestimmung dessen, was die meisten Muslime als entsetzliches Zivilverhalten und verwerfliche politische Tat betrachten würden.

Reichtum muslimischer Identitäten

Bestünde die einzige Identität eines muslimischen Menschen darin, islamisch zu sein, müssten natürlich all seine moralischen und politischen Urteile auf religiöse Bewertungen bezogen werden. Es ist diese solitaristische Illusion, die dem westlichen, insbesondere anglo-amerikanischen Bemühen zugrunde liegt, den Islam im sogenannten Krieg gegen den Terror für sich zu gewinnen.[15] Was westliche Politiker dazu gebracht hat, politische Schlachten gegen den Terrorismus auf dem exotischen Feld der Definition oder Neudefinition des Islam zu schlagen, ist die mangelnde Bereitschaft zur Unterscheidung zwischen (1) der Vielfalt der Bindungen und Zugehörigkeiten eines Muslims (die von Person zu Person große Unterschiede aufweisen können) und (2) seiner islamischen Identität im Besonderen. Es gilt zu erkennen, dass dieser solitaristische Ansatz bisher wenig zuwege gebracht hat und dass nicht ernsthaft erwartet werden kann, dass er viel erreichen wird, bedenkt man den Unterschied zwischen religiösen Fragen und anderen Dingen, über die Muslime, gleichgültig, wie religiös sie sind, selbst entscheiden müssen. So schwierig es auch sein mag, die Grenze zwischen beiden Bereichen zu ziehen, kann doch der Bereich der religiösen Exkommunikation und Abtrünnigkeit nicht weit über die abgeklärten Dogmen islamischer Kanons und die genau umschriebene Praxis hinausreichen. Die Religion ist nicht und kann nicht die allumfassende Identität eines Menschen sein.[16]

Es ist natürlich richtig, dass die sogenannten islamischen Terroristen wiederholt versucht haben, die Rolle der Religion weit in andere Sphären hinein auszudehnen, im Gegensatz zu den allgemein anerkannten Prinzipien und dem anerkannten Bereich des Islam, worauf König Abdullah zu Recht hinwies. Richtig ist auch, dass die Werber für den Terrorismus es gern sähen, wenn die Muslime vergessen würden, dass sie auch noch andere Identitäten haben, dass sie über viele wichtige politische und moralische Fragen selbst entscheiden und die Verantwortung für ihre Entscheidungen übernehmen müssen und dass sie sich nicht davon leiten lassen können, was die Werber ihnen aufgrund ihrer ungewöhnlichen Auslegung des Islam nahelegen. Auf jeden Fall kann man die solchen Bemühungen zugrundeliegenden falschen Annahmen überprüfen und kritisieren. Die Strategie, diese Werbung dadurch zu unterbinden, dass die Werber für «abtrünnig» erklärt werden, würde jedoch ebenfalls – wie ich fürchte, auf eine recht eigentümliche Weise – die Bedeutung der Religion über ihren anerkannten Bereich hinaus ausweiten.

Die grundsätzliche Anerkennung der Vielfalt von Identitäten würde gegen den Versuch sprechen, Menschen unter ausschließlich religiösem Aspekt zu sehen, unabhängig davon, wie religiös sie innerhalb des eigentlichen Bereichs der Religion sind. Dass man versuchte, mit dem Terrorismus fertig zu werden, indem man die Religion zu Hilfe rief, hat in Großbritannien und Amerika dazu geführt, das Gewicht islamischer Geistlicher und anderer Mitglieder des religiösen Establishments in Fragen, die nicht zum Bereich der Religion gehören, zu stärken, und das in einer Zeit, da es geboten ist, die politische und gesellschaftliche Rolle von Muslimen in der Zivilgesellschaft und in der Praxis der Demokratie zu unterstreichen und zu fördern. Das Bemühen, durch Einspannen des religiösen Establishments «auf der richtigen Seite» den Terrorismus zu bekämpfen, hat dem religiösen Extremismus, der das verantwortliche politische Handeln ungeachtet der religiösen Zugehörigkeit herabstufen will, nicht geschadet, sondern in die Hände gespielt. Verlierer dieser Minimierung der politischen und sozialen Identitäten im Gegensatz zur religiösen Identität ist die Zivilgesellschaft, und das ausgerechnet in einer Zeit, da sie dringend gestärkt werden muss.

5. KAPITEL

Westen und Antiwesten

In der Welt von heute gibt es einen starken Widerstand gegen die «Verwestlichung». Er kann in der Form auftreten, dass man Ideen meidet, die als «westlich» gelten, obwohl sie historisch in vielen nicht-westlichen Gesellschaften florierten und Teil unserer gemeinsamen Vergangenheit sind. Es ist beispielsweise nichts ausschließlich «Westliches» daran, die Freiheit zu schätzen und den öffentlichen Diskurs zu verteidigen. In anderen Gesellschaften kann man jedoch eine negative Haltung zu ihnen erzeugen, indem man sie als «westlich» abstempelt. Das lässt sich an verschiedenen Formen antiwestlicher Rhetorik beobachten, von der Befürwortung «asiatischer Werte» (sie hatte in den 1990er Jahren besonders in Ostasien ihre Blütezeit) bis zu der Behauptung, «islamische Ideale» müssten allem, wofür der Westen steht, zutiefst feindlich gesonnen sein (eine Einstellung, die in den letzten Jahren erheblich an Boden gewonnen hat).

Diese Fixierung auf den Westen beziehungsweise den *vermeintlichen* Westen hat ihren Grund zum Teil in der Geschichte des Kolonialismus. Der westliche Imperialismus hat im Laufe der letzten Jahrhunderte nicht nur die politische Unabhängigkeit jener Länder zerstört, die von den Kolonialmächten regiert oder beherrscht wurden, sondern auch ein vom Westen besessenes Einstellungsklima geschaffen, wobei diese Obsession jedoch in unterschiedlichen Formen auftritt, die von der sklavischen Nachahmung bis zur entschiedenen Feindschaft reichen. Die Dialektik des kolonisierten Geistes umfasst sowohl Bewunderung als auch Abneigung.

Es wäre falsch, in der postkolonialen Abneigung gegen den Westen nur eine Reaktion auf koloniale Misshandlung, Ausbeutung und Demütigung sehen zu wollen. Die postkoloniale Entfremdung ist mehr als nur eine Reaktion auf die reale Geschichte des Missbrauchs. Statt in einer «Wie du mir, so ich dir»-Reaktion eine Patenterklärung aufzutischen, müssen wir tiefer gehen – mehr dazu in Kürze.

Zugleich ist es aber auch wichtig, anzuerkennen und sich zu erinnern, dass es tatsächlich schwerwiegende Missbrauchsfälle gab, und zum Teil beseelt die in Prosa oder Dichtung bewahrte gesellschaftliche Erinnerung an diese wirklichen Verbrechen die antiwestlichen Einstellungen bis heute. Nun, da eine nostalgische Sehnsucht nach den einstigen Imperien, besonders nach dem britischen, in Europa (und seltsamerweise auch in Amerika) so etwas wie ein Comeback erlebt, muss daran erinnert werden, dass das empfundene Gefühl kolonialer Ungerechtigkeit nicht ganz unbegründet war.

Nicht nur die von den Kolonialherren begangenen Übergriffe und Greueltaten (ein gutes Beispiel ist das berüchtigte Massaker von Amritsar am 13. April 1919, bei dem 379 unbewaffnete Menschen, die an einer friedlichen Versammlung teilnahmen, niedergeknallt wurden), auch die allgemeine psychologische Einstellung gegenüber dem unterworfenen Volk erzeugte vielfach ein Gefühl der Demütigung und eine aufgezwungene Wahrnehmung von Minderwertigkeit. Die Rolle der kolonialen Demütigung in der Dialektik dominierter Völker verdient mindestens soviel Beachtung wie der Einfluss der von den imperialen Behörden aufgezwungenen wirtschaftlichen und politischen Asymmetrie.

John Bunyan spricht in der *Pilgerreise* vom «Tal der Demütigung». Bunyan, der viele Jahre im Gefängnis verbracht hatte, kannte die Demütigung gut. Tatsächlich begann er mit der Niederschrift der *Pilgerreise*, als er in den 1670er Jahren zum zweiten Mal einsaß (das Buch erschien 1678). Aber so quälend das Bild dieses imaginierten Tales auch ist, reicht es doch nicht entfernt an die Realität der Demütigung und Herabsetzung heran, die Afrika schon in Bunyans 17. Jahrhundert erlebte. Afrika, Wiege der Menschheit und Heimat vieler bahnbrechender Entwicklungen, die zur Weltzivilisation beitrugen, wurde nach und nach verwandelt in einen europäisch dominierten Kontinent und in ein Jagdrevier für Sklaven, die wie Tiere in die Neue Welt geschafft wurden.

Die verheerenden Auswirkungen der Demütigung auf ein Menschenleben lassen sich kaum übertreiben. Die historischen Übel des Sklavenhandels und der Kolonisierung (und die rassistischen Beleidigungen, die zu den physischen und gesellschaftlichen Schäden hinzukamen) wurden von der Independent Commission on Africa unter der Leitung von Albert Tevoedjre als «der Krieg gegen Afrika» bezeichnet; die Kommission nennt als heutige Hauptaufgabe Afrikas, «den Krieg gegen Demütigung (zu) gewinnen», wie es im Titel des Berichts heißt.[1] Die Unterwerfung und Abqualifizierung Afrikas in den letzten Jahrhunderten haben nach Meinung der Kommission ein ungeheuer negatives Erbe hinterlassen, gegen das die Völker des Kontinents ankämpfen müssen. Zu diesem Erbe gehören nicht nur die Vernichtung alter Institutionen und die Unmöglichkeit, neue aufzubauen, sondern auch die Zerstörung des sozialen Vertrauens, von dem so vieles abhängt.

Ähnlich zerstörerisch wirkte der Kolonialismus auch andernorts. Nun, da die Erinnerung an die britische Herrschaft über Indien (Raj) in Großbritannien weithin verblasst und die nostalgische Sehnsucht nach ihr (nebst einer Vorliebe für Curry) recht stark ist, muss daran erinnert werden, dass zu der komplexen Einstellung von Südasiaten zu Britannien auch Reaktionen auf einige ausgesprochen unvorteilhafte Komponenten der imperialen Gesinnung gehören. An Indophilen hat es in der imperialen Hierarchie nie gemangelt, und besonders bedeutsam waren sie im 18. Jahrhundert. Doch nachdem die Herrschaft gefestigt war, wurde seit den Anfängen des 19. Jahrhunderts die Notwendigkeit, eine gewisse Distanz zu wahren, zum wichtigen Bestandteil der Ausbildung des britischen Beamten.[2] Einen der Gründe dafür hat James Mill in seiner berühmten Geschichte Indiens, die zur Standardlektüre der imperialen Kader vor ihrer Reise in jenes Land gehörte, unübertrefflich erläutert, und zwar folgendermaßen: Während «unsere Vorfahren rauh, aber ehrlich» waren, «verbirgt sich hinter dem gleisnerischen Äußeren des Hindus ein allgemeiner Hang zu Arglist und Verrat».[3] Das Buch, das Mill geschrieben hatte, ohne Indien auch nur einmal besucht zu haben und ohne auch nur eine indische Sprache lesen zu können, wurde von der britischen Verwaltung als vollkommen autoritativ betrachtet, und Lord Macaulay, der bald zum mächtigsten britischen Verwalter in Indien werden sollte, bezeichnete es als «alles in allem das bedeutendste historische Werk seit dem von Gibbon, das in unserer Sprache erschienen ist».[4]

In dieser «Bibel für den britischen Indien-Beamten» machte Mill des weiteren klar, dass er im Gegensatz zu anderen, welche die Inder und die Hindus für «ein Volk von hoher Zivilisation» gehalten hätten, zu dem Schluss gekommen sei, dass «sie auf dem Weg zur Zivilisation nur einige der ersten Schritte getan haben».[5] Lassen Sie mich zur Verdeutlichung kurz auf eine der zahlreichen Denunziationen eingehen, von denen es in Mills Buch nur so wimmelt, nämlich auf sein Urteil über die klassische indische Astronomie. Es geht speziell um Argumente für eine um ihre Achse rotierende Erde und für ein Modell der Schwerkraftanziehung, wie sie von dem im Jahre 476 geborenen Aryabhata vorgetragen wurden, Argumente, die im 6. und 7. Jahrhundert von den indischen Astronomen Varahamihira und Brahmagupta nochmals überprüft wurden. Diese Werke waren in der arabischen Welt wohlbekannt und lösten dort lebhafte Diskussionen aus. Brahmaguptas Werk wurde im 8. Jahrhundert ins Arabische übersetzt und nochmals im 11. Jahrhundert von dem persischen Mathematiker Alberuni (weil die frühere arabische Fassung seiner Ansicht nach mangelhaft war).

Im späten 18. Jahrhundert erhielt William Jones, der bei der East India Company in Kalkutta diente, Kenntnis von diesen alten Sanskrit-Dokumenten und gab seiner Bewunderung für diese frühen indischen Astronomiewerke Ausdruck.[6] Mill nahm darauf Bezug und äußerte völliges Erstaunen über Jones' Leichtgläubigkeit.[7] Mill machte sich über die Absurdität dieser Zuschreibung lustig und äußerte sich über die «Absichten und Eigeninteressen» von Jones' indischen Informanten, um dann mit der Bemerkung zu schließen, dass «es ganz natürlich war, dass Sir William Jones, dessen Pandits die Ideen europäischer Philosophen über das System des Universums kennengelernt hatten, von ihnen zu hören bekam, diese Ideen seien in ihren eigenen Büchern enthalten».[8]

Mills Glaube an den «allgemeinen Hang zu Arglist und Verrat» erhielt am Ende also auch noch in seiner Geschichte Indiens eine erklärende Funktion.

Nach einem umfassenden Angriff auf vermeintliche indische Errungenschaften namentlich in Mathematik und Wissenschaft kam Mill zu dem Schluss, dass die indische Zivilisation auf derselben Stufe stehe wie «andere minderwertige» Zivilisationen, von denen Mill wusste: «annähernd vergleichbar mit derjenigen der Chinesen, der Perser und der Araber» und genauso minderwertig wie diejenigen anderer «untergeordneter Völker, der Japaner, der Koschinchinesen, der Siamesen, der Birmanen und sogar der Malaien und Tibeter».[9] Wenn diese «untergeordneten Völker» angesichts dieser umfassenden Beurteilung einer gewissen Abneigung gegen den kolonisierenden Westen erlagen, ist es vielleicht ein wenig ungerecht, dies allein einer selbsterzeugten Paranoia zuzuschreiben.

Dialektik des kolonisierten Geistes

Dennoch müssen die beschränkten Horizonte des kolonisierten Geistes und seine Fixierung auf den Westen – ob in Ressentiment oder in Bewunderung – überwunden werden. Es kann nicht sinnvoll sein, sich vornehmlich als jemand zu verstehen, der (oder dessen Vorfahren) von Kolonialisten falsch dargestellt oder schlecht behandelt wurde, mag diese Kennzeichnung auch noch so zutreffend sein.

Es gibt zweifellos Gelegenheiten, bei denen diese Diagnose durchaus relevant ist. Angesichts des Fortbestehens kolonialer Asymmetrien in der einen oder anderen Form – oft verwendet man dafür den Ausdruck «Neokolonialismus» – und der machtvollen neuen Versuchung, in den Einrichtungen des verflossenen Empire ein großes Verdienst zu sehen, dürften sich solche Gelegenheiten noch recht häufig ergeben. Man würde sich selbst jedoch Unrecht tun, ließe man seine heutigen Prioritäten vom Unmut über eine einstmals aufgezwungene Inferiorität bestimmen. Auch kann es die Aufmerksamkeit von anderen Zielen ablenken, welche diejenigen, die aus einstigen Kolonien stammen, in der Gegenwart zu schätzen und zu verfolgen allen Anlass haben.

Tatsächlich ist der kolonisierte Geist parasitär besessen von der Beziehung zu den einstigen Kolonialmächten. So unterschiedlich die Formen sind, in denen sich diese Obsession niederschlägt, kann diese generelle Abhängigkeit doch keine gute Grundlage des Selbstverständnisses sein. Die Art dieser «reaktiven Selbstwahrnehmung» hat, wie ich nun darlegen werde, weitreichende Auswirkungen auf heutige Angelegenheiten gehabt. Sie hat erstens eine unnötige Ablehnung vieler weltweiter Ideen (wie Demokratie und persönliche Freiheit) gefördert, weil man fälschlicherweise glaubte, es handele sich um «westliche» Ideen; sie hat zweitens zu einer verzerrten Deutung der Geistes- und Wissenschaftsgeschichte der Welt beigetragen, sowohl jener Dinge, die wirklich «westlich» sind, als auch jener, die verschiedenen Kulturen entstammen; und sie hat drittens den religiösen Fundamentalismus und sogar den internationalen Terrorismus gedeihen lassen.

Dies ist, denke ich, eine ansehnliche Liste direkter und indirekter Beiträge, aber bevor ich näher auf sie eingehe, möchte ich das Wesen dieser reaktiven Selbstwahrnehmung an einem historischen Beispiel aufzeigen, das die geistige Identität betrifft. Es geht um die Interpretation der Geschichte Indiens und die Selbstwahrnehmung der indischen Identität.[10] Die koloniale Herabsetzung der indischen Errungenschaften in Wissenschaft und Mathematik wie etwa bei James Mill hat zu einer «angepassten» Selbstwahrnehmung beigetragen, die sich für den Wettbewerb mit dem Westen «ihr eigenes Feld» wählte und dabei den komparativen Vorsprung Indiens in «spirituellen» Dingen hervorkehrte. Partha Chatterjee hat die Entstehung dieser Einstellung erörtert:

> Der antikoloniale Nationalismus erschafft sich, lange bevor er den politischen Kampf mit der imperialen Macht aufnimmt, seinen eigenen Souveränitätsbereich innerhalb der kolonialen Gesellschaft. Dazu teilt er die Welt der sozialen Institutionen und Praktiken in zwei Bereiche auf, den materiellen und den spirituellen. Das Materielle ist der Bereich des «Äußeren», der Wirtschaft und der Staatskunst, der Wissenschaft und Technik, ein Bereich, in dem der Westen seine Überlegenheit

bewiesen hat und der Osten unterlegen ist. In diesem Bereich muss folglich die Überlegenheit des Westens anerkannt, müssen seine Errungenschaften sorgfältig studiert und kopiert werden. Das Spirituelle dagegen ist ein «innerer» Bereich, der die «Wesensmerkmale» der kulturellen Identität trägt. Je größer der eigene Erfolg in der Nachahmung westlicher Fähigkeiten im materiellen Bereich, desto größer also die Notwendigkeit, das Charakteristische der eigenen spirituellen Kultur zu bewahren. Diese Formel ist, denke ich, ein grundlegendes Merkmal des antikolonialen Nationalismus in Asien und Afrika.[11]

Chatterjees aufschlussreiche Diagnose ist vielleicht ein wenig zu «indienzentriert», und seine geographisch ausgreifende, «Asien und Afrika» einbeziehende Schlussfolgerung ist möglicherweise eine allzu weitgehende Verallgemeinerung, die sich auf die Erfahrung speziell des indischen Subkontinents im 19. Jahrhundert stützt. Reaktive Selbstwahrnehmungen können ja in verschiedenen Regionen und Epochen auf ganz unterschiedliche Weise in Erscheinung treten. Dennoch wird man aber wohl akzeptieren können, dass Chatterjee einen wichtigen Aspekt jener Neigung zutreffend beschreibt, die sich in vielen Teilen der europäischen Imperien in Asien und Afrika entwickelte, darunter auch auf dem indischen Subkontinent während der britischen Herrschaft. Auf jeden Fall hat es die Inder ermutigt, ihre «spirituelle Grundlage» zur Geltung zu bringen. Das war weitgehend eine Reaktion auf eine geringschätzige imperiale Deutung der analytischen und wissenschaftlichen Vorgeschichte Indiens.[12] Dieser selektive Fokus, der sich kämpferisch gegen die imperialen Ansprüche auf generelle Überlegenheit richtete (das Spirituelle, hieß es, sei «unser» Bereich), hatte zur Folge, dass ein gewaltiger Teil des wissenschaftlichen und mathematischen Erbes Indiens vernachlässigt und abgewertet wurde. Insofern wurde James Mills Missdeutung der geistigen Geschichte Indiens eher bestätigt als widerlegt.

Hier noch ein Beispiel eines allgemeineren Entwicklungsmusters reaktiver Identität. Es gehört zu den Merkwürdigkeiten der postkolonialen Welt, dass viele nicht-westliche Völker dazu neigen, sich eigentlich als «das Andere» zu sehen, wie der Philosoph Akeel Bilgrami in einem Artikel mit dem Titel «What Is a Muslim?» sehr schön gezeigt hat.[13] Sie werden dazu gebracht, ihre Identität vornehmlich unter dem Aspekt zu definieren, *anders* als die westlichen Völker zu sein. Etwas von dieser «Andersheit» findet man im Aufkommen verschiedener Selbstdefinitionen, die für den kulturellen oder politischen Nationalismus charakteristisch sind, und sogar im Beitrag dieser reaktiven Sichtweise zum Fundamentalismus.

Zwar geht es diesen «nicht-westlichen» – und zuweilen «antiwestlichen» – Sichtweisen um ein emphatisches Streben nach Unabhängigkeit von der kolonialen Dominanz, doch in Wirklichkeit sind sie ganz und gar fremdabhängig, und zwar auf eine negative und aufsässige Weise. Die Dialektik des gefesselten Geistes kann zu einer sehr voreingenommenen und parasitär reaktiven Selbstwahrnehmung führen. Diese singuläre Denkweise kann auch die Form annehmen, dass man versucht, mit dem Westen «abzurechnen» (viele Terroristen glauben offenbar, dass sie genau das tun, mit expliziten oder impliziten Verweisen auf Greueltaten aus der Kolonialzeit), und unter Berufung auf frühere und aktuelle Vergehen der westlichen Welt nach Gerechtigkeit in der Gegenwart strebt. Sie kann auch die positivere Form annehmen, dass man wünscht, «den Westen einzuholen», dass man versucht, «ihn in seinem eigenen Spiel zu schlagen», oder dass man sich bemüht, eine Gesellschaft aufzubauen, «die sogar die Westler bewundern müssen». Diese positiven Programme mögen frei sein von der Aufsässigkeit und dem unbedachten Zorn des Bestrafungs- oder des Vergeltungsprogramms, aber auch sie machen die eigene Identität zutiefst von den Beziehungen zu anderen abhängig. Die Kolonialherren von gestern üben bis heute einen enormen Einfluss auf den postkolonialen Geist aus.

Eine andere leidige Folge dessen, dass man sich selbst als «den Anderen» sieht, besteht darin, dass die westliche Aneignung des weltweiten Erbes universalistischer politischer Ideen (etwa der Bedeutung der Freiheit oder des demokratischen Diskurses) dadurch noch schädlicher wird. Die Fehldiagnose dessen, was «westlich» ist (sie ist, wie im dritten Kapitel erwähnt, sehr verbreitet), kann einen hohen Tribut fordern, da sie die Zustimmung für Demokratie oder Freiheit in der nicht-westlichen Welt mindert. Sie kann außerdem dazu beitragen, das Verständnis von Objektivität in Wissenschaft und Erkenntnis zu beeinträchtigen, weil man der «westlichen Wissenschaft» ja angeblich nur mit gebührender Skepsis begegnen darf.

Dass die koloniale Dialektik das Leben in Asien und Afrika erschwert, lässt sich an verschiedenen Beispielen zeigen. So hat, um ein besonders weitreichendes Beispiel anzuführen, Mamphela Ramphele, die auf bemerkenswerte Weise die Rollen einer hervorragenden Ärztin, einer führenden Antiapartheid-Aktivistin und einer globalen Politikerin in sich vereint, dargelegt, dass bei dem unzureichenden Schutz vor der Aids-Epidemie die staatlichen Maßnahmen des Postapartheid-Südafrika geprägt waren von «Misstrauen gegenüber der Wissenschaft, die traditionell von Weißen kontrolliert wurde». Ein weiterer dialektischer Einflussfaktor, der zur Untätigkeit beitrug, bestand in «der Furcht vor der Anerkennung einer Epidemie, die leicht dazu missbraucht werden konnte, die übelsten rassistischen Vorurteile anzufachen».[14]

Die Dialektik des kolonisierten Geistes kann Leben und Freiheit von Völkern, die reaktiv vom Westen besessen sind, stark beeinträchtigen. Sie kann auch Menschenleben in anderen Ländern zerstören, wenn die Reaktion sich in gewalttätiger From äußert, auch in der Gestalt, die als Vergeltung gemeint ist. Ich komme auf dieses bedrückende Problem weiter unten in diesem Kapitel zurück.

Asiatische Werte und kleinere Themen

Eine der bemerkenswerten Äußerungen einer reaktiven nicht-westlichen Identität besteht in den «asiatischen Werten», die von vielen Ostasiaten vertreten werden. Damit wird auf die Behauptung des Westens reagiert, er sei der historische Verwahrer der Ideen über Freiheit und Rechte (was Samuel Huntington dazu sagte, ist schon erörtert worden). Verfechter der Vorzüglichkeit «asiatischer Werte» bestreiten das gar nicht, ganz im Gegenteil. Mag Europa auch die Heimat von Freiheit und individuellen Rechten gewesen sein, heißt es, doch bei den «asiatischen Werten» stünden Disziplin und Ordnung obenan, und das sei, wird behauptet, eine wunderbare Priorität. Dem Westen wird bedeutet, er könne seine individuellen Freiheiten und Rechte behalten; Asien dagegen werde besser fahren, wenn es an ordentlichem Benehmen und diszipliniertem Verhalten festhalte. Die Westbesessenheit dieser hochtönenden «asiatischen» Behauptung ist schwerlich zu übersehen.

Den stärksten Anklang fand die Verherrlichung «asiatischer Werte» in Ländern östlich von Thailand, besonders bei führenden Politikern und Regierungssprechern. Eine noch ehrgeizigere Behauptung spricht sogar davon, das übrige Asien sei ebenfalls sehr «ähnlich». Lee Kuan Yew, Senior Minister und ehemaliger Premierminister von Singapur, einer der großen Architekten des Wiederaufstiegs Ostasiens und ein visionärer Politiker aus eigenem Recht, hat etwa «den grundlegenden Unterschied zwischen westlichen und ostasiatischen Vorstellungen von Gesellschaft und Staat» folgendermaßen erklärt: «Wenn ich von Ostasiaten spreche, meine ich Korea, Japan, China, Vietnam, im Unterschied zu Südostasien, das eine Mischung aus dem Chinesischen und dem Indischen ist, wobei die indische Kultur allerdings ähnliche Werte betont.»[15] Lee Kuan Yew verband die Betonung asiatischer Werte mit der Notwendigkeit, sich gegen die Hegemonie des Westens zu wehren, namentlich gegen die politische Vorherrschaft der Vereinigten Staaten, und unterstrich, dass Singapur «kein von Amerika abhängiger Staat» sei.[16]

Die Unterschiede, die in bezug auf Kultur und Werte zwischen Asien und dem Westen bestehen, wurden auf der UN-Menschenrechtskonferenz in Wien im Jahre 1993 von mehreren offiziellen Delegationen unterstrichen. Der Außenminister Singapurs wies darauf hin, dass «die universelle Anerkennung des Ideals der Menschenrechte schädlich sein kann, wenn der Universalismus dazu benutzt wird, die Realität von Unterschieden zu leugnen oder zu verschleiern».[17] Eine führende Rolle spielte die chinesische Delegation beim Herausstreichen der regionalen Unterschiede und der Klarstellung, dass der in den Erklärungen beschlossene Rahmen von Vorschriften Raum lasse für «regionale Verschiedenheit». Der chinesische Außenminister gab sogar zu Protokoll, die asiatischen Prioritäten verlangten, dass «Individuen die Rechte der Staaten ihren eigenen überzuordnen haben».[18]

Warum sich diese kulturelle Diagnose so schwer aufrechterhalten lässt, habe ich schon im dritten Kapitel erörtert. Zustimmung zu Ideen von Freiheit und öffentlicher Diskussion sowie zu den grundlegenden Menschenrechten ist in Asien – in Indien, China, Japan und in verschiedenen anderen Ländern Ost-, Südost-, Süd- und Westasiens – nicht seltener geäußert worden als in Europa.[19] In unserem Zusammenhang ist nicht nur auf die Anfechtbarkeit der Diagnose der «asiatischen Werte» und die Tatsache hinzuweisen, dass mit ihnen das geistige Erbe Asiens in seiner Vielfalt und Bedeutung stark unterschätzt wird. Im aktuellen Kontext muss außerdem gesehen werden, dass diese Sichtweise ganz und gar reaktiver Natur ist. In dieser postkolonialen Dialektik ist unschwer das Bedürfnis zu erkennen, sich vom Westen abzuheben, und ebenso leicht erkennt man die Anziehungskraft, die für viele Asiaten von der Behauptung ausgeht, Asien habe etwas viel Besseres als Europa.

Der Anspruch, den Lee Kuan Yew selbst auf besondere Auszeichnung erhebt, ist übrigens schwer zu bestreiten. So sehr die asiatischen Verfechter von politischer Freiheit und Demokratie – unter ihnen der Verfasser dieses Buches – auch enttäuscht darüber sein müssen, dass Lees Worte und Taten unseren Bestrebungen zuwiderlaufen, wäre es doch falsch, mit Anerkennung zu geizen, wo sie verdient ist. Insbesondere gilt es anzuerkennen, dass Singapur unter Lee Kuan Yews Führung nicht nur wissenschaftlich sehr erfolgreich, sondern außerdem in der Lage war, seinen Minderheiten ein starkes Gefühl der Zugehörigkeit, Sicherheit und eine gemeinsame nationale Identität zu vermitteln, wozu europäische Länder mit ansehnlichen Minderheiten nicht fähig waren. Der Gegensatz kam einem sogleich in den Sinn, als im Herbst 2005 in den Vorstädten Frankreichs Unruhen ausbrachen, die mit Rasse und ethnischer Zugehörigkeit zu tun haben.

Tatsache bleibt gleichwohl, dass Lees Verallgemeinerung bezüglich der Werte in Asien unhaltbar ist, wenn man von einer unvoreingenommenen Lektüre asiatischer Geschichtsklassiker und von heutigen Erfahrungen und Schriften in Asien ausgeht. Was Lee und andere in ihren Thesen über asiatische Werte sagen, ist offenbar geprägt von einer reaktiven Art, der Behauptung des Westens zu begegnen, er sei die natürliche Heimat von Freiheit und Rechten. Statt diese Behauptung in Frage zu stellen, dreht Lee den Spieß um und sagt: Stimmt, wir machen uns nicht viel aus westlichen Ideen von Freiheit und Rechten, weil wir etwas Besseres haben. Auch diese Art von antiwestlicher Rhetorik ist in einem dialektischen Sinne vom Westen besessen.

Kolonialismus und Afrika

Wohl kein Kontinent hat im letzten Jahrhundert, besonders in der zweiten Hälfte, so sehr gelitten wie Afrika. Als Mitte des Jahrhunderts die koloniale Herrschaft von Briten, Franzosen, Portugiesen und Belgiern offiziell endete, gab es eine starke Verheißung einer demokratischen Entwicklung in Afrika. Statt dessen wurden die meisten Regionen bald zu Opfern von Autoritarismus und Militarismus sowie eines Zusammenbruchs der öffentlichen Ordnung, des Bildungs- und des Gesundheitswesens, und es kam zu einer regelrechten Explosion von lokalen Konflikten, Stammesfehden und Bürgerkriegen.

An dieser Stelle können wir nicht den Ursachen dieser entmutigenden Entwicklungen nachgehen, von denen Afrika sich jetzt erst allmählich befreit, eine Aufgabe, die noch erschwert wird durch Epidemien, neue (wie Aids) und alte (wie Malaria), die weite Teile des Kontinents verheeren. Über diese komplexen Entwicklungen habe ich mich an anderer Stelle geäußert, besonders in meinem Buch *Development as Freedom*,[20] und werde mich hier deshalb auf nur wenige Bemerkungen beschränken, vor allem zur Nachwirkung des Kolonialismus und zur Funktionsweise des gefesselten Geistes.

Viel ist schon geschrieben worden über die möglichen Folgen der westlichen Vorherrschaft in der Welt, über die Behinderung von Wachstum und Entwicklung der afrikanischen Volkswirtschaften, etwa durch die Errichtung künstlicher Schranken für Agrarerzeugnisse, Textilien und andere Güter auf Exportmärkten wie Europa und Amerika, und über die unerträgliche Schuldenlast, die erst jetzt ein wenig vermindert wird. Man muss aber auch sehen, welche Rolle die Westmächte in der jüngsten Geschichte der politischen und militärischen Entwicklungen auf dem Kontinent gespielt haben.

Auf das schwere Schicksal Afrikas in der Zeit des klassischen Imperialismus folgte eine weitere Phase institutioneller Benachteilung während des Kalten Krieges in der zweiten Hälfte des 20. Jahrhunderts. Der Kalte Krieg, der – was selten offen zugegeben wird – im wesentlichen auf afrikanischem Boden ausgefochten wurde, veranlasste beide Supermächte, Militärdiktatoren zu umschmeicheln, um sie für sich zu gewinnen und – was vielleicht noch wichtiger war – dem Feind abspenstig zu machen. Wenn militärische Oberherren wie Mobutu Sese Seko im Kongo, Jonas Savimbi in Angola oder wer auch immer die soziale und politische Ordnung (und letztlich auch die wirtschaftliche Ordnung) zerstörten, konnten sie auf die Unterstützung sei es der Sowjetunion, sei es der Vereinigten Staaten und ihrer Verbündeten rechnen, je nachdem, mit wem ein militärisches Bündnis bestand. Ein Militär riss nie die zivile Macht an sich ohne eine befreundete Supermacht an seiner Seite, mit der ihn ein Bündnis verband. Ein Kontinent, dem noch in den 1950er Jahren eine aktive demokratische Entwicklung zu winken schien, wurde bald von allerlei Militärdiktatoren regiert, die im Ringen des Kalten Krieges zur einen oder anderen Seite hielten. Was den Despotismus anging, so wetteiferten sie mit jenem Südafrika, in dem die Apartheid herrschte.

Dieses Bild ändert sich jetzt allmählich, und bei dem konstruktiven Wandel spielt Postapartheid-Südafrika eine führende Rolle. Die Form der militärischen Präsenz des Westens in Afrika besteht zunehmend darin, Hauptlieferant der weltweit verkauften Waffen zu sein, die häufig zur Fortführung lokaler Kriege und militärischer Konflikte benutzt werden, mit sehr zerstörerischen Folgen nicht zuletzt für die wirtschaftlichen Aussichten armer Länder. Der Verkauf – und das «Vermitteln» – von Waffen ist selbstverständlich nicht das einzige Problem, das angesprochen werden muss, wenn die militärischen Konflikte in Afrika eingedämmt werden sollen (die Nachfrageseite auf dem Rüstungsmarkt signalisiert natürlich, dass es Probleme in der Region gibt), aber gerade jetzt ist es unbedingt erforderlich, den enormen internationalen Waffenhandel zu drosseln. Im Rüstungsgeschäft ist es seit jeher ein kurzer Weg vom Anpreisen militärischer Ausrüstungsgüter bis zum Verkauf von Waffen.

Die größten Rüstungslieferanten auf dem Weltmarkt sind heute die G8-Staaten, die für 84 Prozent der zwischen 1998 und 2003 verkauften Waffen verantwortlich waren.[21] Japan, das einzige nicht-westliche Land unter den G8, ist auch das einzige, das sich nicht an diesem Handel beteiligt. Allein die Vereinigten Staaten waren für etwa die Hälfte der auf dem Weltmarkt abgesetzten Waffen verantwortlich, wobei zwei Drittel der Exporte in Entwicklungsländer einschließlich Afrikas gingen. Der Einsatz der Waffen fordert nicht nur Menschenleben, er hat auch verheerende Folgen für die Wirtschaft, den Staat und die Gesellschaft. In einem gewissen Sinne setzen die Weltmächte hier die wenig hilfreiche Rolle fort, die sie während des Kalten Krieges spielten, als sie von den 1960er bis zu den 1980er Jahren den politischen Militarismus entstehen ließen. Die Weltmächte tragen die schreckliche Verantwortung dafür, in der Zeit des Kalten Krieges die Demokratie in Afrika untergraben zu haben. Durch das Verkaufen und Vermitteln von Waffen sind sie heute noch immer an der Eskalation militärischer Konflikte beteiligt, in Afrika und andernorts. Als Kofi Annan vor einigen Jahren den bescheidenen Vorschlag machte, gemeinsam gegen unzulässige Exporte von Handfeuerwaffen vorzugehen, holte er sich in Amerika eine Abfuhr, was deutlich macht, wie schwer sich hier etwas bewegen lässt.

Wenn Afrika heute versucht, seine koloniale Vergangenheit und die Unterdrückung der Demokratie während des Kalten Krieges hinter sich zu lassen, stößt es auf das Anschlussphänomen in Gestalt des Militarismus und der fortgesetzten Kriegführung, in der der Westen nicht mit Hilfe geizt. Es mag sein, dass der Westen in der heutzutage sehr gebräuchlichen Einteilung der Kulturen häufig gepriesen wird, weil er «eine unter allen zivilisierten Gesellschaften einzigartige Tradition individueller Rechte und Freiheiten» besitzt, wie es bei Huntington heißt, aber abgesehen davon, dass diese These sich (wie erwähnt) historische Einschränkungen gefallen lassen muss, darf auch nicht übersehen werden, dass der Westen sich daran beteiligt, «individuelle Rechte und Freiheiten» in *anderen* Ländern, darunter auch afrikanischen, zu untergraben. Die westlichen Staaten müssen innerhalb ihrer Grenzen geeignete Maßnahmen ergreifen, um die Händler des Todes in die Schranken zu weisen oder zu stoppen. Die Entkolonialisierung des kolonisierten Geistes ist zu ergänzen durch Veränderungen in der westlichen Außenpolitik.

Zum anderen gibt es natürlich auch mit der geistigen Haltung eine Menge Probleme. Wie Kwame Anthony Appiah festgestellt hat: «Die ideologische Entkolonialisierung muss scheitern, wenn sie einerseits die endogene ‹Tradition› und andererseits die exogenen ‹westlichen› Ideen geringschätzt.»[22] Besonders das oft wiederholte Argument, die Demokratie passe nicht zu Afrika, sie sei etwas «sehr Westliches», hat sich ungeheuer negativ ausgewirkt und von den 1960er bis zu den 1980er Jahren die Verteidigung der Demokratie in Afrika geschwächt. Abgesehen davon, dass man die konstruktive Rolle der Demokratie in Afrika (wie in anderen Erdteilen) sehen muss, weist das kulturelle Argument einen dopppelten Mangel auf, denn erstens könnte eine westliche Intervention in anderen Teilen der Welt noch immer sehr nützlich sein (Penicillin ist ein naheliegendes Beispiel), und zweitens hat auch Afrika eine lange Tradition der Partizipation an der Herrschaft.

Meyer Fortes und Edward Evans-Pritchard, die großen Anthropologen Afrikas, schrieben in ihrem vor über sechzig Jahren erschienenen und zum Klassiker gewordenen Buch *African Political Systems*, «an der Struktur eines afrikanischen Staates sei abzulesen, dass Könige und Häuptlinge mit Zustimmung herrschen».[23] Es mag dabei, wie Kritiker behauptet haben, einige zu weit gehende Verallgemeinerungen gegeben haben, aber es kann kaum ein Zweifel daran bestehen, dass Verantwortlichkeit und Partizipation im politischen Erbe Afrikas eine wichtige Rolle spielen und bis heute relevant sind. All das zu übersehen, weil man den Kampf für Demokratie in Afrika nur als einen Versuch verstehen will, die «westliche Idee» der Demokratie von außen zu importieren, wäre, wie schon erwähnt, eine irreführende Beschreibung.

Auch hier wieder ist es äußerst wichtig, dass man eine Pluralität von Loyalitäten und das gleichzeitige Bestehen multipler Identitäten anerkennt, und zwar ganz besonders im Zusammenhang mit der Entkolonialisierung Afrikas. Appiah erklärt, wie er beeinflusst wurde von «der mehrfachen Bindung seines Vaters an seine Identitäten: vor allem als Aschante, als Ghanaer, als Afrikaner und als Christ und Methodist».[24]

Um die Welt der pluralen Identitäten richtig zu verstehen, müssen wir Klarheit über die Anerkennung unserer vielfältigen Bindungen und Zugehörigkeiten haben, auch wenn das möglicherweise untergeht in anderslautenden einseitigen Behauptungen, wir hätten nur die Wahl zwischen der einen oder der anderen Perspektive. Die Entkolonialisierung des Geistes verlangt, dass wir uns von der Versuchung exklusiver Identitäten und Prioritäten ein für allemal verabschieden.

Der Fundamentalismus und die Zentralität des Westens

Ich komme nun zum Fundamentalismus, der in der heutigen Welt eine bemerkenswerte Ausstrahlung hat und in erheblichem Ausmaß sowohl Loyalität als auch allgemeine Abneigung hervorruft. Der Fundamentalismus – das muss natürlich festgehalten werden – floriert im Westen genauso wie andernorts. Es scheint sogar, als gäbe es nirgendwo auf der Welt einen so starken und so gut organisierten Widerstand gegen Darwin und die Evolutionslehre wie den von seiten gebildeter Kreise in bestimmten Teilen Amerikas. Mir geht es hier jedoch speziell um den nichtchristlichen Fundamentalismus, dessen Zusammenhang mit der weltweiten Kolonialgeschichte begriffen werden muss.

Der ausgesprochen antiwestliche Charakter einiger nichtchristlicher fundamentalistischer Bewegungen lässt es vielleicht wernig plausibel erscheinen, dass sie in Wirklichkeit zutiefst vom Westen abhängig sind. Aber sie stecken eindeutig in dieser Abhängigkeit, zumal dann, wenn sie Werte und Prioritäten propagieren, die sich ausdrücklich und unbeirrbar gegen westliche Vorstellungen und Interessen richten. Sich selbst als «den Anderen» zu sehen (ich beziehe mich hier auf ein eindrucksvolles Konzept, das von Akeel Bilgrami ausführlich dargelegt wurde), im Gegensatz zu einem äußeren – in diesem Fall kolonialen – Machtgebilde, ist Bestandteil des Glaubenssystems einiger der schärfsten antiwestlichen fundamentalistischen Bewegungen, zu denen auch die leidenschaftlicheren Versionen des islamischen Fundamentalismus gehören.

Als die Kontrolle über das zentrale Territorium der Alten Welt zwischen dem 7. und dem 17. Jahrhundert uneingeschränkt in der Hand muslimischer Herrscher lag, definierten Muslime ihre Kulturen und Prioritäten nicht in vorwiegend reaktiver Form. Die Ausbreitung des Islam bedeutete zwar, dass der Einfluss anderer Religionen – des Christentums, des Hinduismus, des Buddhismus und anderer – überwunden werden musste, doch bestand für Muslime keine Notwendigkeit, sich als «der Andere» zu definieren, im Gegensatz zu einer in der Welt dominierenden Macht. Von dieser selbstbewussten Perspektive rückt man ab, wenn man den Westen – als Verkörperung des «Großen Satans» oder was auch immer – mit der Forderung nach einem gemeinsamen antiwestlichen Standpunkt und der unentrinnbaren Verpflichtung zum Kampf gegen ihn aus fundamentalistischer Sicht ins Zentrum der politischen Bühne rückt. In den großen Zeiten muslimischer Vorrangstellung bedurfte es einer solchen reaktiven Selbstdefinition nicht.

Sonderlichen «Bedarf» gibt es dafür natürlich auch heute nicht. Um ein Muslim zu sein, muss man an bestimmte Dinge glauben (namentlich muss man anerkennen, dass «es keinen Gott gibt außer Gott» und dass «Mohammed der Gesandte Gottes ist») und bestimmte Verrichtungen (wie etwa das Beten) erfüllen. Doch im weiten Rahmen dieser religiösen Glaubenssätze und Verrichtungen können einzelne Muslime selbst entscheiden, was sie über weltliche Dinge denken und wie sie ihr Leben führen. Und genau das tut die überwältigende Mehrheit der Muslime in aller Welt auch heute. Im Gegensatz dazu schaffen sich einige der islamischen fundamentalistischen Bewegungen ein eigenes Territorium, eine gesellschaftliche Vision und eine politische Anschauung, in der der Westen eine ungeheuer negative, aber zentrale Rolle spielt.[25]

Wenn der heutige islamische Fundamentalismus insofern vom Westen parasitiert, so gilt dies in noch stärkerem Maße für den gegen Amerika und Europa gerichteten Terrorismus, der manchmal mit ihm Hand in Hand geht. Wer sein Leben dafür hingibt, den Westen zu schwächen und markante Gebäude, die im Westen von praktischer oder symbolischer Bedeutung sind, in die Luft zu sprengen, ist in einer Weise vom Westen besessen, die alle sonstigen Prioritäten und Werte verdrängt. Diese Besessenheit gehört zu den Dingen, die von der Dialektik des kolonisierten Geistes sehr profitieren können.

Bei der groben Einteilung nach Kulturen verwischt, wie im vierten Kapitel erörtert, sehr stark der Unterschied zwischen der Eigenschaft eines Menschen, ein Muslim zu sein, was eine wichtige Identität ist, aber nicht unbedingt seine einzige sein muss, und der vollständigen oder vorrangigen Definition dieses Menschen durch seine islamische Identität. Diese in vielen Diskussionen über die aktuelle Politik zu beobachtende Verwischung des Unterschieds zwischen Muslimsein und dem Besitz einer singulären islamischen Identität hat verschiedene Gründe, zu denen sicherlich auch das ausschließliche Vertrauen auf die grobe Klassifikation nach Kulturen gehört. Zu dieser Begriffsverwirrung trägt aber auch das Auftauchen reaktiver Selbstwahrnehmungen im antiwestlichen Denken und Reden bei. Kultur, Literatur, Wissenschaft und Mathematik sind leichter mit anderen zu teilen als die Religion. Durch ihre Neigung, sich selbst als «den Anderen» zu sehen, der sich deutlich vom Westen unterscheidet, werden viele Menschen in Asien und Afrika veranlasst, ihre entschieden *nicht*-westlichen Identitäten, die mit dem jüdisch-christlichen Erbe des Westens nichts zu tun haben, stärker zu betonen als andere Elemente ihres Selbstverständnisses.

Diese allgemeine Frage der Klassifikation werde ich noch einmal aufgreifen und dabei auch zeigen, welche Rolle sie bei der Desorientierung mancher vom Terrorismus ausgelöster Reaktionen in Amerika und Europa gespielt hat.

6. KAPITEL

Kultur und Unterdrückung

Die Welt ist – trotziger als es nötig gewesen wäre – zu dem Schluss gekommen, dass Kultur zählt. Die Welt hat natürlich recht – Kultur zählt wirklich. Die eigentliche Frage ist jedoch, *auf welche Weise* Kultur zählt.[1] Sortiert man, wie es in den beiden letzten Kapiteln erörtert wurde, die Kultur im eigentlichen Sinne in getrennte Kästchen, die mit religiöser Identität oder mit Kultur (im Sinne «hinduistischer» oder «islamischer» Kultur) beschriftet sind, so fasst man die kulturellen Attribute allzu eng. Andere kulturelle Verallgemeinerungen, beispielsweise über nationale, ethnische oder rassische Gruppen, können ebenfalls ein erstaunlich beschränktes und kärgliches Bild der Eigenschaften der betroffenen Menschen verraten. Kommt zu einem verschwommenen Verständnis von Kultur noch Fatalismus bezüglich der dominierenden Macht der Kultur hinzu, so macht man uns praktisch zu imaginären Sklaven einer illusorischen Kraft.

Dabei bestimmen simple kulturelle Verallgemeinerungen unser Denken sehr nachdrücklich. Dass es in verbreiteten Überzeugungen und in der informellen Kommunikation von solchen Verallgemeinerungen nur so wimmelt, ist unschwer zu erkennen. Die unausgesprochenen und vorurteilsbeladenen Ansichten sind nicht nur oftmals Gegenstand rassistischer Witze und ethnischer Verleumdungen – sie treten zuweilen auch noch als großangelegte Theorien auf. Gibt es irgendwo eine zufällige Korrelation zwischen einem kulturellen Vorurteil und einer (wie flüchtig auch immer) beobachteten sozialen Tatsache, so wird flugs eine Theorie geboren, und es kann passieren, dass sie nicht vergehen will, selbst wenn die zufällige Korrelation längst spurlos verschwunden ist.

Betrachten wir nur die bemühten Witze über die Iren («Wie viele Iren braucht man, um eine Birne auszuwechseln?»), die in England lange Zeit gängig waren und in ihrer Machart den ebenso dummen Witzen über die Polen in Amerika ähneln. Diese Grobheiten schienen äußerlich genau zu der bedrückenden Lage der irischen Wirtschaft zu passen, als es dieser sehr schlecht ging. Als die irische Wirtschaft dann aber erstaunlich schnell zu wachsen begann – in den letzten Jahren sogar schneller als alle anderen Volkswirtschaften Europas (das Pro-Kopf-Einkommen Irlands ist höher als das fast aller anderen Länder Europas) –, wurde das kulturelle Stereotyp mitsamt seiner angeblich profunden wirtschaftlichen und sozialen Relevanz nicht als kompletter Blödsinn ausrangiert. Theorien haben ihr Eigenleben, das zuweilen der Welt der beobachtbaren Phänomene trotzt.

Eingebildete Wahrheiten und reale politische Schritte

Solche Theorien sind oft nicht bloß ein harmloser Scherz. Ein kulturelles Vorurteil hat bei der Behandlung, die Irland seitens der britischen Regierung zuteil wurde, durchaus eine Rolle gespielt, und es war sogar mitschuldig daran, dass nichts getan wurde, um die Hungersnöte der 1840er Jahre zu verhindern. Kulturelle Abneigung hatte sehr wohl Einfluss darauf, wie London mit den Wirtschaftsproblemen Irlands umging. Während man die Armut in England zumeist auf wirtschaftliche Veränderungen und Konjunkturschwankungen zurückführte, wurde die irische Armut von vielen in England (so der Politikwissenschaftler Richard Ned Lebow) mit Faulheit, Gleichgültigkeit und Unfähigkeit erklärt, so dass man die «Aufgabe Britanniens» nicht darin sah, «die Not Irlands zu lindern, sondern seine Leute zu zivilisieren und dahin zu bringen, wie Menschen zu empfinden und zu handeln».[2]

Die Suche nach kulturellen Ursachen für die wirtschaftliche Lage Irlands hat eine lange, mindestens bis ins 16. Jahrhundert zurückreichende Geschichte und kommt in Edmund Spensers *The Faerie Queene*, erschienen 1590, gut zum Ausdruck. Die in *The Faerie Queene* selbst fleißig geübte Kunst, die Opfer für ihr Unglück verantwortlich zu machen, wurde während der Hungersnöte der 1840er Jahre wirksam eingesetzt, und die alte Geschichte wurde um neue Elemente angereichert. Auf die Liste der Katastrophen, welche die Eingeborenen sich aus englischer Sicht selbst zuzuschreiben hatten, kam nun beispielsweise die Vorliebe der Iren für Kartoffeln. Charles Edward Trevelyan, der während der Hungersnöte das Finanzministerium leitete, gab seine Auffassung kund, London habe für Irland alles getan, was ihm möglich war, obwohl die Hungersnot immer mehr Opfer forderte (die Sterblichkeit war in den irischen Hungersnöten höher als bei jeder anderen, irgendwo in der Welt dokumentierten Hungersnot).

Des weiteren gab Trevelyan dem offenkundigen Hunger Irlands eine recht bemerkenswerte kulturelle Deutung und brachte ihn in Zusammenhang mit den angeblich begrenzten Horizonten der irischen Kultur (statt die Schuld bei der britischen Herrschaft zu suchen): «Im Westen Irlands gibt es in der Bauernschaft kaum eine Frau, deren Kochkunst über das Kochen von Kartoffeln hinausreichte.»[3] Man kann in dieser Bemerkung eine ermutigende Abweichung von dem englischen Zögern sehen, sich kritisch über die Kochkunst anderer Länder zu äußern (die Franzosen, die Italiener und die Chinesen könnten als nächste dran sein). Das Kauzige dieser kulturellen Erklärung des irischen Hungers verdient auf jeden Fall eine Erwähnung in den Annalen der exzentrischen Anthropologie.

Der Zusammenhang zwischen kultureller Intoleranz und politischer Tyrannei kann sehr eng sein. Die Asymmetrie der Macht zwischen Herrscher und Beherrschtem, die ein gesteigertes Empfinden für den Identitätskontrast mit sich bringt, kann in Verbindung mit dem kulturellen Vorurteil Versäumnisse des Staates und seiner Politik wegerklären. Winston Churchill machte die berühmte Bemerkung, die bengalische Hungersnot von 1943, zu der es kurz vor der Erlangung der indischen Unabhängigkeit im Jahre 1947 kam (sie sollte sich als die letzte Hungersnot in Indien erweisen, weil Hungersnöte mit der britischen Herrschaft verschwanden), sei eine Folge der Neigung der Menschen dort, «sich wie die Kaninchen zu vermehren». Die Erläuterung fällt unter die allgemeine Tradition, Erklärungen für Katastrophen nicht bei einer schlechten Verwaltung zu suchen, sondern in der Kultur der Untertanen, und diese Denkgewohnheit hat sich real darin niedergeschlagen, dass die Hilfe bei der bengalischen Hungersnot, die zwei bis drei Millionen Menschenleben forderte, allzu lange hinausgezögert wurde. Zu guter Letzt gab Churchill seinem Verdruss darüber Ausdruck, dass die Aufgabe, Indien zu regieren, erschwert werde durch den Umstand, dass die Inder «die ekligsten Menschen der Welt (sind), nach den Deutschen».[4] Kulturelle Theorien sind offenbar doch zu etwas gut.

Korea und Ghana

Kulturellen Erklärungen wirtschaftlicher Unterentwicklung gewährt man in letzter Zeit viel Raum. Nehmen wir zum Beispiel das folgende Argument aus dem wichtigen und sympathischen Buch, das Lawrence Harrison und Samuel Huntington gemeinsam unter dem Titel *Streit um Werte* herausgegeben haben; es findet sich in Huntingtons Vorwort mit der Überschrift «Kulturen zählen»:

> Anfang der 1990er Jahre stieß ich durch Zufall auf Wirtschaftsdaten für Ghana und für Südkorea aus den frühen 1960er Jahren und staunte, wie ähnlich sich die beiden Volkswirtschaften damals waren. ... Dreißig Jahre später war Südkorea zu einem Industriegiganten mit der vierzehntgrößten Volkswirtschaft der Welt, multinationalen Unternehmen, bedeutenden Automobil-, Elektronik- und sonstigen Fertigwarenexporten und einem Pro-Kopf-Einkommen fast von der Höhe des griechischen geworden. Es bemühte sich um die Konsolidierung demokratischer Institutionen. In Ghana hatte es keine dieser Veränderungen gegeben; sein Pro-Kopf-Einkommen betrug jetzt ein Fünfzehntel des südkoreanischen. Wie war dieser außergewöhnliche Entwicklungsunterschied zu erklären? Zweifellos spielten viele Faktoren eine Rolle, doch schienen mir die kulturellen ein wesentlicher Teil der Erklärung zu sein. Südkoreaner schätzen Sparsamkeit, Investitionen, harte Arbeit, Bildung, Organisation und Disziplin. Ghanaer orientierten sich an anderen Werten. Mit einem Wort: Kultur zählt.[5]

In diesem ausgefallenen Vergleich mag durchaus etwas Interessantes enthalten sein (vielleicht sogar eine aus dem Zusammenhang gerissene Viertelwahrheit), aber der angegebene Unterschied will denn doch genauer untersucht sein. Die als Ursachen genannten Faktoren führen gänzlich in die Irre. Zwischen Ghana und Korea gab es in den 1960er Jahren – abgesehen von ihren kulturellen Neigungen – etliche gewichtige Unterschiede.

Erstens hatten die beiden Länder eine ganz unterschiedliche Klassenstruktur, wobei die Unternehmer in Südkorea eine sehr viel stärkere und vorausschauende Rolle spielten. Zweitens gab es große Unterschiede auch in der staatlichen Politik; die südkoreanische Regierung war bereit und bestrebt, eine an den Unternehmen orientierte wirtschaftliche Entwicklung anzustoßen, wovon in Ghana keine Rede sein konnte. Drittens fiel das enge Verhältnis zwischen der koreanischen Wirtschaft und Japan einerseits sowie den Vereinigten Staaten andererseits stark ins Gewicht, zumindest in den Anfängen der wirtschaftlichen Expansion Südkoreas.

Viertens verfügte Südkorea – und das war wohl der gewichtigste Unterschied – schon in den 1960er Jahren über eine sehr viel höhere Alphabetisierungsrate und über ein stärker ausgebautes Schulsystem als Ghana. Seine Fortschritte im Bereich der schulischen Bildung hatte Südkorea vorwiegend in der Zeit nach dem Zweiten Weltkrieg erzielt, hauptsächlich dank einer entschlossenen staatlichen Politik, die nicht als ein Ausdruck der Kultur gelten konnte (es sei denn, man würde alles, was in einem Land geschieht, auf die Kultur zurückführen).[6] Angesichts der mageren Fakten, auf die Huntington seine Schlussfolgerung stützt, ist weder die Glorifizierung der koreanischen Kultur noch der tiefe Pessimismus hinsichtlich der Zukunft Ghanas gerechtfertigt, zu dem Huntington gelangt, weil er der Kultur eine determinierende Rolle zuschreibt.

Das soll nicht heißen, dass kulturelle Faktoren für den Entwicklungsprozess belanglos wären. Sie wirken aber nicht losgelöst von sozialen, politischen und wirtschaftlichen Einflussfaktoren. Und sie sind auch nicht unveränderlich. Berücksichtigt man bei einer umfassenderen Darstellung des gesellschaftlichen Wandels auch die kulturellen Dinge, so können sie sehr wohl unser Verständnis der Welt erweitern, darunter auch des Entwicklungsprozesses und des Wesens unserer Identität. Während es weder besonders erhellend noch sonderlich hilfreich ist, angesichts vermeintlich starrer kultureller Prioritäten («Ghanaer orientierten sich an anderen Werten», wie Huntington es formuliert) missbilligend die Hände über dem Kopf zusammenzuschlagen, ist es sinnvoll zu prüfen, wie Werte und Verhalten auf den sozialen Wandel reagieren können, beispielsweise durch den Einfluss von Schulen und Hochschulen. Hier darf ich noch einmal auf Südkorea verweisen, dessen Gesellschaft in den 1960er Jahren (als die beiden Volkswirtschaften einander in Huntingtons Sicht ziemlich zu ähneln schienen) weitaus belesener und gebildeter war als die Ghanas. Der Unterschied beruhte, wie schon gesagt, im wesentlichen auf staatlichen Maßnahmen, die Südkorea in der Zeit nach dem Zweiten Weltkrieg ergriffen hatte. Freilich war die Bildungspolitik der Nachkriegszeit ihrerseits nicht unabhängig von älteren kulturellen Vorgaben. Die Kultur ist nichts Schicksalhaftes, und wenn wir uns erst von dieser Illusion freigemacht haben, kann sie uns, falls wir andere Einflüsse und interaktive soziale Prozesse hinzunehmen, zu einem besseren Verständnis sozialen Wandels verhelfen.

Kultur und Bildung stehen in einem Wechselverhältnis, und so wie die Bildung die Kultur beeinflusst, kann sich die vorgegebene Kultur auf die Bildungspolitik auswirken. Es fällt beispielsweise auf, dass fast alle Länder mit einer starken buddhistischen Tradition mit einem gewissen Eifer ein allgemeines Bildungs- und Alphabetisierungsprogramm verfolgt haben. Das gilt nicht nur für Japan und Korea, sondern auch für China, Thailand, Sri Lanka und sogar für das ansonsten rückständige Birma (Myanmar). Die Tatsache, dass im Buddhismus die Erleuchtung im Mittelpunkt steht («Buddha» bedeutet «der Erleuchtete») und die eigene Lektüre von Texten wichtig genommen wird (statt sie den Priestern zu überlassen), kann dazu beitragen, die Verbreitung von Bildung zu fördern. Würde man dies näher untersuchen, ließen sich daraus wahrscheinlich allgemeinere Lehren ziehen.

Man muss aber auch sehen, dass der Kontakt mit anderen Ländern und die Kenntnis ihrer Erfahrungen in einem interaktiven Prozess sehr weitreichende praktische Folgen haben können. Als Korea sich nach dem Zweiten Weltkrieg entschloss, die schulische Bildung energisch auszubauen, ließ es sich allem Anschein nach nicht nur von seinem herkömmlichen kulturbedingten Bildungsinteresse leiten, sondern auch von einem neuen Verständnis der Rolle und Bedeutung der Bildung, das sich auf die Erfahrungen Japans und des Westens einschließlich der Vereinigten Staaten stützte.

Die Erfahrungen Japans und die staatliche Politik

Japan hatte in seiner eigenen Geschichte eine ähnliche Bildungsexpansion als nationale Antwort auf den Kontakt mit der Außenwelt erlebt. Als Japan aus seiner selbstgewählten, im 17. Jahrhundert vom Tokugawa-Regime eingeführten Isolation gegenüber der Außenwelt heraustrat, besaß es schon ein relativ entwickeltes Schulwesen, und dafür war maßgeblich das traditionelle japanische Interesse an Bildung verantwortlich. Als es 1868 zur Meiji-Restauration kam, lag die Alphabetisierungsrate Japans sogar höher als die Europas. Dennoch war die Alphabetisierungsrate Japans immer noch niedrig (und die Europas natürlich auch), und – worauf es wohl am meisten ankam – die Fortschritte in Wissenschaft und Technik, die der sich industrialisierende Westen gemacht hatte, waren dem japanischen Bildungswesen gänzlich unbekannt.

Als Commodore Matthew Perry 1853 mit seinem modernen, schwarzen Rauch ausstoßenden Dampfschiff in die Bucht von Edo tuckerte, waren die Japaner nicht nur beeindruckt und ein wenig erschrocken, so dass sie sich veranlasst sahen, diplomatische und Handelsbeziehungen mit den Vereinigten Staaten zu akzeptieren, sondern sie mussten auch ihre geistige Abschließung von der Außenwelt überprüfen und einer Neubewertung unterziehen. Dies förderte den politischen Prozess, der zur Meiji-Restauration führte und zu dem Entschluss beitrug, das japanische Bildungswesen zu modernisieren. In der 1868 verkündeten sogenannten Eidescharta der Fünf Artikel wird die Entschlossenheit bekundet, «umfassend nach Wissen in der ganzen Welt zu suchen».[7]

Das drei Jahre später erlassene Grundgesetz der Bildung von 1872 gab der neuen Entschlossenheit unmissverständlich Ausdruck:

Es soll künftig keine Gemeinschaft mit einer analphabetischen Familie und keine Familie mit einer analphabetischen Person geben.[8]

Kido Takayoshi, einer der einflussreichsten Führer jener Zeit, formulierte das grundlegende Problem mit großer Klarheit:

Unser Volk unterscheidet sich nicht von den Amerikanern oder den Europäern von heute; es ist alles eine Frage der Bildung oder der fehlenden Bildung.[9]

Das war die Herausforderung, die Japan im späten 19. Jahrhundert mit Entschlossenheit annahm.

Zwischen 1906 und 1911 verschlangen die Bildungsausgaben bis zu 43 Prozent der Haushalte der japanischen Städte und Dörfer.[10] Bei der Musterung im Jahre 1906 stellte die Armee fest, dass es, anders als im späten 19. Jahrhundert, kaum noch einen Rekruten gab, der nicht bereits lesen konnte. Bis 1910 hatte Japan erreicht, dass alle Schulpflichtigen die Grundschule absolvierten. 1913 war Japan, wirtschaftlich noch immer sehr arm und unterentwickelt, zu einem der größten Buchproduzenten der Welt geworden, denn es wurden mehr Bücher veröffentlicht als in Britannien und sogar doppelt so viele wie in den Vereinigten Staaten. Triebkraft der ganzen wirtschaftlichen Entwicklung Japans war in hohem Maße die Ausbildung der menschlichen Fähigkeiten durch das Bildungssystem, dem sowohl die staatliche Politik als auch ein förderliches kulturelles Klima zugute kamen – beide wirkten dabei zusammen. Die Dynamik dieses Zusammenwirkens muss man beachten, wenn man verstehen will, wie Japan die Fundamente für seinen spektakulären wirtschaftlichen und sozialen Aufstieg legte.

Hinzu kommt, dass Japan nicht nur ein Lernender war, sondern auch ein großer Lehrer. Die Länder Ost- und Südostasiens wurden in ihren Entwicklungsanstrengungen tiefgreifend beeinflusst von den japanischen Erfahrungen mit der Bildungsexpansion, die offenkundig mit Erfolg Gesellschaft und Wirtschaft zu transformieren vermochte. Das sogenannte ostasiatische Wunder war in nicht geringem Maße eine von der japanischen Erfahrung inspirierte Leistung.

Es kann uns auf jeden Fall helfen, Entwicklung und Wandel besser zu verstehen, wenn wir innerhalb eines allgemeinen Rahmens auch die kulturellen Wechselbeziehungen beachten. Damit würden wir sowohl vermeiden, die Kultur gänzlich zu vernachlässigen (wie es einige rein ökonomische Modelle tun), als auch, die Kultur als eine unabhängige und feststehende Größe von unwandelbarer Präsenz und unwiderstehlicher Wirkung zu privilegieren (wie es einige Kulturtheoretiker vorzuziehen scheinen). Die Illusion der Schicksalhaftigkeit der Kultur ist nicht nur irreführend, sie kann obendrein sehr schädlich sein, da sie bei jenen, die sich in einer ungünstigen Ausgangsposition befinden, Fatalismus und Resignation hervorzurufen vermag.

Die Stellung der Kultur im größeren Zusammenhang

Daran, dass unsere kulturelle Herkunft unser Denken und Handeln erheblich beeinflussen kann, besteht kaum ein Zweifel. Auch unsere Lebensqualität wird unweigerlich von unserer kulturellen Herkunft beeinflusst. Diese kann sicherlich auch unser Identitätsgefühl und unsere Wahrnehmung der Zugehörigkeit zu Gruppen beeinflussen, als deren Mitglied wir uns verstehen. Die Skepsis, die ich hier zum Ausdruck gebracht habe, bezieht sich nicht auf die Anerkennung der fundamentalen Bedeutung der Kultur für das menschliche Wahrnehmen und Verhalten. Sie gilt der gelegentlich anzutreffenden, reichlich willkürlichen Auffassung, die Kultur sei die zentrale, unentrinnbare und vollkommen unabhängige Determinante gesellschaftlicher Situationen.

So wichtig unsere kulturellen Identitäten auch sein können, sind sie doch nicht völlig isoliert von anderen Einflüssen auf unser Selbstverständnis und unsere Prioritäten. Der Einfluss der Kultur auf das Leben und Handeln der Menschen ist unbestritten, aber es müssen doch einige Einschränkungen gemacht werden. Erstens ist die Kultur bei aller Bedeutung nicht die einzige Bestimmungsgröße unseres Lebens und unserer Identitäten. Auch andere Dinge wie Klasse, Rasse, Geschlecht, Beruf und politische Einstellung spielen eine manchmal ganz beträchtliche Rolle.

Zweitens ist Kultur kein homogenes Attribut – auch innerhalb ein und desselben allgemeinen kulturellen Milieus kann es große Abweichungen geben. Im heutigen Iran gibt es sowohl konservative Ayatollahs als auch radikale Dissidenten, genau wie Amerika sowohl für wiedergeborene Christen als auch für glühende Atheisten Raum hat (neben einer Vielzahl anderer Denk- und Verhaltensrichtungen). Was gemeinhin für «eine» Kultur gehalten wird, weist eine Heterogenität auf, deren Ausmaß von Kulturdeterministen oft unterschätzt wird. Abweichende Stimmen kommen oft von innen und nicht von außen. Auch erhalten wir, je nachdem, welchen Aspekt der Kultur wir wählen (ob Religion, Literatur oder Musik beispielsweise), ein recht unterschiedliches Bild der inneren und äußeren Beziehungen.

Drittens steht Kultur nicht still. Der kurze Hinweis auf die bildungsbedingte Transformation Japans und Koreas mit ihren tiefgreifenden kulturellen Auswirkungen machte deutlich, wie wichtig die oft mit öffentlichen Diskussionen und staatlichen Maßnahmen verbundenen Veränderungen sind. Die explizite oder implizite Annahme, Kultur sei etwas Gleichbleibendes, kann völlig in die Irre führen. Die Versuchung des Kulturdeterminismus gleicht oft dem aussichtslosen Bemühen, den Anker der Kultur an einem schnell dahintreibenden Boot festzumachen.

Viertens besteht eine Wechselbeziehung zwischen der Kultur und anderen Determinanten des gesellschaftlichen Wahrnehmens und Handelns. So führt die wirtschaftliche Globalisierung nicht nur zu mehr Handel, sondern auch zu globalen Formen der Musik und des Films. Die Kultur darf nicht als eine isolierte, von anderen Einflüssen unabhängige Größe verstanden werden. Die oft stillschweigende Annahme der Abgeschlossenheit kann sehr trügerisch sein.

Schließlich müssen wir unterscheiden zwischen der Idee der *kulturellen Freiheit*, bei der es um unsere Freiheit geht, unsere Prioritäten (aufgrund besserer Kenntnisse oder vertieften Nachdenkens oder auch auf der Grundlage unserer Einschätzung sich wandelnder Bräuche und Moden) zu bewahren oder zu ändern, und der Idee der *bewertenden Kulturbewahrung*, um welche der Multikulturalismus so viel Aufhebens macht (und der frisch in den Westen Eingewanderten vielfach ein Argument für die Beibehaltung traditioneller Lebensweisen liefert). Es spricht ohne Zweifel viel dafür, die kulturelle Freiheit zu den menschlichen Möglichkeiten zu zählen, die zu schätzen wir allen Anlass haben, aber zugleich gilt es sehr gründlich zu prüfen, wie sich die kulturelle Freiheit und die Prioritäten des Multikulturalismus nun denn genau zueinander verhalten.[11]

Multikulturalismus und kulturelle Freiheit

Der Multikulturalismus hat in den letzten Jahren als wichtiger Wert Karriere gemacht, oder sagen wir besser, als wirkungsvolle Parole, denn welche Werte ihm zugrunde liegen, ist nicht ganz klar. Dass in einem Land oder einer Region nebeneinander verschiedene Kulturen florieren, kann man an sich für wichtig halten, aber sehr oft wird als Begründung für den Multikulturalismus angeführt, genau das sei es, was die kulturelle Freiheit verlangt. Diese Behauptung muss genauer geprüft werden.

Die Wichtigkeit der kulturellen Freiheit bedeutet nicht, dass man jedwede Form kulturellen Erbes feiert, ungeachtet dessen, ob die Betroffenen sich aus freien Stücken für die entsprechenden Praktiken entscheiden würden, wenn sie die Möglichkeit hätten, diese kritisch zu prüfen, und über andere Optionen und die tatsächlich vorhandenen Wahlmöglichkeiten hinreichend informiert wären. Zwar wurde in den letzten Jahren ausgiebig über die umfassende Bedeutung kultureller Faktoren für das Zusammenleben und die Entwicklung der Menschen diskutiert, aber oft mit der ausgesprochenen oder stillschweigenden Tendenz, eine bestimmte Kultur zu bewahren (so dass etwa Leute, deren geograpischer Umzug nach Europa oder Amerika nicht immer mit entsprechender kultureller Anpassung einhergeht, an herkömmlichen Lebensweisen festhalten). Kulturelle Freiheit kann unter anderem auch die Freiheit einschließen, die automatische Billigung alter Traditionen in Frage zu stellen, wenn Menschen, besonders junge Menschen, einen Grund sehen, eine andere Lebensweise zu wählen.

Wenn die Entscheidungsfreiheit der Menschen wirklich etwas gilt, dann müssen die Ergebnisse einer wohlerwogenen Ausübung dieser Freiheit geachtet werden, und man darf sie nicht dadurch negieren, dass man der Kulturbewahrung unbesehen den Vorrang einräumt. Entscheidend ist, dass wir alternative Optionen abwägen können, dass wir über die uns offenstehenden Möglichkeiten informiert sind und dann diejenige wählen können, für die aus unserer Sicht gute Gründe sprechen.

Es muss natürlich anerkannt werden, dass die kulturelle Freiheit beeinträchtigt sein könnte, wenn eine Gesellschaft einer bestimmten Gemeinschaft nicht erlaubt, an einer traditionellen Lebensweise festzuhalten, für die sich die Mitglieder dieser Gemeinschaft aus freien Stücken entscheiden würden. In vielen Ländern der Welt werden ja bestimmte Lebensweisen – sei es von Schwulen, von Einwanderern oder von bestimmten religiösen Gruppen – unterdrückt. Wenn man Schwulen oder Lesben abverlangt, wie Heterosexuelle zu leben oder andernfalls ihre Eigenart zu verheimlichen, dann fordert man nicht nur Uniformität, sondern verneint auch die Wahlfreiheit. Wenn Andersartigkeit nicht erlaubt wird, werden viele Wahlmöglichkeiten zunichte gemacht. Die Zulassung von Andersartigkeit kann für die kulturelle Freiheit wirklich wichtig sein.

Es kann der kulturellen Vielfalt nur förderlich sein, wenn man den Menschen erlaubt, ja, wenn man sie ermutigt, so zu leben, wie es ihnen gefällt (statt sie durch das Beharren auf der Tradition einzuengen). Die Freiheit, an einer eigenen ethnischen Lebensweise festzuhalten, etwa was die Nahrungsgewohnheiten oder die Musik angeht, kann gerade infolge der Ausübung kultureller Freiheit die kulturelle Vielfalt einer Gesellschaft erhöhen. Die kulturelle Vielfalt ergibt sich in diesem Fall als unmittelbare Konsequenz aus der Wertschätzung der kulturellen Freiheit.

Vielfalt kann auch für nicht direkt Betroffene eine positive Rolle spielen, indem sie deren Freiheit vergrößert. Eine kulturell vielfältige Gesellschaft kann für andere in dem Sinne vorteilhaft sein, dass sie aus einer großen Vielfalt von Erfahrungen schöpfen können. So lässt es sich beispielsweise gut begründen, dass die reiche Tradition der afro-amerikanischen Musik – mit ihrer afrikanischen Herkunft und ihrer amerikanischen Weiterentwicklung – nicht nur zur Mehrung der kulturellen

Freiheit und der Selbstachtung von Afro-Amerikanern beigetragen hat, sondern auch die kulturellen Optionen aller Menschen, ob Afro-Amerikaner oder nicht, erweitert und die kulturelle Landschaft Amerikas, ja der ganzen Welt bereichert hat.

Wenn es uns jedoch um die *Freiheit* (einschließlich der kulturellen Freiheit) geht, kann der kulturellen Vielfalt keine unbedingte Bedeutung zukommen – vielmehr hängt sie zwangsläufig von ihren kausalen Zusammenhängen mit der menschlichen Freiheit und davon ab, ob und in welchem Maße sie den Menschen hilft, eigene Entscheidungen zu treffen. Der Zusammenhang zwischen kultureller Freiheit und kultureller Vielfalt muss nämlich nicht in jedem Fall ein positiver sein. Am einfachsten käme man wohl zu kultureller Vielfalt, wenn man alle irgendwann *zufällig* vorhandenen kulturellen Praktiken uneingeschränkt fortsetzen würde, indem man etwa Einwanderer dazu bewegen würde, an ihren alten, eingefahrenen Sitten und Gebräuchen festzuhalten, und sie direkt und indirekt davon abhalten würde, ihre Verhaltensmuster auch nur im geringsten zu ändern. Soll man deshalb um der *kulturellen Vielfalt* willen für einen *kulturellen Konservatismus* eintreten und die Menschen auffordern, an ihrer kulturellen Herkunft festzuhalten und nicht einmal versuchsweise zu erwägen, zu einer anderen Lebensweise zu wechseln, auch dann nicht, wenn sie gute Gründe dafür haben? Die Untergrabung der Wahlfreiheit, die damit verbunden wäre, würde uns umstandslos einer freiheitsfeindlichen Position ausliefern, die nach Mitteln und Wegen suchen würde, die Freiheit der Wahl einer anderen Lebensweise zu blockieren, nach der sich möglicherweise viele Menschen sehnen.

Junge Frauen aus konservativen Einwandererfamilien im Westen dürften dann beispielsweise von ihren Eltern an der kurzen Leine gehalten werden, weil sie sonst dem freieren Lebensstil der Mehrheit nacheifern könnten. Vielfalt würde in diesem Fall auf Kosten der kulturellen Freiheit erreicht. Wenn es letztlich um die kulturelle Freiheit geht, kann die kulturelle Vielfalt nur von bedingtem Wert sein. Der Wert der Vielfalt hängt folglich davon ab, *auf welche Weise* diese herbeigeführt und aufrechterhalten wird.

Für kulturelle Vielfalt mit der Begründung zu werben, darin bestehe nun einmal das *Erbe* der verschiedenen Gruppen, ist jedenfalls kein Argument, das mit kultureller Freiheit zu vereinbaren wäre (auch wenn manchmal dafür geworben wird, *als ob* dies ein Argument «für die Freiheit» wäre). Es ist offensichtlich keine Ausübung kultureller Freiheit, in eine bestimmte Kultur hineingeboren zu sein, und etwas zu bewahren, womit ein Mensch qua Geburt gekennzeichnet ist, kann an sich kaum als Ausübung von Freiheit gelten. Nichts kann im Namen der Freiheit gerechtfertigt sein, wenn die Menschen nicht die Gelegenheit haben, diese Freiheit tatsächlich auszuüben; zumindest muss sorgfältig abgewogen werden, wie eine Wahlmöglichkeit ausgeübt würde, wenn sie denn bestünde. So wie kulturelle Freiheit durch soziale Unterdrückung verwehrt werden kann, so kann die Freiheit auch durch die Tyrannei des Konformismus verletzt werden, die es Mitgliedern einer Gemeinschaft erschwert, sich für andere Lebensweisen zu entscheiden.

Schulen, Vernunft und Glaube

Unfreiheit kann auch daraus erwachsen, dass man andere Kulturen und Lebensweisen nicht kennt und versteht. Um das Kernproblem, um das es hier geht, zu illustrieren: Auch wer (wie der Verfasser) die kulturellen Freiheiten bewundert, die das moderne Großbritannien den in diesem Lande lebenden Menschen unterschiedlicher Herkunft und Abstammung im Großen und Ganzen zu gewähren vermochte, kann sehr wohl erhebliche Zweifel an der (schon im ersten Kapitel kurz erwähnten) offiziellen Politik des Vereinigten Königreichs haben, die Zahl der staatlich finanzierten Konfessionsschulen zu vergrößern.

Wenn man, statt die Zahl der bestehenden staatlich finanzierten Konfessionsschulen zu verringern, jetzt neben den christlichen, die es zuvor schon gab, noch zusätzlich muslimische, hinduistische und Sikh-Schulen schafft, kann das zur Folge haben, dass die Rolle der Vernunft gemindert wird, welche zu entwickeln und anzuwenden die Kinder in der Schule Gelegenheit hätten. Und das ausgerechnet zu einer Zeit, da es dringend geboten ist, den Horizont zu erweitern und Verständnis für andere Menschen und Gruppen zu gewinnen, und wo es explizit auf die Fähigkeit ankommt, vernünftig begründete Entscheidungen zu treffen. Die den Kindern auferlegten Beschränkungen sind besonders bedenklich, wenn die neuen Konfessionsschulen den Kindern eher wenig Gelegenheit geben, die Fähigkeit zur wohlüberlegten Wahl bei der Bestimmung ihrer Lebensziele zu entwickeln. Auch versäumen sie vielfach, den Schülern deutlich zu machen, dass sie selbst darüber entscheiden müssen, wieviel Aufmerksamkeit die einzelnen (mit Nationalität, Sprache, Literatur, Religion, Ethnizität, Kulturgeschichte, wissenschaftlichen Neigungen und dergleichen zusammenhängenden) Elemente ihrer Identität erhalten sollen.

Das soll nicht heißen, die Probleme der Voreingenommenheit (und der vorsätzlich geförderten Einseitigkeit) in diesen neuen britischen Konfessionsschulen seien auch nur entfernt so schwerwiegend wie etwa in den fundamentalistischen Medressen in Pakistan, die zu einem Teil des Nährbodens für Intoleranz und Gewalt – und vielfach für Terrorismus – in jenem geplagten Land geworden sind. Dennoch ist es unvermeidlich, dass diese neuen Konfessionsschulen, und seien es auch britische, weit weniger Gelegenheit bieten, Vernunft und die Einsicht in die Notwendigkeit einer wohlüberlegten Wahl zu entwickeln, als es an den weniger abgeschotteten, stärker gemischten Bildungsstätten dieses Landes möglich ist. Vielfach besteht dazu weniger Gelegenheit als selbst an den traditionellen Konfessionsschulen, insbesondere jenen christlichen Schulen, die von altersher einem aufgeschlossenen Lehrplan folgen und erhebliche Skepsis am Religionsunterricht als solchem dulden (wenngleich auch bei diesen älteren Schulen weit mehr Beschränkungen wegfallen könnten, als bereits weggefallen sind).

In dem Schritt in Richtung Konfessionsschulen drückt sich auch eine bestimmte Vision aus, der zufolge Britannien «eine Föderation von Gemeinschaften» ist und nicht die Gesamtheit der in Britannien lebenden Menschen, die mannigfaltige Unterschiede aufweisen, von denen die religiösen und gemeinschaftsbezogenen Unterschiede (neben Unterschieden der Sprache, der Literatur, der politischen Einstellung, der Klasse, des Geschlechts, des Wohnorts und anderer Merkmale) nur einen Bruchteil ausmachen. Gegenüber den Kindern, die noch nicht viel Gelegenheit hatten, vernünftig zu überlegen und eine Wahl zu treffen, ist es unfair, sie anhand eines einzigen Kriteriums in starre Kästchen zu stecken und ihnen zu sagen: «Das ist deine Identität und damit basta.»

In der Annual Lecture der British Academy, die zu halten ich im Jahre 2001 die Ehre hatte (sie trug den Titel «Other People»), brachte ich das Argument vor, dieser «föderative» Ansatz berge viele Probleme und neige insbesondere dazu, die Entwicklung menschlicher Fähigkeiten britischer Kinder aus Einwandererfamilien erheblich zu beeinträchtigen.[12] Seither haben die Selbstmordanschläge in London (im Juli 2005), ausgeführt von britischstämmigen, aber zutiefst entfremdeten jungen Männern, das Problem der Selbstwahrnehmung und ihrer Pflege in Großbritannien um eine zusätzliche Dimension erweitert. Ich möchte behaupten, dass die grundlegende Beschränkung des föderativen Ansatzes weit über jeden denkbaren Zusammenhang mit dem Terrorismus hinausreicht. Es ist dringend geboten, nicht nur über die Bedeutung unseres gemeinsamen Menschseins zu sprechen – ein Thema, bei dem die Schulen eine entscheidende Rolle spielen können (und in der Vergangenheit oft gespielt haben). Wichtig ist auch die Einsicht, dass menschliche Identitäten vielerlei Gestalt annehmen können und Menschen ihren Verstand gebrauchen müssen, um zu entscheiden, wie sie sich selbst sehen und welche Bedeutung sie dem Umstand beimessen sollten, als Mitglied einer bestimmten Gemeinschaft geboren zu sein. Ich werde Gelegenheit haben, in den beiden letzten Kapiteln dieses Buches auf diese Frage zurückzukommen.

Es kann nicht genug betont werden, wie sehr es auf eine nicht-sektiererische, nicht-bornierte schulische Erziehung ankommt, welche die Fähigkeit zu vernünftiger Abwägung (einschließlich der kritischen Prüfung) nicht schwächt, sondern stärkt. Shakespeare gab (in Wielands Worten) der Sorge Ausdruck: «Einige werden groß geboren, andre arbeiten sich zur Größe empor, und andern wird sie zugeworfen»; man könnte auch sagen: «anderen wird sie aufgezwungen». In der Schule muss dafür gesorgt werden, dass den jungen Menschen, die ihr Leben noch vor sich haben, nicht *Kleinheit* «aufgezwungen» wird. Hier steht viel auf dem Spiel.

7. Kapitel

Globalisierung und Widerspruch

Die Welt ist unwahrscheinlich reich und zugleich bedrückend arm. Der Überfluss, in dem wir heute leben, ist beispiellos, und das Ausmaß an Ressourcen, Wissen und Technik, das uns heute zu Gebote steht und das wir für selbstverständlich halten, hätten unsere Ahnen sich nicht ausmalen können. Gleichzeitig ist unsere Welt voller entsetzlicher Armut und bedrückender Entbehrung. Es ist erstaunlich, wie viele Kinder unzureichend ernährt und gekleidet sind, misshandelt werden, des Lesens und Schreibens unkundig und unnötigerweise krank sind. Millionen sterben *jede Woche* an Krankheiten, die gänzlich abgeschafft sein oder doch wenigstens daran gehindert werden könnten, massenhaft zu töten. Kinder können, je nachdem, wo sie geboren sind, die Mittel und Möglichkeiten zu großem Wohlstand haben oder einem Leben unter schrecklichen Entbehrungen entgegensehen.

Die enorme Ungleichheit der Chancen verschiedener Menschen nährt Zweifel an der Fähigkeit der Globalisierung, den Interessen der Benachteiligten zu dienen. In den Parolen von Protestbewegungen sogenannter Globalisierungsgegner äußert sich denn auch ein verhärtetes Gefühl der Frustration. Geleitet von der These, die globalen Beziehungen seien statt von gegenseitiger Hilfe in erster Linie von Antagonismus und Gegnerschaft geprägt, möchten die Protestierenden die Benachteiligten der Welt vor den, wie sie es sehen, negativen Auswirkungen der Globalisierung bewahren. Kritik am Globalismus kam nicht nur auf den wütenden Demonstrationen zum Ausdruck, die fortwährend rund um die Welt stattfinden, so in Seattle, Washington, Québec, Madrid, London, Melbourne, Genua, Edinburgh und andernorts. Diese Sorgen finden außerdem wohlwollende Beachtung bei sehr viel mehr Menschen, die möglicherweise nicht geneigt sind, an den wütenden Demonstrationen teilzunehmen, denen aber die Asymmetrien weit auseinanderklaffender Lebenschancen ebenfalls ungerecht und verwerflich erscheinen. Manche sehen in diesen Ungleichheiten ein Zeichen, dass die globale Identität bisher nicht jene moralische Kraft zu entwickeln vermochte, die man von ihr hätte erwarten können.

Widerspruch, Aufrichtigkeit und öffentlicher Diskurs

Ich werde in Kürze darlegen, dass es falsch ist, in den Mangelerscheinungen und getrennten Lebenschancen Nachteile der Globalisierung zu sehen – es handelt sich vielmehr um Versäumnisse sozialer, politischer und wirtschaftlicher Vorkehrungen, die gänzlich zufallsbedingt und keine unausweichlichen Begleiter des globalen Zusammenrückens sind. Gleichwohl möchte ich behaupten, dass die sogenannten Globalisierungskritiker einen positiven und wichtigen Beitrag dazu leisten können und auch tatsächlich leisten, in der öffentlichen Diskussion eine Reihe schwerwiegender Fragen zu unterbreiten, die berücksichtigt und bewertet werden müssen. Auch eine falsche Diagnose der Ursachen kann eine erhellende Untersuchung anstoßen, was zur Überwindung der ernsten Probleme, die es zweifellos gibt, geschehen muss.

Francis Bacon bemerkte vor vierhundert Jahren in seiner Abhandlung *The Advancement of Learning*: «Das Registrieren und Vortragen von Zweifeln hat einen *doppelten* Nutzen.» Ein Nutzen liegt auf der Hand: es bewahrt uns «vor Irrtümern». Der andere Nutzen bestand nach Bacon darin, dass Zweifel eine Untersuchung in Gang bringen und fördern, die zu einer Bereicherung unseres Verständnisses führen können. Probleme, «die ohne Intervention leichtfertig übergangen worden wären», bemerkte Bacon, wurden gerade wegen der «Anmeldung von Zweifeln» am Ende «aufmerksam und sorgfältig beobachtet».[1]

Ernsthafte Zweifel an der Globalisierung und am Wesen der globalen Wirtschaft zu äußern kann auch dann ein konstruktiver dialektischer Beitrag sein, wenn an einzelnen Parolen, die insbesondere von jungen und lautstarken Protestierern geäußert werden, Zweifel erlaubt sind. Es gibt möglicherweise gute Gründe, an den angeblich bösen Folgen der globalen Wirtschaftsbeziehungen Zweifel anzumelden, die als Zusammenfassung der Sichtweise der Globalisierungsgegner spannende Schlagzeilen abgeben. Die von den Protestierenden angesprochenen schwerwiegenden Probleme müssen genau untersucht werden, und schon das ist eine wichtige Aufgabe. Die auf diese Weise angestoßenen Debatten können nämlich dem globalen öffentlichen Diskurs über bedeutsame Probleme als Grundlage dienen. Da es in der Demokratie vor allem, wie im dritten Kapitel erörtert, um den öffentlichen Diskurs geht, können die durch diese «globalen Zweifel» angeregten Debatten als erste, aber möglicherweise bedeutende Beiträge zur Praktizierung einer Art (notgedrungen primitiver) globaler Demokratie aufgefasst werden.[2]

Kritik, Widerspruch und globale Solidarität

Ich werde gleich auf die von den Protestierenden und anderen Globalisierungsskeptikern aufgeworfenen inhaltlichen Fragen eingehen, und ich werde auch die Gegenargumente prüfen müssen, die von den Verteidigern der Globalisierung vorgetragen werden. Doch zuvor möchte ich kurz etwas zur Natur der globalen Identität sagen, um die es in diesen Debatten explizit oder implizit geht. Einige, die pauschale Kritik an der Globalisierung üben, weisen ihrer Meinung nach energisch darauf hin, dass es in einer herzlosen Welt bedauerlicherweise an einem wirklichen Gefühl globaler Solidarität fehlt. Dass es in der Auseinandersetzung mit außerordentlich bedrückenden internationalen Problemen offensichtlich an einer wirksamen globalen Moral mangelt, kann einen in der Tat traurig stimmen.

Aber leben wir wirklich in einer Welt mit gespaltener Moral? Wenn ein Gefühl globaler Solidarität wirklich so unsinnig ist, warum regen sich dann so viele Menschen in aller Welt (und es sind außer den protestierenden «Globalisierungsgegnern» noch sehr viele mehr) über den Zustand der Welt auf und setzen sich leidenschaftlich – wenn auch lautstark – dafür ein, fairer mit den Benachteiligten und Unterprivilegierten umzugehen? Die Protestierenden selbst kommen aus aller Welt – es sind nicht bloß die Einwohner von Seattle oder Melbourne oder Genua oder Edinburgh. Sie arbeiten zusammen, um gegen die aus ihrer Sicht schreiende Ungerechtigkeit zu protestieren, unter der die Völker der Welt leiden.

Warum sollten Männer und Frauen aus einem Teil der Welt sich Gedanken darüber machen, dass Menschen in anderen Teilen der Welt unfair behandelt werden, wenn es kein Gefühl globaler Zusammengehörigkeit und keine Sorge um die globale Ungerechtigkeit gibt? Die globale Unzufriedenheit, der die Protestbewegungen Ausdruck geben, kann als Beweis für die Existenz eines Gefühls globaler Identität und einer gewissen Sorge um die globale Ethik gelten.

Ich halte den Ausdruck «Antiglobalisierung» übrigens für keine gute Bezeichnung für die unter diesem Namen laufende Unzufriedenheit. Denn diese grenzenlose Unzufriedenheit, gleichgültig, wie wir sie nennen, ist selbst ein bedeutendes globales Phänomen, sowohl was den Gegenstand ihrer Sorge (einschließlich ihrer strikt humanitären Ethik und ihrer auf Einschließung zielenden Politik) als auch was die Form des breiten Interesses und Engagements angeht, das sie in aller Welt auslöst.

Das Gefühl einer umfassenden Identität, das diesen Sorgen zugrunde liegt, reicht über die Grenzen von Nationalität, Kultur, Gemeinschaft oder Religion weit hinaus. Die stark inklusive Vorstellung von Zugehörigkeit, die so viele Menschen bewegt, gegen die die Welt spaltende Ungerechtigkeit vorzugehen, ist schwerlich zu übersehen. Die sogenannte Globalisierungskritik ist heute vielleicht sogar die globalisierteste moralische Bewegung in der Welt.

Das alles macht es nur noch dringlicher, sich ernsthaft mit dem Gegenstand der Globalisierungskritik zu befassen. Obwohl eines der meistdiskutierten Themen von heute, ist die Globalisierung kein sonderlich wohldefinierter Begriff. Unter dem allgemeinen Titel der Globalisierung fasst man eine Vielzahl von globalen Interaktionen zusammen, die von der Ausweitung der grenzenüberschreitenden kulturellen und wissenschaftlichen Einflüsse bis zur Erweiterung der weltweiten Wirtschafts- und Geschäftsbeziehungen reichen. Eine pauschale Ablehnung der Globalisierung würde nicht nur der globalen Wirtschaft zuwiderlaufen, sondern auch die Verbreitung von Ideen, Einsichten und Kenntnissen unterbinden, die allen Völkern der Welt, auch den am stärksten benachteiligten Mitgliedern der Weltbevölkerung helfen können. Es könnte daher äußerst kontraproduktiv sein, die Globalisierung in Bausch und Bogen zu verwerfen. Die einzelnen Probleme, die in der Rhetorik der Antiglobalisierungsproteste zusammengeworfen werden, müssen unbedingt auseinandergehalten werden. Die Globalisierung des Wissens verdient höchste Anerkennung, ungeachtet der vielen guten Dinge, die man zu Recht über die Bedeutung des «lokalen Wissens» sagen kann.

Unter Globalisierung versteht man vielfach – in journalistischen Diskussionen ebenso wie in auffallend vielen akademischen Schriften – einen Prozess der Verwestlichung. Manche, die das Phänomen optimistisch beurteilen, es gar regelrecht feiern, sehen darin sogar einen Beitrag der westlichen Kultur zur Welt. Zu dieser sich selbst als realistisch verstehenden Auffassung gehört eine passend stilisierte Geschichte. Danach spielte sich das Ganze in Europa ab: Erst kam die Renaissance, dann kamen die Aufklärung und die industrielle Revolution, und diese führte im Westen zu einer gewaltigen Hebung des Lebensstandards. Diese großartigen Errungenschaften des Westens breiten sich jetzt auf der ganzen Welt aus. Die Globalisierung ist aus dieser Sicht nicht nur gut, sie ist auch ein Geschenk des Westens an die Welt. Es verstimmt die Anhänger dieser Geschichtsauffassung nicht nur, dass viele Völker diese Wohltat als einen Fluch empfinden, sondern auch, dass dieses überaus wohltätige Geschenk des Westens an die Welt von einer undankbaren nicht-westlichen Welt verschmäht und gegeißelt wird. Wie viele gut stilisierte Geschichten enthält auch diese ein Körnchen Wahrheit, aber zugleich eine gehörige Portion Phantasie, und genau daran entzündet sich ein künstlicher weltweiter Meinungsstreit.

Es gibt noch eine weitere, in mancher Hinsicht «gegenteilige» Geschichte, die ebenfalls Beachtung findet und erheblich für Streit sorgt. Ein zentrales Merkmal der Globalisierung ist ihr zufolge die westliche Vorherrschaft, der die hässlichen, mit der Globalisierung einhergehenden Erscheinungen zugeschrieben werden. Diese Kritik weist dem angeblich «westlichen» Charakter der Globalisierung vielfach eine herausragende und schädliche Rolle zu (man erkennt das unschwer an den Parolen der Protestbewegungen). Zuweilen wird die Globalisierung sogar als eine Begleiterscheinung der westlichen Vorherrschaft betrachtet, ja, als eine Fortsetzung des westlichen Imperialismus. Mögen einzelne Teile der Antiglobalisierungsbewegung auch ihre eigenen Prioritäten haben – auf jeden Fall spielt bei vielen Protesten das Ressentiment gegen die westliche Vorherrschaft eine herausragende Rolle. Bei Teilen der Antiglobalisierungsbewegung gibt es eindeutig ein «antiwestliches» Element. Das im vierten bis sechsten Kapitel erörterte Hochjubeln nicht-westlicher Identitäten der einen oder anderen Art, seien sie an die Religion (wie etwa der islamische Fundamentalismus), die Region (so die asiatischen Werte) oder die Kultur (wie etwa die konfuzianische Ethik) geknüpft, kann nur Öl ins Feuer des globalen Separatismus gießen.

Nun zu unserer kritischen Untersuchung. Da ist zunächst die Frage: «Ist die Globalisierung wirklich ein neuer westlicher Fluch?» Ich würde sagen, dass sie im Allgemeinen weder neu noch notwendigerweise westlich noch ein Fluch ist. Die Globalisierung hat sogar über Jahrtausende hinweg zum Fortschritt der Welt beigetragen, durch Reisen, Handel, Migration, die Verbreitung kultureller Einflüsse und das Ausbreiten von Wissen und Verstehen (auch im Hinblick auf Wissenschaft und Technik). Diese globalen Wechselbeziehungen waren für den Fortschritt verschiedener Länder oft sehr fruchtbar. Und die Träger der Globalisierung waren oft sehr weit vom Westen entfernt.

Um das zu veranschaulichen, möchte ich den Blick auf den Beginn des letzten Jahrtausends lenken. Um das Jahr 1000 veränderte die globale Ausbreitung von Wissenschaft, Technik und Mathematik das Gesicht der Alten Welt, nur verlief sie weitgehend in der dem heutigen Phänomen entgegengesetzten Richtung. Zur Hochtechnologie des Jahres 1000 gehörten beispielsweise die Uhr und die Hängebrücke aus Eisenketten, der Drachen und der magnetische Kompass, das Papier und der Buchdruck, die Armbrust und das Schießpulver, der Schubkarren und der Ventilator. Jedes dieser Beispiele von Hochtechnologie in der Welt vor tausend Jahren war in China seit langem eingeführt und allgemein gebräuchlich, während sie anderswo praktisch unbekannt waren. Die Globalisierung verbreitete sie über die Welt, bis hin nach Europa.

Thomas Carlyle behauptet in seinen *Critical and Miscellaneous Essays*, «die drei großen Elemente der modernen Zivilisation» seien «Schießpulver, Buchdruck und die protestantische Religion». Zwar können die Chinesen für die Entstehung des Protestantismus nicht gelobt oder getadelt werden, doch umfasst der chinesische Beitrag zu Carlyles Liste der Zivilisationselemente immerhin zwei der drei Dinge, nämlich das Schießpulver und den Buchdruck. Dies ist jedoch weniger umfassend als die chinesischen Beiträge zu der Liste der Zivilisationselemente, die Francis Bacon 1620 im *Novum Organum* veröffentlichte: «Buchdruck, Schießpulver und der Magnet».

Eine ähnliche Bahn nahm der im dritten Kapitel erörterte östliche Einfluss auf die westliche Mathematik. Das Dezimalsystem wurde zwischen dem 6. und 7. Jahrhundert in Indien erfunden und entwickelt, und bald darauf wurde es auch von arabischen Mathematikern ausgiebig genutzt. Verantwortlich für die mathematischen und wissenschaftlichen Neuerungen in Süd- und Westasien war eine illustre Schar von Intellektuellen wie Aryabhata, Brahmagupta und al-Chwarizmi. Diese Werke gelangten überwiegend im letzten Viertel des 10. Jahrhunderts nach Europa und spielten, nachdem sie einige Jahre nach Beginn des ersten Jahrtausends eine stärkere Wirkung entfaltet hatten, in der wissenschaftlichen Revolution, die Europa zu verwandeln half, eine bedeutende Rolle. Wenn sich überhaupt etwas über die Identität der Träger der Globalisierung sagen lässt, dann ist diese Identität weder ausschließlich westlich noch regional europäisch noch zwangsläufig an eine westliche Vorherrschaft geknüpft.

Das Parochiale gegen das Globale

Die Fehldiagnose, dass man sich gegen die Globalisierung von Ideen und Praktiken wehren müsse, weil sie zur «Verwestlichung» führe, hat in der kolonialen und postkolonialen Welt, wie im fünften Kapitel kurz erwähnt, erhebliche Rückschritte zur Folge gehabt. Sie befördert eine regional bornierte Anschauung und untergräbt den grenzüberschreitenden Fortschritt von Wissenschaft und Erkenntnis. Sie ist nicht nur an sich kontraproduktiv, sondern kann am Ende dazu führen, dass nicht-westliche Gesellschaften den Ast absägen, auf dem sie sitzen – sogar ihren kostbaren kulturellen Ast.

Lassen Sie mich den ausgesprochen reaktionären Charakter dieser «lokalistischen» Anschauung am Beispiel des Widerstandes aufzeigen, der im 19. Jahrhundert in Indien gegen die Nutzung westlicher Ideen und Begriffe in Wissenschaft und Mathematik geleistet wurde. Diese Debatte in Britisch-Indien war Teil der umfassenderen Auseinandersetzung darüber, ob die westliche oder (als würde sich das gegenseitig ausschließen) die eigene indische Bildung vorzuziehen sei; man empfand das als einen unüberbrückbaren Gegensatz. Die «Verwestlicher» wie der respekteinflößende T. B. Macaulay – der mächtige britische Verwalter, der 1835 das ungeheuer einflussreiche «Memorandum» über die indische Bildung verfasste – wollten der indischen Tradition keinerlei Wert zuerkennen. «Unter ihnen [den Befürwortern der indischen Sprachen und Traditionen] habe ich nicht einen gefunden, der bestreiten konnte, dass ein einziges Regal einer guten europäischen Bibliothek die gesamte einheimische Literatur Indiens und Arabiens aufwiegt», schrieb Macaulay.[3] Teils aus Vergeltung wehrten sich die Verfechter der heimischen Bildung gegen westliche Importe insgesamt und gaben der traditionellen Gelehrsamkeit und der klassischen indischen Bildung den Vorzug. Beide Seiten schienen aber darin übereinzustimmen, dass ihr jeweiliger Standpunkt weitgehende Ausschließlichkeit besaß.

Doch angesichts der Wechselbeziehung zwischen Kulturen und Zivilisationen musste diese Annahme zu schwierigen Klassifikationsproblemen führen. Der Charakter ausgedehnter internationaler Beziehungen wird daran deutlich, wie der trigonometrische Begriff «Sinus» direkt aus der westlichen Trigonometrie nach Indien kam. Der moderne, Mitte des 19. Jahrhunderts aus dem Englischen übernommene Ausdruck trat an die Stelle der alten Sanskrit-Begriffe, was man als ein weiteres Beispiel für das angelsächsische Eindringen in die indische Kultur auffasste.

Dabei kam «Sinus» in Wirklichkeit amüsanterweise aus Indien und ging über verschiedene Umformungen auf einen Sanskrit-Namen für diesen wichtigen trigonometrischen Begriff zurück. An der Wanderung des Begriffs und seiner Bezeichnung lässt sich ablesen, wie die historische – und eindeutig «vormoderne» – Globalisierung von Ideen verlief. Das Konzept des «Sinus» ging auf den indischen Mathematiker Aryabhata aus dem 5. Jahrhundert zurück, der es entwickelte und ausgiebig benutzte; er nannte es *jya-ardha*, was in Sanskrit wörtlich «Saitenhälfte» bedeutet. Von dort begab sich der Ausdruck auf eine interessante Wanderung, die Howard Eves in seiner *History of Mathematics* beschreibt:

> Aryabatha nannte ihn *ardha-jya* («Saitenhälfte») und *jya-ardha* («Halbsaite»), und um den Ausdruck abzukürzen, nannte er ihn einfach *jya* («Saite»). Aus *jya* leiteten die Araber phonetisch *jiba* ab, was *jb* geschrieben wurde, weil die Araber die Vokale auslassen. Nun ist *jiba*, abgesehen von seiner fachlichen Bedeutung, im Arabischen ein sinnloses Wort. Spätere Autoren, die auf *jb* als Abkürzung für das sinnlose Wort *jiba* stießen, substituierten es durch *jaib*, das dieselben Buchstaben enthält und ein echtes arabisches Wort mit der Bedeutung «Bucht» oder «Bai» ist. Als Gherardo von Cremona dann noch später (um 1150) seine Übersetzungen aus dem Arabischen anfertigte, ersetzte er das arabische *jaib* durch sein lateinisches Äquivalent *sinus* [das Bucht oder Bai bedeutet], und daher stammt unser heutiges englisches Wort *sine*.[4]

Angesichts der kulturellen und geistigen Zusammenhänge in der Weltgeschichte ist schwer zu entscheiden, was «westlich» ist und was nicht. Aryabhatas *jya* wurde im Chinesischen mit *ming* wiedergegeben, das in vielbenutzten Tabellen in der Form *yue jian-liang ming* vorkommt, wörtlich «Sinus der Mondintervalle». Hätte Macaulay die Geistesgeschichte der Welt etwas besser gekannt, hätte er seinen Blick von dem «einzigen Regal» europäischer Bücher, die er so sehr bewunderte, erweitern müssen. Seine der indischen Kultur zugetanen Gegner hätten ihrerseits den westlichen Regalen weniger misstrauen müssen.

Europa wäre in der Tat wirtschaftlich, kulturell und wissenschaftlich sehr viel ärmer gewesen, wenn es sich gegen die Globalisierung von Mathematik, Wissenschaft und Technik gewehrt hätte, die in den Anfängen des zweiten Jahrtausends von China, Indien, Persien und der arabischen Welt ausging. Heute gilt umgekehrt dasselbe. Die Globalisierung von Wissenschaft und Technik abzulehnen, weil das (wie manche Protestierer zu verstehen geben) westlicher Imperialismus sei, würde nicht nur bedeuten, die globalen, aus vielen Teilen der Erde stammenden Beiträge zu übersehen, die wirklich hinter der sogenannten westlichen Wissenschaft und Technik stecken, sondern es wäre auch eine ziemlich dumme praktische Entscheidung, wenn man bedenkt, wie sehr die ganze Welt vom Prozess des geistigen Gebens und Nehmens profitieren kann. Dieses Phänomen mit Imperialismus oder mit europäischem Kolonialismus gleichzusetzen, wie es in manchen Parolen anklingt, wäre ein ebenso schwerer und kostspieliger Irrtum, wie es eine europäische Ablehnung östlicher Einflüsse auf Wissenschaft und Mathematik zu Beginn des letzten Jahrtausends gewesen wäre.

Wirtschaftliche Globalisierung und Ungleichheit

Nun gibt es aber unter den Globalisierungsgegnern verschiedene Lager, und einige Gegner der «wirtschaftlichen Globalisierung» haben überhaupt kein Problem mit der Globalisierung von Ideen (einschließlich der von Wissenschaft und Literatur). Ihre Ansichten, die sorgfältig bedacht sein wollen, kann man jedenfalls nicht mit dem Hinweis abtun, die Globalisierung von Wissenschaft, Technik und Verstehen habe der Welt viel Positives gebracht – das würden diese speziellen Kritiker der wirtschaftlichen Globalisierung gar nicht bestreiten.

Nun sind aber viele positive Leistungen speziell der wirtschaftlichen Globalisierung auch in anderen Teilen der Welt zu beobachten. Der sehr viel größere materielle Wohlstand, den die globale Wirtschaft ziemlich vielen Weltgegenden beschert hat, darunter Japan, China und Südkorea sowie in unterschiedlichem Maße auch anderen Ländern, von Brasilien bis Botswana, ist schwerlich zu übersehen. Noch vor wenigen Jahrhunderten war die Armut allgegenwärtig, und es gab nur wenige Inseln eines raren Wohlstands. Das Leben fast aller war «gemein, brutal und kurz», wie es Thomas Hobbes in seinem 1651 erschienenen Klassiker *Leviathan* ausdrückte. Ausgedehnte Wirtschaftsbeziehungen zwischen verschiedenen Ländern und wirtschaftliche Anreize für die Entwicklung und den Einsatz moderner Produktionsmethoden haben enorm dazu beigetragen, diese Armut zu überwinden.

Es ist unvorstellbar, dass sich die Verbesserung der Lebensverhältnisse der Armen in aller Welt dadurch beschleunigen ließe, dass man ihnen die großen Vorteile der modernen Technik, die wertvolle Chance zu Handel und Austausch und die gesellschaftlichen wie wirtschaftlichen Vorzüge des Lebens in einer offenen Gesellschaft vorenthält. Die Menschen in den allerärmsten Ländern verlangen nach den Früchten der modernen Technik (beispielsweise nach neuentwickelten Medikamenten, besonders für die Behandlung von Aids, die das Leben von Aids-Patienten in Amerika und Europa verändert haben); sie wünschen besseren Zugang zu den Märkten in den reicheren Ländern für eine Reihe von Waren, die von Zucker bis zu Textilien reicht; und sie verlangen mehr Mitsprache und Beachtung in der Weltpolitik. Wenn es Zweifel an den Ergebnissen der Globalisierung gibt, dann nicht, weil die leidende Menschheit sich in ihr Schneckenhaus zurückziehen möchte.

Es gehört denn auch zu den vorrangigen praktischen Aufgaben heute, dafür zu sorgen, dass die bemerkenswerten Vorteile von wirtschaftlichen Beziehungen, technischem Fortschritt und politischer Gleichberechtigung so genutzt werden, dass die Interessen der Armen und Benachteiligten angemessen Berücksichtigung finden. Die Vorzüge globaler Wirtschaftsbeziehungen sollten nicht kleingeredet werden, sondern die immensen Vorteile der Globalisierung sollten gerechter verteilt werden. Wie auch immer die Globalisierungsgegner ihre Kritik formulieren – das eigentliche Problem besteht darin, die reale, hartnäckige Ungleichheit und Armut zu bekämpfen, und dabei ist es nicht hilfreich, wenn man, wie sie empfehlen, auf globale wirtschaftliche Beziehungen verzichtet.

Globale Armut und globale Gerechtigkeit

Wie sieht es nun mit der globalen Ungleichheit und Armut aus? Die Verteilungsprobleme, die in der Rhetorik sowohl der sogenannten Globalisierungsgegner als auch der sachlichen Befürworter der Globalisierung explizit oder implizit berührt werden, müssen sorgfältig geprüft werden. Dass sie nicht genügend beachtet wurden, liegt wohl auch daran, dass man sich gern mit Fragen befasst hat, die ein bisschen davon abgelenkt haben.

Manche Globalisierungsgegner sehen das eigentliche Problem darin, dass die Reichen der Welt immer reicher und die Armen immer ärmer werden. Das ist keineswegs überall der Fall, wenngleich es hier und da zutrifft, besonders in Lateinamerika und Afrika, aber der entscheidende Punkt ist, ob die zentralen Probleme der Gerechtigkeit und Gleichheit in der globalen Wirtschaft von heute auf diese Weise überhaupt richtig formuliert sind.

Die nüchternen Verfechter der Globalisierung verweisen demgegenüber gern auf ihre Erkenntnis, dass die Armen der Welt nicht, wie oft behauptet wird, immer ärmer würden, sondern im Regelfall weniger arm. Insbesondere verweisen sie auf die Tatsache, dass jene Armen, die an Handel und Austausch teilnehmen, nicht ärmer würden, ganz im Gegenteil. Da sie durch die Teilnahme an der globalen Wirtschaft reicher würden, sei die Globalisierung (so das Argument) folglich nicht ungerecht gegenüber den Armen: «Die Armen haben doch auch etwas davon, was soll also das Gemecker?» Wäre man sich darin einig, dass dies die zentrale

Frage ist, würde die ganze Debatte darauf hinauslaufen, wer denn nun in diesem strittigen Punkt, der ja empirischer Natur ist, recht hat: «Werden die am globalen Austausch beteiligten Armen ärmer oder reicher? (Also heraus mit der Sprache!)»

Aber ist das wirklich die eigentliche Frage? Nach meiner Ansicht ist sie das auf keinen Fall. Formuliert man die Frage der Ungerechtigkeit in diesem Sinne, ergeben sich zwei Probleme. Das erste besteht darin, dass die heutige Funktionsweise der Weltwirtschaft mit ihren noch zu erörternden Problemen, die sowohl aus aktivem Tun als auch aus Unterlassungen erwachsen, es vielen schwer macht, überhaupt an der globalen Wirtschaft teilzunehmen. Wenn man nur jene sieht, die gewinnbringend am Handel teilnehmen, lässt man Millionen aus, die von den Aktivitäten der Privilegierten ausgeschlossen und de facto unwillkommen sind. Ausschließung ist hier ein ebenso gewichtiges Problem wie ungleiche Einschließung. Um dieser Ausschließung abzuhelfen, müssten die armen Länder im Hinblick auf ihre Wirtschaft völlig neue Wege beschreiten (bessere Einrichtungen im Bildungs- und Gesundheitswesen, erleichterte Kleinstkredite), aber auch die anderen, besonders die reicheren Länder müssten ihren außenpolitischen Kurs ändern. Die wirtschaftlich höherentwickelten Länder könnten sehr viel bewirken, wenn sie ihre Tore für Exportgüter aus den Entwicklungsländern öffnen würden, seien es Agrarprodukte, Textilien oder andere Industrieprodukte. Von zentraler Bedeutung ist auch die humane und realistische Lösung der Frage der Altschulden, welche die Freiheit der ärmeren Länder so stark einschränken (es ist zu begrüßen, dass in dieser Richtung in den letzten Jahren erste Schritte unternommen wurden).[5] Da ist des weiteren das große Problem der Entwicklungshilfe, über das die politischen Meinungen auseinandergehen, das aber keineswegs irrelevant ist.[6] Es sind noch viele weitere Probleme in Angriff zu nehmen; so müssen die geltenden rechtlichen Vorschriften überprüft werden, beispielsweise das derzeitige System der Patentrechte; auf diese Fragen werde ich gleich noch eingehen.

Das zweite Problem ist jedoch komplizierter und bedarf dringender der Klärung. Selbst wenn die an der globalisierten Wirtschaft teilnehmenden Armen tatsächlich ein bisschen reicher werden sollten, heißt das noch nicht, dass die Armen einen *gerechten* Anteil an den Vorteilen des wirtschaftlichen Austauschs und seinem ungeheuren Potential erhalten. Ob die internationale Ungleichheit geringfügig größer oder kleiner wird, ist hier nicht die angemessene Frage. Man muss nicht behaupten, die Ungleichheit sei nicht nur erschreckend groß, sondern werde auch geringfügig *größer*, um gegen die bedrückende Armut und die überwältigenden Ungleichheiten der Welt von heute zu rebellieren oder gegen die ungerechte Verteilung der Vorteile aus der globalen Zusammenarbeit zu protestieren.

Wir müssen das Problem der Gerechtigkeit in einer Welt der verschiedenen Gruppen und der disparaten Identitäten umfassender begreifen. Wenn durch Kooperation Vorteile erwachsen, so gibt es viele mögliche Konstellationen, von denen beide Seiten größere Vorteile haben, als wenn sie nicht kooperieren würden. Auch wenn beide Seiten zur Kooperation gezwungen sind, gibt es bei der Aufteilung der Vorteile einen großen Spielraum (man spricht bisweilen von einem «Kooperationskonflikt»).[7] Wenn beispielsweise aus der Gründung neuer Industrien große Gewinne erwachsen, bleibt immer noch das Problem zu lösen, wie die Vorteile aufgeteilt werden sollen zwischen Arbeitern, Kapitalisten, Zulieferern, Abnehmern (und Verbrauchern) und denen, die indirekt von den gestiegenen Einkommen am jeweiligen Standort profitieren. Die Aufteilung wird dann abhängen von relativen Preisen, Löhnen und anderen wirtschaftlichen Parametern, die für Austausch und Produktion maßgebend sind. Angemessen ist daher die Frage, ob die Verteilung der Gewinne *gerecht oder akzeptabel* ist, und nicht nur, ob es im Vergleich zur Nicht-Kooperation *überhaupt* Gewinne für alle Beteiligten gibt (das kann in sehr vielen unterschiedlichen Konstellationen der Fall sein).

John Nash, der Mathematiker und Spieltheoretiker (der durch den ungeheuer erfolgreichen Film auf der Grundlage von Sylvia Nasars wunderbarer Biographie *Auf den fremden Meeren des Denkens* heute allgemein bekannt ist), hat vor über fünfzig Jahren (in einem Aufsatz, der neben anderen Schriften von der Königlich Schwedischen Akademie angeführt wurde, als sie ihm 1994 den Nobelpreis für Wirtschaftswissenschaften zuerkannte) behauptet, die eigentliche Frage sei nicht, ob eine bestimmte Konstellation für alle besser sei als als die Nicht-Kooperation, was für viele unterschiedliche Konstellationen gelten würde. Die eigentliche Frage sei vielmehr, ob die Verteilungen, die sich unter den vorhandenen Alternativen herausschälen, im Vergleich zu denen, die man sonst noch hätte wählen können, gerechte Verteilungen sind.[8] Der Einwand, ein mit Kooperation einhergehendes Verteilungsarrangement (sei es zwischen Arbeitgebern und Arbeitnehmern, innerhalb der Familie oder in internationalen Institutionen) sei ungerecht, lässt sich nicht mit dem bloßen Hinweis widerlegen, alle Beteiligten führen besser, als wenn sie nicht kooperiert hätten (er kommt treffend zum Ausdruck in dem vermeintlich schlagenden Argument: «Die Armen haben doch auch etwas davon, was soll also das Gemecker?»). Da dies für sehr viele – möglicherweise unendlich viele – unterschiedliche Konstellationen zutreffen würde, liegt nicht dort die eigentliche Aufgabe, sondern in der Auswahl *unter* den einzelnen Alternativen mit ihrer je unterschiedlichen Verteilung der Gewinne für alle Beteiligten.

Ein Vergleich kann verdeutlichen, um was es geht. Um behaupten zu können, ein ausgesprochen ungleiches und sexistisches Verhältnis in der Familie sei ungerecht, muss nicht gezeigt werden, dass es Frauen vergleichsweise besser gegangen wäre, wenn es gar keine Familien gegeben hätte («Wenn du meinst, die geltende Aufteilung in der Familie sei ungerecht gegenüber der Frau, warum gehst du dann nicht und lebst ohne Familie?»). Das ist nicht die Frage – wenn Frauen sich um mehr Gerechtigkeit innerhalb der Familie bemühen, dann erwägen sie nicht als Alternative die Möglichkeit, ohne Familie zu leben. Der Streit geht vielmehr darum, ob die Aufteilung der Vorteile innerhalb des Familiensystems in den geltenden institutionellen Konstellationen außerordentlich ungleich ist, verglichen mit anderen Arrangements, die auch getroffen werden könnten. Die Erwägung, um die sich viele Debatten über die Globalisierung gedreht haben, nämlich, ob auch die Armen von der bestehenden Wirtschaftsordnung profitieren, ist gänzlich ungeeignet zur Beurteilung dessen, was zu beurteilen ist. Die Frage ist vielmehr, ob sie einen besseren – und gerechteren – Anteil mit geringeren Unterschieden bei den wirtschaftlichen, sozialen und politischen Chancen bekommen können, und wenn ja, mit welchen internationalen und nationalen Umstellungen das erreicht werden könnte. Darin liegt die eigentliche Herausforderung.

Die Möglichkeit von mehr Gerechtigkeit

Zunächst sind aber noch einige Vorfragen zu klären. Ist es möglich, zu einer gerechteren globalen Verteilung zu gelangen, ohne das ganze globalisierte System der wirtschaftlichen und gesellschaftlichen Beziehungen zu zerrütten? Insbesondere müssen wir fragen: Kann der Anteil, den die einzelnen Gruppen aus den globalisierten wirtschaftlichen und gesellschaftlichen Beziehungen erhalten, geändert werden, ohne dass die Vorteile einer globalen Marktwirtschaft untergraben oder zerstört werden? Die in der Kritik der Globalisierungsgegner oft unausgesprochen bleibende Überzeugung, dies müsse verneint werden, hat entscheidend zu der düsteren Einschätzung der Zukunft einer Welt mit globalen Märkten beigetragen, und daher hat die Antiglobalisierungsbewegung ihren Namen. Auffallend ist die merkwürdig verbreitete Annahme, es gebe so etwas wie «*das* Marktergebnis», unabhängig davon, welche Regeln für private Unternehmen, staatliche Maßnahmen und Nonmarket-Institutionen mit der Existenz von Märkten kombiniert werden. Diese Antwort ist völlig falsch, wie sich leicht zeigen lässt.

Die Marktwirtschaft ist mit vielen verschiedenen Eigentumsformen, Ressourcenverfügbarkeiten, sozialen Einrichtungen und Verfahrensregeln (wie Patentgesetzen, Antitrustgesetzen, Vorschriften für Gesundheitsfürsorge und Einkommenshilfen usw.) durchaus zu vereinbaren. Und in Abhängigkeit von diesen Bedingungen wird die Marktwirtschaft bestimmte Preise, Terms of Trade, Einkommensverteilungen und generell sehr unterschiedliche Gesamtergebnisse hervorbringen.[9] Werden beispielsweise öffentliche Krankenhäuser, Schulen oder Hochschulen gegründet oder Ressourcen von einer Gruppe auf eine andere transferiert, so ändern sich unweigerlich die Preise und Mengen, die sich im Marktergebnis niederschlagen. Märkte allein funktionieren nicht und können nicht funktionieren. Es gibt nicht «*das* Marktergebnis» ohne Berücksichtigung der Bedingungen, unter denen die Märkte funktionieren, einschließlich der Verteilung der wirtschaftlichen Ressourcen und der Eigentumsverhältnisse. Schafft oder erweitert man institutionelle Vorkehrungen für soziale Sicherheit und andere staatliche Unterstützungsmaßnahmen, so kann sich das Ergebnis beträchtlich ändern.

Die eigentliche Frage ist nicht und kann nicht sein, ob man sich der Marktwirtschaft bedient oder nicht. Diese seichte Frage ist rasch beantwortet. In der gesamten Weltgeschichte gibt es keine Volkswirtschaft, die – abgesehen vom Highlife der Elite – verbreiteten Wohlstand geschaffen hätte, ohne dass sie in beträchtlichem Umfang von Märkten und von Produktionsbedingungen Gebrauch gemacht hätte, die ebenfalls von Märkten abhängen. Man gelangt unschwer zu dem Schluss, dass es unmöglich ist, allgemeinen wirtschaftlichen Wohlstand zu erreichen, ohne ausgiebig von den Austausch- und Spezialisierungschancen Gebrauch zu machen, die durch Marktbeziehungen eröffnet werden. Damit wird keineswegs die elementare Tatsache in Abrede gestellt, dass es viele Umstände gibt, unter denen die Marktwirtschaft nur sehr eingeschränkt funktioniert, weil es Güter gibt, die (wie etwa öffentliche Gesundheitseinrichtungen) kollektiv konsumiert werden, aber auch – was letzthin viel diskutiert wurde –, weil viele Teilnehmer an der Marktwirtschaft nur über Informationen verfügen, die asymmetrisch oder, allgemeiner ausgedrückt, unvollkommen sind.[10] So weiß der Käufer eines Gebrauchtwagens sehr viel weniger über den Wagen als der Eigentümer, der ihn verkauft, oder allgemeiner ausgedrückt: Menschen müssen ihre Kaufentscheidungen in partieller Unkenntnis und insbesondere mit ungleichen Kenntnissen treffen. Das sind ernste und gewichtige Probleme, die aber durch geeignete staatliche Maßnahmen zu beheben sind, welche die Marktwirtschaft ergänzen. Man würde aber die Aussichten auf wirtschaftlichen Fortschritt schwer gefährden, wollte man gänzlich auf die Institution des Marktes verzichten.

In einem gewissen Sinne könnte man den Gebrauch von Märkten durchaus mit dem Gebrauch der Sprache vergleichen. Ganz kommt man ohne sie nicht aus, aber viel hängt davon ab, welche Sprache wir sprechen. Die Marktwirtschaft allein funktioniert unter *globalisierten* Verhältnissen nicht, ja, sie funktioniert für sich nicht einmal *innerhalb* eines Landes. Das Ergebnis eines Gesamtsystems, das Märkte miteinschließt, kann nicht nur ganz verschieden ausfallen, je nach den förderlichen Bedingungen (wie etwa der Verteilung der natürlichen Ressourcen, der Entwicklung der menschlichen Ressourcen, den geltenden Regeln der Geschäftsbeziehungen, den sozialen Sicherungssystemen, den verfügbaren technischen Kenntnissen usw.), sondern diese förderlichen Bedingungen hängen ihrerseits entscheidend von national und global operierenden wirtschaftlichen, gesellschaftlichen und politischen Institutionen ab.

Marktergebnisse werden, wie empirische Untersuchungen zur Genüge gezeigt haben, stark von staatlichen Maßnahmen in Sachen Bildungswesen, Epidemiologie, Bodenreform, Erleichterung von Kleinstkrediten, angemessener Rechtsschutz usw. beeinflusst, und auf jedem dieser Gebiete kann der Staat Maßnahmen ergreifen, die das Ergebnis lokaler und globaler Wirtschaftsbeziehungen grundlegend zu verändern vermögen. Es sind diese Interdependenzen, die man verstehen und nutzen muss, wenn man an den Ungleichheiten und Asymmetrien, welche die Weltwirtschaft charakterisieren, etwas ändern will. Um weltweit Wohlstand zu schaffen, ist die Globalisierung der Marktbeziehungen allein nicht hinreichend.

Unterlassungen und Taten

Um gerechtere wirtschaftliche und gesellschaftliche Verhältnissse in der Welt zu schaffen, müssen viele schwierige Probleme gelöst werden. Vieles spricht beispielsweise dafür, dass der globale Kapitalismus sich weit mehr für Märkte interessiert als etwa für die Schaffung von Demokratien, den Ausbau des Bildungswesens oder die Verbesserung der Chancen für die Benachteiligten der Gesellschaft. In vielen Ländern der Dritten Welt können multinationale Unternehmen erheblichen Einfluss darauf ausüben, dass die öffentlichen Ausgaben bevorzugt der Managerklasse und den privilegierten Mitarbeitern zugute kommen, statt dass sie dafür verwendet werden, das verbreitete Analphabetentum, die medizinische Unterversorgung und andere Benachteiligungen der Armen zu bekämpfen.[11] Diese in Lateinamerika, Afrika und auch in Teilen Asiens zu beobachtenden unerfreulichen Beziehungen müssen zur Kenntnis genommen und angepackt werden. Sie mögen keine unüberwindliche Barriere für eine gerechte Entwicklung darstellen, aber auch die überwindbaren Barrieren müssen klar diagnostiziert und tatsächlich überwunden werden.

Die fortbestehenden Ungleichheiten in der globalen Wirtschaft hängen eng mit Versäumnissen von Institutionen zusammen, die überwunden werden müssen. Neben den folgenschweren *Unterlassungen*, die es zu beheben gilt, gibt es schwerwiegende, aus *Taten* erwachsende Probleme, die angepackt werden müssen, um elementare globale Gerechtigkeit zu schaffen.[12] Es sind darunter jedoch Probleme, die in der öffentlichen Diskussion stärkere Beachtung finden müssen, als es bisher der Fall war.

Eine «Tat», die auffallend selten diskutiert wird, die aber großes Elend verursacht und bleibende Mängel nach sich zieht, ist die im letzten Kapitel erwähnte Verwicklung der Weltmächte in den globalisierten Waffenhandel (die in den letzten Jahren im Ausland abgesetzten Waffen stammten zu fast 85 Prozent aus den G8-Ländern, also von den großen Mächten, die eine führende Rolle in der Welt spielen).[13] In diesem Bereich ist dringend eine neue globale Initiative erforderlich, die über die wirklich drängende Notwendigkeit hinausgeht, den Terrorismus einzudämmen, auf die sich gegenwärtig die Aufmerksamkeit so stark richtet.

Zu den abträglichen Taten gehören auch die schweren – und unwirksamen – Handelsbarrieren, welche die Exporte aus den ärmeren Ländern beschränken. Ein anderes bedeutendes Problem ist das der ungerechten Patentgesetze, die sich als kontraproduktive Hürden für den Einsatz lebensrettender, für Krankheiten wie Aids erforderlicher Medikamente erweisen können; oft sind diese Mittel sehr billig zu produzieren, aber der Marktpreis wird durch die Lizenzgebühren, mit denen sie belastet werden, in die Höhe getrieben. Gewiss dürfen keine wirtschaftlichen Bedingungen geschaffen werden, unter denen die innovative pharmazeutische Forschung versiegen würde, aber es gibt ja eine Fülle intelligenter Kompromisslösungen, zum Beispiel variable Preise, die einerseits hinreichende Anreize für die Forschung bieten und andererseits den Armen der Welt erlauben, diese lebenswichtigen Medikamente zu kaufen. Es sei daran erinnert, dass es die Anreize für die pharmazeutischen Unternehmen kaum zu steigern vermag, wenn Arme Medikamente, die sie sich nicht leisten können, nicht kaufen; hier gilt es, Effizienzerwägungen auf intelligente und humane Weise mit Gerechtigkeitsforderungen, mit einem angemessenen Verständnis der Anforderungen globaler Effizienz und mit Gerechtigkeit zu verknüpfen.

Die derzeit geltenden kontraproduktiven Patentvorschriften bieten der medizinischen Forschung ebenfalls einen sehr unzureichenden Anreiz für die Entwicklung neuer Medikamente (darunter auch Einmalimpfstoffe), die sich besonders für die ärmeren Völker der Welt eignen würden, deren Fähigkeit, für diese Medikamente einen höheren Preis zu zahlen, sehr begrenzt ist. Allerdings sind die Anreize zur Herstellung pharmazeutischer Neuerungen, die besonders Menschen mit niedrigem Einkommen zugute kämen, oft sehr dürftig. Daher die starke Tendenz der pharmazeutischen Forschung, sich um die Bedürfnisse derjenigen zu kümmern, die mehr für Medikamente ausgeben können. Da Gewinnerwartungen in der Marktwirtschaft eine entscheidende Rolle spielen, muss man nach Lösungen suchen, die das Anreizverhalten tiefgreifend zu ändern vermögen. Das kann von geänderten urheberrechtlichen Vorschriften (einschließlich einer differenzierten steuerlichen Behandlung von Gewinnen aus verschiedenen Arten von Innovationen) bis zu staatlichen Anreizen durch spezielle Förderprogramme reichen.[14] Die wirtschaftliche Globalisierung verlangt nicht nur, sich der Marktwirtschaft zu öffnen und Handelshemmnisse zu beseitigen (so wichtig das auch ist), sondern auch, gerechtere institutionelle Vorkehrungen für die Verteilung der Gewinne aus dem wirtschaftlichen Verkehr zu treffen.[15]

Wie sich die Globalisierung auf Menschen auswirkt, die stärker in den globalen Verkehr einbezogen werden, kann stark von entsprechenden Vorkehrungen des eigenen Landes abhängen. Denken wir etwa an traditionelle Produzenten, die durch die Kräfte des Wettbewerbs ihren gewohnten Erwerb verlieren, aber bei neuen, mit der globalen Wirtschaft verbundenen Unternehmen nicht so leicht eine neue Anstellung finden, wenn sie als Analphabeten nicht in der Lage sind, Anweisungen zu lesen und den neuen Anforderungen der Qualitätskontrolle zu genügen, oder wenn sie durch eine Krankheit in ihrer Produktivität und Mobilität eingeschränkt sind.[16] Mit solchen Handicaps bekommen sie zwar die Peitsche der globalen Wirtschaft zu spüren, ohne aber vom Zuckerbrot zu kosten. Um diese Barrieren zu beseitigen, müssen Schulungs- und Bildungseinrichtungen ausgebaut werden, und außerdem bedarf es eines unterstützenden Sicherheitsnetzes, das auch die Gesundheitsfürsorge einschließt. Bei der wirtschaftlichen Globalisierung geht es nicht nur um die Öffnung der Märkte.

Die globale Marktwirtschaft ist so gut wie der Umgang, den sie pflegt.[17] Der globale Widerspruch aus nah und fern kann der Globalisierung und den globalen Märkten zu besserer Gesellschaft verhelfen. Es gilt, für die Menschheit eine Welt zu gewinnen, und der globale Widerspruch kann uns helfen, dies zu erreichen.

Armut, Gewalt und das Gefühl der Ungerechtigkeit

Viele denken bei Religion und Gemeinschaft, aber auch bei globaler Armut und Ungleichheit an globale Gewalt. In den letzten Jahren wuchs die Tendenz, Maßnahmen zur Armutsbekämpfung damit zu begründen, dies sei der sicherste Weg, um politischem Streit und Chaos vorzubeugen. Es hat offenbar etwas Anziehendes, innen- wie außenpolitische Maßnahmen auf dieses Verständnis zu stützen. Die indirekte Rechtfertigung der Armutsbekämpfung – nicht um ihrer selbst willen, sondern um Ruhe und Frieden in der Welt zu sichern – ist angesichts der in den reichen Ländern verbreiteten Angst vor Kriegen und Unordnung ein Argument, das an das Eigeninteresse appelliert, um den Bedürftigen zu helfen. Als Begründung für die Aufstockung der Mittel zur Armutsbekämpfung führt man nicht deren moralische, sondern ihre vermutete politische Bedeutung an.

So verständlich die Versuchung auch ist, diese Richtung einzuschlagen, ist dieser Weg doch bedenklich, selbst bei einer so ehrenwerten Sache. Wenn er sich nämlich als falsch erweist, wird der ökonomische Reduktionismus nicht nur unser Weltverständnis beeinträchtigen, sondern auch die erklärte Begründung des staatlichen Engagements bei der Armutsbekämpfung unglaubwürdig machen. Das ist eine überaus ernste Sache, denn Armut und massive Ungleichheit sind an sich schon schrecklich genug und verdienen selbst dann Priorität, wenn gar kein Zusammenhang mit Gewalt besteht. So wie die Tugend ihr eigener Lohn ist, ist die Armut zumindest ihre eigene Strafe. Damit soll nicht bestritten werden, dass es folgenschwere Zusammenhänge zwischen Armut und Ungleichheit auf der einen und Konflikt und Streit auf der anderen Seite geben kann und gibt, aber diese Zusammenhänge müssen sorgfältig geprüft und empirisch untersucht werden; man darf sie nicht um der «guten Sache» willen gedankenlos und beiläufig beschwören.

Natürlich kann Armut dazu provozieren, sich über geltende Gesetze und Regeln hinwegzusetzen. Es ist aber nicht gesagt, dass sie den Menschen auch den Anstoß, den Mut und die Fähigkeit gibt, besonders gewalttätig zu handeln. Armut kann nicht nur mit wirtschaftlicher Schwäche einhergehen, sondern auch mit politischer Hilflosigkeit. Der Verhungernde ist unter Umständen so schwach und mutlos, dass er nicht zu kämpfen, ja nicht einmal zu protestieren oder zu schreien vermag. Es ist daher nicht verwunderlich, dass allgemeine tiefe Not vielfach ungewöhnlich still und friedlich ertragen wurde.

Bei vielen Hungersnöten ist es denn auch weder zu politischem Aufruhr noch zu Ausschreitungen unter der Bevölkerung gekommen. Die Hungerjahre in Irland gehören zu den friedlichsten des 19. Jahrhunderts, und als ein Schiff nach dem anderen vollbeladen mit Nahrungsmitteln den Shannon hinabfuhr und seine kostbare Fracht dem hungernden Irland entzog, um sie ins wohlgenährte England zu bringen, das größere Kaufkraft besaß, sahen die hungrigen Massen hilflos zu. Die Iren stehen nicht gerade in dem Ruf, friedlich und gefügig zu sein, aber dennoch waren die Hungerjahre im großen und ganzen Jahre von Recht und Ordnung (mit sehr wenigen Ausnahmen). Als Kind habe ich während der bengalischen Hungersnot von 1943 in Kalkutta erlebt, wie Menschen vor Süßwarenläden verhungerten, hinter deren Schaufensterscheiben sich Köstlichkeiten stapelten, ohne dass auch nur eine Scheibe zu Bruch ging oder Recht und Ordnung gestört worden wären. Die Bengalen haben so manches Mal gewaltsam rebelliert (noch 1942, ein Jahr vor der Hungersnot, gegen die britische Herrschaft), aber im Hungerjahr selbst blieb alles friedlich.

Besonders wichtig ist der Gesichtspunkt der Zeit, denn selbst wenn Hunger und Entbehrung mit ihren schwächenden Folgen schon lange der Vergangenheit angehören, kann ein Gefühl erlittenen Unrechts der Unzufriedenheit Nahrung geben. Not und Zerstörung bleiben lange in der Erinnerung haften und können später aufgerufen werden, um Aufruhr und Gewalt zu schüren. So friedlich die Jahre der irischen Hungersnöte auch gewesen sein mögen, führten die Erinnerung an die Ungerechtigkeit und die allgemeine Verbitterung über die politische und wirtschaftliche Vernachlässigung doch dazu, die Iren Großbritannien zu entfremden, und sie trugen in hohem Maße zu der Gewalt bei, die über 150 Jahre lang die anglo-irischen Beziehungen kennzeichnete. Wirtschaftliche Not mag nicht unmittelbar zu Gewalt führen, aber es wäre falsch, daraus zu folgern, dass zwischen Armut und Gewalt kein Zusammenhang besteht.

Die heutige Vernachlässigung der Not Afrikas kann langfristig ähnliche Folgen für den Weltfrieden haben. Was die übrige Welt (und besonders die reicheren Länder) getan – oder nicht getan – hat, als mindestens ein Viertel der afrikanischen Bevölkerung durch Epidemien wie Aids, Malaria und andere Krankheiten von Auslöschung bedroht schien, wird wohl noch sehr lange in Erinnerung bleiben. Wir müssen begreifen, dass Armut, Entbehrung und Vernachlässigung sowie die mit der Asymmetrie der Macht einhergehenden Demütigungen langfristig eine Anfälligkeit für Gewalt und damit Konfrontationen fördern, die sich in einer Welt der gespaltenen Identitäten vom Groll gegen die Überlegenen nähren.

Vernachlässigung kann ein hinreichender Grund für Ressentiments sein, aber noch leichter lassen sich Aufruhr und Revolte durch ein Gefühl der Beeinträchtigung, Erniedrigung und Demütigung schüren. Dass

Israel die Palästinenser mit militärischer Gewalt zu verdrängen, zu unterdrücken und zu beherrschen vermag, hat auf lange Sicht beträchtliche Folgen, die über alle unmittelbaren politischen Vorteile, die es Israel bringen mag, weit hinausgehen. Das Gefühl der Ungerechtigkeit bei der willkürlichen Verletzung der Rechte der Palästinenser kann jederzeit mobilisiert werden für das, was die Gegenseite als gewalttätige «Vergeltung» betrachtet. Die Rache könnte nicht nur von den Palästinensern ausgehen, sondern von weit größeren Gruppierungen, die durch gemeinsame arabische, muslimische und Dritte-Welt-Identitäten mit den Palästinensern verbunden sind. Das Gefühl, die Welt sei aufgeteilt in Besitzende und Habenichtse, trägt erheblich zur Mehrung der Unzufriedenheit bei und macht es leichter, Menschen für sogenannte «Gegengewalt» zu gewinnen.

Wie das funktioniert, versteht man nur, wenn man zwischen den Anführern eines gewaltsamen Aufstands und der Bevölkerung unterscheidet, auf deren Unterstützung die Führer angewiesen sind. Führer wie Osama bin Laden leiden, gelinde gesagt, keine Armut und haben nicht den geringsten wirtschaftlichen Grund, sich bei der Verteilung der Früchte des globalen Kapitalismus übergangen zu fühlen. Dennoch stützen sich die von Begüterten geführten Bewegungen zumeist stark auf ein Gefühl der Ungerechtigkeit und Demütigung, das in ihren Augen von der bestehenden Weltordnung hervorgerufen wurde. Armut und wirtschaftliche Ungleichheit mögen nicht unmittelbar Terrorismus hervorbringen oder die Führer terroristischer Organisationen beeinflussen, aber gleichwohl können sie Verhältnisse fördern, unter denen es leichtfällt, Kämpfer für die Terroristenlager zu gewinnen.

Zweitens gibt es in vielen Teilen der Welt das eigentümliche Phänomen, dass eine ansonsten friedliche Bevölkerung den Terrorismus duldet, namentlich dort, wo man das Gefühl hat, schlecht behandelt worden zu sein, etwa dergestalt, dass man vom globalen wirtschaftlichen und sozialen Fortschritt übergangen wurde, oder dort, wo man sich nachdrücklich daran erinnert, in der Vergangenheit politisch misshandelt worden zu sein. Eine gerechtere Verteilung der Vorteile der Globalisierung kann dazu beitragen, langfristig vorzubeugen gegen (1) die Rekrutierung von

Kanonenfutter für den Terrorismus und (2) die Entstehung eines Klimas, in dem Terrorismus toleriert (und manchmal auch gefeiert) wird.

Selbst wenn Armut und ein Gefühl globaler Ungerechtigkeit nicht unmittelbar zu einem Ausbruch von Gewalt führen, gibt es hier sicherlich langfristig wirksame Zusammenhänge, die sich auf die Möglichkeit von Gewalt erheblich auswirken können. Die Erinnerung an eine Jahrzehnte, vielleicht sogar ein Jahrhundert zurückliegende üble Behandlung des Nahen Ostens durch westliche Mächte, die in Westasien in der einen oder anderen Form noch immer lebendig ist, kann von den Anführern der Konfrontation gepflegt und aufgebauscht werden, um auf diese Weise leichter Freiwillige für den gewalttätigen Terrorismus zu gewinnen. Amerikanische Strategen mögen in dem Zorn über die Sowjetunion insbesondere wegen ihrer Afghanistanpolitik eine Waffe gesehen haben, die man im Kalten Krieg gut einsetzen konnte, aber sie ließ sich leicht umlenken gegen die westliche Welt, gegründet auf die solitaristische Sicht einer islamischen Identität im Gegensatz zu Europa und Amerika (in dieser singulären Perspektive war der Unterschied zwischen den kapitalistischen USA und der kommunistischen UdSSR unerheblich). In dieser zweifachen Klassifikation wird die Rhetorik der globalen Ungerechtigkeit ihrer konstruktiven Korrelate beraubt und in entsprechend abgewandelter Form dazu benutzt, eine Atmosphäre der Gewalt und der Vergeltung zu erzeugen.

Bewusstsein und Identität

Heute konkurrieren verschiedene Möglichkeiten der Reaktion auf Ungerechtigkeiten und das Gefühl globaler Ungleichheit miteinander um die Aufmerksamkeit der Völker der Welt. Dieselbe Diagnose, die aus einer bestimmten Sicht zum Bemühen um globale Gleichheit motiviert, ergibt aus anderer Sicht vielleicht geeignetes Material, das man verbiegen, einengen und zuspitzen kann, um ein globales Rachebedürfnis zu schüren.

Viel wird davon abhängen, wie man bei der Beurteilung der Folgen globaler Ungleichheit mit dem Problem der Identität umgeht, das ja in unterschiedlicher Weise ausgelegt werden kann. So wird beispielsweise unter Berufung auf frühere Demütigungen und gegenwärtige Ungleichheiten mit verheerenden Folgen Unzufriedenheit geschürt und ausgebeutet, wobei man auf einen solitaristischen Gegensatz der Identitäten baut, speziell einen solchen zwischen «Westen» und «Antiwesten», wie im fünften Kapitel erörtert. Das beobachten wir derzeit gehäuft; es ergänzt und nährt bis zu einem gewissen Grad eine aggressive religiöse (insbesondere islamische) Identität, die sich leicht gegen den Westen richten lässt. Wir haben es hier mit einer Welt singulär aufgeteilter Identitäten zu tun, in der wirtschaftliche und politische Gegensätze so hingebogen werden, dass sie sich als «Unterthema» in die Unterschiede der religiösen Zugehörigkeit einfügen lassen.

Zum Glück ist das nicht die einzige Art, mit globalen Ungleichheiten sowie mit früheren und gegenwärtigen Demütigungen umzugehen. Eine konstruktive Antwort kann zum einen daraus erwachsen, dass man die globalen Ungleichheiten und Beschwerden klarer anspricht, dass man besser versteht, wo die wirklichen Probleme liegen und auf welchem Wege Abhilfe geschaffen werden kann – das war größtenteils Gegenstand dieses Kapitels. Zum anderen kann auch die Globalisierung selbst eine konstruktive Rolle spielen, nicht nur durch den Wohlstand, der durch globale wirtschaftliche Beziehungen erzeugt und, ergänzt um gewisse institutionelle Vorkehrungen, gerechter verteilt werden kann, sondern auch durch die grenzüberschreitende Anteilnahme, die sich aus den zahlreichen menschlichen Kontakten im Rahmen der immer engeren wirtschaftlichen Zusammenarbeit ergeben kann.

Durch stärkere Integration, schnellere Kommunikation und leichteren Zugang ist die Welt in den letzten Jahren erheblich kleiner geworden. Doch schon vor zweieinhalb Jahrhunderten sprach David Hume davon, dass der vermehrte wirtschaftliche und gesellschaftliche Verkehr zu einer Ausweitung unseres Identitätsgefühls und unserer Sorge um Gerechtigkeit beitrage. In seiner 1777 erschienenen Untersuchung über die *Prinzipien der Moral* wies Hume (in einem Kapitel «Über Gerechtigkeit») auf diese Zusammenhänge hin:

Nehmen wir aber weiter an, dass mehrere verschiedene Gesellschaften zum gegenseitigen Nutzen und Vorteil einen gewissen Umgang miteinander pflegen, dann erweitern sich die Grenzen der Gerechtigkeit in dem Maße, wie sich der Blickwinkel der Menschen erweitert und ihre gegenseitigen Verbindungen stärker werden. Geschichte, Erfahrung und Vernunft geben uns hinreichenden Aufschluss über diesen natürlichen Fortschritt der menschlichen Empfindungen und über die allmähliche Zunahme unserer Achtung für Gerechtigkeit, in dem Verhältnis nämlich, in dem wir mit der weitreichenden Nützlichkeit dieser Tugend bekannt werden.[18]

Handel und wirtschaftliche Beziehungen zwischen verschiedenen Ländern, so Hume, vermögen zwischen Menschen, die vorher nichts miteinander zu tun hatten, gegenseitige Anteilnahme zu erzeugen. Je enger die Kontakte zwischen Menschen, desto eher entsteht ein Interesse an anderen, von deren Existenz man zuvor allenfalls eine blasse Ahnung hatte.

Das weitverbreitete Interesse für globale Ungleichheiten und Asymmetrien, das sich auch in der Antiglobalisierungsbewegung spiegelt, kann bis zu einem gewissen Grad als Verkörperung dessen gelten, was Hume meinte, als er davon sprach, dass zunehmender Handelsverkehr zwischen einander vorher gleichgültigen Menschen eine «allmähliche Zunahme unserer Achtung für Gerechtigkeit» bewirkt. Das fügt sich zu der schon erwähnten Behauptung, die Stimmen des globalen Protests seien Bestandteil der jetzt entstehenden Ethik der Globalisierung. Die Kritik am globalen Kapitalismus, der sich nicht für Gleichheit interessiert, belässt es oft beim bloßen Anprangern, lässt sich aber unschwer erweitern um die Forderung nach mehr globaler Gleichheit durch geeignete institutionelle Veränderungen.

Die Kritik der «Antiglobalisierer» an der ungleichen und ungerechten Behandlung der Benachteiligten dieser Welt kann angesichts ihrer starken Betonung der globalen Ethik vernünftigerweise nicht als Kritik an der Globalisierung als solcher verstanden werden. Es geht ihr um eine gerechtere Behandlung der Benachteiligten und der Elenden und um eine gerechtere Verteilung der Chancen in einer entsprechend geänderten Weltordnung. Die globale Diskussion über die Dringlichkeit dieser Probleme kann Ausgangspunkt einer konstruktiven Suche nach Mitteln und Wegen sein, die globale Ungerechtigkeit zu verringern. Diese Suche ist schon an sich von entscheidender Bedeutung, und das ist das erste und wichtigste, was man über sie sagen muss. Sie kann aber auch ganz erheblich dazu beitragen, uns von der Konfrontation scharf gegeneinander abgegrenzter Identitäten wegzubringen. Es macht etwas aus, wie wir uns selbst zu sehen wünschen.

8. KAPITEL

Multikulturalismus und Freiheit

Die Forderung nach Multikulturalismus wird in der heutigen Welt mit Nachdruck erhoben. In sozialen, kulturellen und politischen Dingen wird sie immer wieder laut, vor allem in Westeuropa und Amerika. Das ist keineswegs überraschend, haben doch vermehrte globale Kontakte und Wechselbeziehungen und vor allem umfangreiche Migrationsbewegungen dazu geführt, dass heute die unterschiedlichen Praktiken verschiedener Kulturen nebeneinander existieren. Die Ermahnung «Liebe deinen Nächsten» mag allgemeine Akzeptanz gefunden haben, als die Nächsten mehr oder weniger dieselbe Lebensweise pflegten («Setzen wir dieses Gespräch nächsten Sonntagvormittag fort, wenn der Organist Pause macht»), doch heute verlangt die nämliche Bitte, seinen Nächsten zu lieben, dass man sich für die ganz andersartige Lebensweise von Menschen interessiert, die Tür an Tür mit einem leben. Aufgrund der globalisierten Natur der heutigen Welt können wir uns nicht den Luxus erlauben, über die schwierigen Fragen, die der Multikulturalismus aufwirft, hinwegzugehen.

Das Thema dieses Buches – verschiedene Auffassungen von Identität und ihr Verhältnis zur Gewalt in der Welt – hängt eng zusammen mit dem Verständnis des Wesens, der Implikationen und der Vorzüge (oder Nachteile) des Multikulturalismus. Es gibt, möchte ich behaupten, zwei grundverschiedene Haltungen zum Multikulturalismus; die eine möchte die Vielfalt als einen Wert an sich fördern, die andere stellt die Denk- und Entscheidungsfreiheit in den Vordergrund und schätzt die kulturelle Vielfalt nur insofern, als sie von den betroffenen Personen so frei wie möglich gewählt wurde. Diese Themen sind hier schon erörtert worden, besonders im sechsten Kapitel, und sie passen auch zu einer verbreiteten

Haltung zum sozialen Fortschritt insgesamt – «Entwicklung als Freiheit» –, die ich an anderer Stelle zu verteidigen versucht habe.[1] Die Probleme bedürfen jedoch einer genaueren Prüfung speziell im Hinblick auf die Beurteilung der Praxis des Multikulturalismus heute, besonders in Europa und Amerika.

Eine der zentralen Fragen ist dabei, wie die Menschen gesehen werden. Soll man sie einstufen nach den überkommenen Traditionen, speziell der überkommenen Religion der Gemeinschaft, in die sie zufällig hineingeboren wurden, und soll diese ungewählte Identität automatisch Vorrang haben vor anderen Zugehörigkeiten nach politischer Einstellung, Beruf, Klasse, Geschlecht, Sprache, Literatur, sozialen Engagements und vielen sonstigen Verbindungen? Oder soll man sie begreifen als Menschen mit vielen Zugehörigkeiten und Verbindungen, über deren Prioritäten sie selbst entscheiden (und wofür sie die Verantwortung aufgrund einer wohlerwogenen Wahl übernehmen) müssen? Und soll man die Gerechtigkeit des Multikulturalismus vornehmlich danach beurteilen, wie weit Menschen von unterschiedlicher kultureller Herkunft «in Ruhe gelassen werden», oder danach, wie weit sie in der Fähigkeit, wohlerwogene Entscheidungen zu treffen, durch soziale Bildungschancen und durch die Teilnahme an der Zivilgesellschaft sowie an den politischen und wirtschaftlichen Vorgängen im Land positiv unterstützt werden? Diesen eher grundsätzlichen Fragen kann man sich nicht entziehen, wenn man den Multikulturalismus gerecht beurteilen will.

Bei der Erörterung von Theorie und Praxis des Multikulturalismus ist es sinnvoll, speziell die britische Erfahrung genauer zu betrachten. Großbritannien hat ganz besonders einen einschließenden Multikulturalismus gefördert, mit einer Mischung von Erfolgen und Schwierigkeiten, die auch für andere Länder in Europa und die Vereinigten Staaten relevant ist.[2] Im Jahre 1981 kam es in London und Liverpool zu Unruhen (freilich nicht zu so schweren wie in Frankreich im Herbst 2005), und danach wurden die Integrationsbemühungen verstärkt. In den letzten fünfundzwanzig Jahren waren die Verhältnisse einigermaßen stabil und ruhig. Es war der Integration in Großbritannien sehr förderlich, dass alle britischen Einwohner aus den Commonwealth-Ländern, aus denen die meisten nicht-weißen Einwanderer stammen, sofort, auch ohne britische Staatsangehörigkeit, uneingeschränkt wahlberechtigt sind. Auch eine weitgehend von Diskriminierung freie Behandlung der Einwanderer im Gesundheits- und Bildungswesen sowie im Bereich der sozialen Sicherheit hat die Integration gefördert. Doch trotz alledem hat Großbritannien kürzlich Bekanntschaft mit der Entfremdung einer Gruppe von Einwanderern und mit einem ganz und gar auf dem eigenen Boden gewachsenen Terrorismus gemacht, als junge, in Großbritannien geborene, aufgewachsene und erzogene Muslime aus Einwandererfamilien durch Selbstmordattentate in London zahlreiche Menschen töteten.

Daher sind Diskussionen über die britischen Maßnahmen in Sachen Multikulturalismus von größerer Tragweite und wecken weit mehr Interesse und Leidenschaft, als man aufgrund des scheinbar begrenzten Themas erwarten würde. Sechs Wochen nach den Terroranschlägen in London im Sommer 2005 erschien in *Le Monde*, der führenden Zeitung Frankreichs, ein kritischer Artikel mit dem Titel «Das britische multikulturelle Modell in der Krise», und sogleich meldete sich eine führende Persönlichkeit einer anderen liberalen Einrichtung zu Wort, nämlich James A. Goldston, der Direktor der Open Society Justice Initiative in Amerika, der den Artikel als «Panikmache» bezeichnete und entgegnete: «Benutzen Sie die sehr reale Gefahr des Terrorismus nicht als Vorwand, um mehr als ein Vierteljahrhundert britischer Erfolge auf dem Gebiet der Rassenbeziehungen zu kassieren.»[3] Offenbar handelt es sich um ein allgemeines Problem von einiger Bedeutung, das hier zu diskutieren und zu bewerten ist.

Ich werde zeigen, dass die eigentliche Frage nicht ist, ob «der Multikulturalismus zu weit gegangen ist» (wie Goldston einen der Kritikpunkte zusammenfasste), sondern vielmehr, welche Form der Multikulturalismus annehmen sollte. Ist der Multikulturalismus nichts anderes als die Duldung einer Vielzahl von Kulturen? Macht es einen Unterschied, wer die kulturellen Praktiken auswählt, ob sie den Menschen im Namen «der Kultur der Gemeinschaft» übergestülpt werden oder ob sie nach hinreichender Gelegenheit, Alternativen kennenzulernen und über sie nachzudenken, frei gewählt werden? Welche Möglichkeiten haben Mitglieder unterschiedlicher Gemeinschaften in der Schule wie auch in der Gesellschaft insgesamt, etwas über die Religionen – und die nichtreligiösen Überzeugungen – anderer Menschen zu erfahren und verstehen zu lernen, wie man vernünftig über die Entscheidungen nachdenkt, die von Menschen – und sei es auch nur stillschweigend – getroffen werden müssen?

Großbritanniens Erfolge

Großbritannien, das ich 1953 zum ersten Mal als Student aufsuchte, hat in sehr beeindruckender Weise Raum für verschiedene Kulturen geschaffen. Der Weg, den es dabei zurückgelegt hat, ist in mancherlei Hinsicht recht außergewöhnlich. Ich erinnere mich (ziemlich gern, wie ich zugeben muss) an meine erste Vermieterin in Cambridge, die sich Sorgen darüber machte, meine Hautfarbe könnte im Bad abgehen (ich musste ihr versichern, dass mein Farbton robust und strapazierfähig sei), und mir angelegentlich erklärte, dass die Schrift eine spezielle Erfindung der westlichen Kultur sei («das haben wir der Bibel zu verdanken»). Für jemanden, der die Entwicklung der kulturellen Vielfalt Großbritanniens – mit Unterbrechungen, aber über lange Zeiträume – miterlebt hat, ist der Kontrast zwischen dem Land heute und dem vor fünfzig Jahren einfach verblüffend.

Die Förderung der kulturellen Vielfalt hat das Leben der Menschen jedenfalls sehr bereichert und dazu beigetragen, dass Großbritannien zu einem in vieler Hinsicht ungewöhnlich anregenden Land geworden ist. Von den Freuden der multikulturellen Küche, Literatur, Musik, Tanzkunst und der Künste bis zur berauschenden Verführung des Karnevals von Notting Hill gibt Großbritannien seinen Menschen mit all den verschiedenen Hintergründen vieles, was sie genießen und schätzen können. Zudem hat die Akzeptanz der kulturellen Vielfalt (zusammen mit dem Wahlrecht und der weitgehenden Abwesenheit von Diskriminierung in Behörden und Sozialämtern) es den Menschen ganz unterschiedlicher Herkunft leichter gemacht, sich hier zu Hause zu fühlen.

Man muss jedoch daran erinnern, dass es selbst in Großbritannien nicht immer einfach war, unterschiedliche Lebensweisen und abweichende kulturelle Prioritäten zu akzeptieren. Immer wieder wurde hartnäckig gefordert, die Einwanderer sollten ihre herkömmliche Lebensart aufgeben und die dominierenden Lebensweisen der Gesellschaft, in die sie eingewandert waren, übernehmen. Diese Forderung hat bisweilen eine sehr ins Detail gehende Sicht der Kultur mit minutiösen Verhaltensnormen vertreten, wofür der berühmte «Cricket-Test», ein Vorschlag des gefürchteten Lord Tebbit, des zu Recht berühmten Vorsitzenden der Konservativen, ein treffendes Beispiel ist. Der Test verlangt, dass ein gut inte-grierter Einwanderer bei Testspielen, in denen England gegen das Herkunftsland (zum Beispiel Pakistan) antritt, den Engländern zujubelt.

Um zunächst etwas Positives zu sagen, hat Tebbits «Cricket-Test» den beneidenswerten Vorzug der Eindeutigkeit und verhilft dem Einwanderer zu einem ungemein klaren Verfahren, seine Integration in die britische Gesellschaft unter Beweis zu stellen: «Juble dem englischen Cricket-Team zu, und alles ist in Ordnung!» Denn sonst könnte die Aufgabe des Einwanderers, zu zeigen, dass er wirklich in die britische Gesellschaft integriert ist, recht anstrengend sein, und sei es nur, weil nicht mehr so einfach festzustellen ist, welches die in Großbritannien dominierende Lebensweise ist, der sich der Einwanderer anpassen soll. Curry zum Beispiel ist heute auf dem britischen Speiseplan so allgegenwärtig, dass es vom britischen Fremdenverkehrsamt als «typisch britische Kost» vorgestellt wird. Bei der GCSE-Prüfung *(General Certificate of Secondary Education)* die Schüler mit etwa siebzehn Jahren ablegen, wurden im Jahre 2005 unter der Rubrik «Freizeit und Tourismus» die beiden folgenden Aufgaben gestellt: «Nenne abgesehen von indischen Gerichten eine andere Art von Gericht, die von vielen Restaurants mit Straßenverkauf angeboten wird» und «Beschreibe, was Käufer tun müssen, um von einem indischen Restaurant mit Straßenverkauf zu Hause beliefert zu werden». Der konservative *Daily Telegraph* beklagte in einem Bericht über diese landesweit einheitliche Prüfung nicht etwa eine kulturelle Einseitigkeit, sondern die «Leichtigkeit» der Aufgaben, die jeder in Großbritannien ohne besondere Schulung lösen können sollte.[4]

Auch erinnere ich mich, kürzlich in einer Londoner Zeitung eine definitive Beschreibung des unzweifelhaft Englischen an einer Engländerin gelesen zu haben: «Sie ist so englisch wie Osterblumen und Huhn Tikka Masala.» Angesichts all dessen wird ein Einwanderer aus Südasien ohne Tebbits freundliche Hilfe wohl ein bisschen ratlos sein, was denn als bombensicherer Test des spezifisch Britischen gelten kann, dem der Zugereiste sich anpassen soll. Der vorstehenden Erörterung, die von manchen vielleicht als unernst empfunden wird, liegt das ernste Problem zugrunde, dass die Vielzahl der interkulturellen Kontakte gegenwärtig in aller Welt eine solche Hybridisierung der Verhaltensformen bewirkt, dass es schwerfällt, eine «lokale Kultur» als wirklich einheimische von zeitloser Geltung auszumachen.[5] Aber dank Lord Tebbit kann die Aufgabe, seine «Britishness» zu beweisen, schön algorithmisch und wunderbar einfach werden (so einfach wie die Lösung der eben zitierten GCSE-Aufgaben).

Lord Tebbit hat kürzlich des weiteren geäußert, dass die Anwendung des von ihm vorgeschlagenen «Cricket-Tests» dazu beigetragen hätte, die Terroranschläge von britischstämmigen Militanten pakistanischer Abstammung zu verhindern: «Wäre man meinen Empfehlungen gefolgt, wären diese Anschläge weniger wahrscheinlich gewesen.»[6] Diese selbstgewisse Vorhersage, denkt man unwillkürlich, unterschätzt vermutlich die Leichtigkeit, mit der ein angehender Terrorist – mit oder ohne Ausbildung von Al Qaida – den «Cricket-Test» bestehen und dem englischen Cricket-Team zujubeln könnte, ohne an seinem sonstigen Verhalten auch nur ein Jota zu ändern.

Ich weiß nicht, wie sehr Lord Tebbit sich für Cricket interessiert. Wenn einem das Spiel Spaß macht, hängt es von verschiedenen Faktoren ab, ob man der einen oder der anderen Seite zujubelt, darunter natürlich auch von der eigenen nationalen Identität oder der Identität des eigenen Wohnorts, aber auch von der spielerischen Qualität und davon, ob das Spiel und die Serie insgesamt interessant sind. Der Wunsch nach einem bestimmten Ergebnis ist oft von Zufälligkeiten abhängig, weshalb nicht so einfach gefordert werden kann, man habe stets und unfehlbar nur ein Team (das englische oder ein anderes) anzufeuern. Ich muss gestehen, dass ich ungeachtet meiner indischen Herkunft und Nationalität manchmal dem pakistanischen Cricket-Team zugejubelt habe, nicht nur, wenn es gegen England, sondern auch, wenn es gegen Indien spielte. Während der Indien-Tour des pakistanischen Teams im Jahre 2005, bei der Pakistan die beiden ersten ganztägigen Spiele aus einer Serie von sechs verlor, habe ich beim dritten Spiel Pakistan angefeuert, damit die Serie lebendig und interessant blieb. Dabei hat Pakistan all meine Hoffnungen weit übertroffen und die restlichen vier Spiele alle gewonnen, so dass Indien mit zwei zu vier eine derbe Niederlage erlitt (wieder ein Beispiel für den «Extremismus» Pakistans, über den sich die Inder so beklagen!).

Ein ernsteres Problem besteht in der offenkundigen Tatsache, dass Mahnungen, wie sie sich in Tebbits «Cricket-Test» niedergeschlagen haben, völlig irrelevant für die Pflichten sind, die sich aus der britischen Staatsangehörigkeit oder dem dortigen Wohnsitz ergeben, wie etwa die Beteiligung am britischen politischen Leben, die Teilnahme am gesellschaftlichen Leben Großbritanniens oder der Verzicht aufs Bombenbauen. Auch haben sie nichts mit alldem zu tun, was vonnöten sein mag, um ganz in das Leben des Landes eingebunden zu sein.

Diese Punkte wurden im post-imperialen Großbritannien rasch aufgegriffen, und ungeachtet solcher Ablenkungsmanöver wie Tebbits Einladungen zum «Cricket-Test» hat der auf Inklusion zielende Charakter der politischen und sozialen britischen Traditionen dafür gesorgt, dass abweichende kulturelle Muster innerhalb des Landes in einem multiethnischen Großbritannien als völlig akzeptabel empfunden werden konnten. Es gibt, was nicht erstaunlich ist, viele Einheimische, die diesen historischen Trend nach wie vor für einen großen Fehler halten, und diese Missbilligung geht oft einher mit einem tiefen Groll darüber, dass Großbritannien überhaupt zu einem solch multiethnischen Land geworden ist (bei meiner letzten Begegnung mit einem Verärgerten an einer Bushaltestelle bekam ich plötzlich zu hören: «Ich habe euch alle durchschaut», aber ich war enttäuscht, dass mein Informant mir nicht mehr darüber sagen wollte, was er entdeckt hatte). Die öffentliche Meinung in Großbritannien ist jedoch oder war jedenfalls bis vor kurzem mehrheitlich entschieden dafür, kulturelle Vielfalt zu dulden und sogar zu schätzen.

All das und die einschließende Wirkung des Wahlrechts sowie des diskriminierungsfreien öffentlichen Dienstes haben zu einem Frieden zwischen den Ethnien beigetragen, dessen sich namentlich Frankreich letzthin nicht erfreuen konnte. Gleichwohl bleiben einige der zentralen Probleme des Multikulturalismus gänzlich ungelöst, und diese möchte ich nun aufgreifen.

Probleme des pluralen Monokulturalismus

Ein wichtiges Problem ist die Unterscheidung zwischen Multikulturalismus und dem, was man «pluralen Monokulturalismus» nennen könnte. Gilt die Existenz einer Vielfalt von Kulturen, die möglicherweise wie Schiffe in der Nacht aneinander vorbeifahren, als gelungenes Beispiel für Multikulturalismus? Die Unterscheidung ist, da Großbritannien gegenwärtig hin- und hergerissen ist zwischen *Interaktion* und *Isolation*, von zentraler Bedeutung (und zudem relevant für die Frage von Terrorismus und Gewalt).

Lassen Sie mich, um auf die besagte Unterscheidung zu sprechen zu kommen, mit einem Vergleich beginnen und feststellen, dass die indische und die britische Küche wahrhaft beanspruchen können, multikulturell zu sein. Indien kannte keine Chilischoten, bis die Portugiesen sie aus Amerika nach Indien brachten, aber heute werden sie in einer Vielzahl indischer Gerichte benutzt und scheinen ein dominierender Bestandteil der meisten Sorten von Currysoße zu sein. So ist Chili in mundverbrennender Fülle in Vindaloo enthalten, das, wie der Name anzeigt, die Erinnerung der Einwanderer an eine Mischung von Wein mit Kartoffeln bewahrt. Desgleichen mag die Tandoori-Zubereitung in Indien perfektioniert worden sein, aber ursprünglich kam sie aus Westasien nach Indien. Currypulver dagegen ist eine entschieden britische Erfindung, die man vor Lord Clive in Indien nicht kannte und die, wie ich vermute, im Kasino der britischen Armee entwickelt wurde. Und in erlesenen indischen Restaurants in London erleben wir gerade die Anfänge eines neuen Stils, indische Gerichte zuzubereiten.

Wenn dagegen zwei Stile oder Traditionen nebeneinander existieren, ohne sich zu treffen, muss man eigentlich von einem «pluralen Monokulturalismus» sprechen. Die lautstarke Verteidigung des Multikulturalismus, die wir dieser Tage häufig vernehmen, ist oft nichts anderes als ein Plädoyer für pluralen Monokulturalismus. Wenn ein junges Mädchen aus einer konservativen Einwandererfamilie sich mit einem englischen jungen Mann verabreden möchte, ist das sicherlich ein multikultureller Schritt. Versuchen ihre Aufpasser sie jedoch daran zu hindern (was recht häufig geschieht), ist das kaum als multikulturelle Maßnahme zu betrachten, denn in diesem Fall geht es ja gerade darum, die Kulturen voneinander abzuschotten. Dennoch erhält das elterliche Verbot, das zum pluralen Monokulturalismus beiträgt, sehr lautstarke Unterstützung von seiten angeblicher Multikulturalisten, die als Begründung anführen, es gelte die traditionellen Kulturen zu achten, so als sei die Freiheit der jungen Frau überhaupt nicht von Bedeutung und als müssten die verschiedenen Kulturen gewissermaßen in abgeschotteten Schubladen verharren.

In eine bestimmte soziale Umgebung hineingeboren zu sein ist an sich, wie schon erwähnt, keine Ausübung kultureller Freiheit, denn es handelt sich nicht um einen Wahlakt. Die Entscheidung hingegen, an der traditionellen Lebensweise festzuhalten, wäre eine Ausübung von Freiheit, falls die Wahl nach der Erwägung anderer Alternativen getroffen würde. Als eine solche Ausübung von Freiheit müsste auch die Entscheidung gelten, vom überkommenen Verhaltensmuster mehr oder weniger abzurücken, wenn man nach reiflicher Überlegung zu ihr gelangt ist. Kulturelle Freiheit kann in der Tat häufig mit kulturellem Konservatismus kollidieren, und wenn man im Namen der kulturellen Freiheit für den Multikulturalismus eintritt, kann man sich nicht standhaft und uneingeschränkt dafür aussprechen, jemand habe unerschütterlich an seiner überkommenen kulturellen Tradition festzuhalten.

Das zweite Problem hängt mit dem in diesem Buch häufig angesprochenen Umstand zusammen, dass Religion oder Ethnizität zwar eine wichtige Identität für Menschen sein kann (besonders wenn sie die Freiheit haben, zwischen der Wertschätzung oder der Ablehnung überkommener oder zugeschriebener Traditionen zu wählen), dass es für sie aber auch andere Zugehörigkeiten und Verbindungen gibt, die zu schätzen sie ebenfalls Anlass haben. Der Multikulturalismus kann sich – es sei denn, er würde sehr merkwürdig definiert – nicht über das Recht eines Menschen hinwegsetzen, an der Zivilgesellschaft teilzunehmen, sich am politischen Leben des Landes zu beteiligen oder ein sozial unangepasstes Leben zu führen. Und im übrigen darf der Multikulturalismus, so wichtig er auch ist, nicht dazu führen, dass den Geboten einer traditionellen Kultur automatisch Vorrang vor allem anderen gegeben wird.

Man darf, wie schon erwähnt, die Menschen dieser Welt nicht nur unter dem Aspekt ihrer religiösen Zugehörigkeiten betrachten, als eine Föderation von Religionen. Aus denselben Gründen darf ein multiethnisches Großbritannien nicht als eine Ansammlung von ethnischen Gemeinschaften betrachtet werden. Doch der «föderative» Standpunkt hat im heutigen Großbritannien großen Anklang gefunden. Obwohl sich tyrannische Weiterungen daraus ergeben, dass man Menschen in starre Schubladen vorgegebener «Gemeinschaften» sperrt, verstehen viele diesen Standpunkt eigenartigerweise als Verbündeten der individuellen Freiheit. Es gibt sogar eine vieldiskutierte «Vision» von «der Zukunft des multiethnischen Großbritannien», in der das Land «eine eher lockere Föderation von Kulturen (ist), die zusammengehalten wird von Banden des Interesses und der Zuneigung und einem kollektiven Daseinsgefühl».[7]

Muss das Verhältnis eines Menschen zu Großbritannien *vermittelt werden durch* die «Kultur» der Familie, in die er hineingeboren wurde? Er könnte sich ja dafür entscheiden, sich um ein enges Verhältnis zu mehr als einer dieser vordefinierten Kulturen oder – mit gleichem Recht – zu keiner von ihnen zu bemühen. Auch könnte er sich dafür entscheiden, dass ihm seine ethnische oder kulturelle Identität weniger wichtig ist als seine politischen Überzeugungen, seine beruflichen Verpflichtungen oder seine literarischen Vorlieben. Er muss eine Wahl treffen, unabhängig von seiner Stellung in der «Föderation von Kulturen», einer wirklich merkwürdigen Vorstellung.

Das sind keine abstrakten Überlegungen, und sie sind auch nicht spezifisch für die komplizierten Verhältnisse des modernen Lebens. Betrachten wir den Fall einer Südasiatin, die früh auf die Britischen Inseln kam. Cornelia Sorabji kam in den 1880er Jahren aus Indien nach Großbritannien, und in ihren Identitäten spiegelte sich die Vielfalt der Zugehörigkeiten, die sie wie andere auch hatte. Sie selbst bezeichnete sich und andere bezeichneten sie abwechselnd als «Inderin» (sie kehrte schließlich nach Indien zurück und schrieb ein ansprechendes Buch mit dem Titel *India Calling*), als eine, die auch in England daheim war («beheimatet in zwei Ländern, England und Indien»), als Parsin («ich bin von Nationalität Parsin»), als Christin (voller Bewunderung für «die frühen Märtyrer der christlichen Kirche»), als sarigewandete Frau («stets perfekt gekleidet in einen vielfarbigen seidenen Sari», wie der *Manchester Guardian* sie beschrieb), als Anwältin und Barrister (am Lincoln's Inn), als Vorkämpferin für die schulische Bildung von Frauen und für gesetzlich verankerte Rechte von abgesonderten Frauen (sie spezialisierte sich als Rechtsberaterin für verschleierte Frauen, die «purdahnaschins»), als engagierte Befürworterin der britischen Herrschaft in Indien (die sogar, nicht besonders fair, gegen Mahatma Gandhi den Vorwurf erhob, er werbe schon «Kinder von sechs oder sieben Jahren» an), als stets von Sehnsucht nach Indien erfüllt («die grünen Sittiche in Budh Gaya: der blaue Rauch der Holzfeuer in einem indischen Dorf»), als entschiedene Anhängerin der Asymmetrie zwischen Frauen und Männern (sie war stolz darauf, als «eine moderne Frau» zu gelten), als Lehrerin in einem reinen Männerkolleg («mit achtzehn in einem Male College») und als «die erste Frau» von welchem Hintergrund auch immer, die den Grad des Bachelor im Zivilrecht in Oxford erwarb (dazu bedurfte es «eines speziellen Erlasses der akademischen Versammlung, damit sie die Prüfung ablegen durfte»).[8] Die Wahl, die Cornelia Sorabji jeweils traf, war unzweifelhaft von ihrer sozialen Herkunft und ihrem Werdegang beeinflusst, aber sie traf ihre Entscheidungen und wählte ihre Prioritäten selbst.

Es gäbe ernste Probleme mit den moralischen und sozialen Ansprüchen des Multikulturalismus, würde man ihn so verstehen, dass er verlangt, die Identität eines Menschen müsse bestimmt sein von seiner Gemeinschaft oder Religion, unter Absehung von all seinen sonstigen Zugehörigkeiten (die von der Sprache, der Klasse und den sozialen Beziehungen bis zu seinen politischen Ansichten und zivilen Rollen reichen) und bei automatischem Vorrang der überkommenen Religion oder Tradition vor seiner eigenen Überlegung und Entscheidung. Dennoch kam diesem engen Verständnis von Multikulturalismus bei manchen offiziellen Maßnahmen der britischen Politik eine herausragende Bedeutung zu.

Diese Haltung äußert sich darin, dass man zusätzlich zu den vorhandenen christlichen nun aktiv neue «Konfessionsschulen» für muslimische, hinduistische und Sikh-Kinder fördert, was nicht nur pädagogisch fragwürdig ist, sondern obendrein verhindert, dass die Kinder umfassend darüber unterrichtet werden, was das Leben in einem Land ohne Rassentrennung von ihnen verlangt. Viele dieser neuen Institutionen entstehen ausgerechnet in einer Zeit, in der religiöse Polarisierung eine wichtige Ursache von Gewalt in der Welt ist (und zur Geschichte solcher Gewalt in Großbritannien selbst beiträgt, zu der ja auch die Zusammenstöße zwischen Katholiken und Protestanten in Nordirland gehören, die ihrerseits nicht losgelöst von der konfessionell getrennten Beschulung gesehen werden können). Premierminister Blair weist sicherlich zu Recht darauf hin, dass es «in diesen Schulen ein sehr starkes Empfinden für Ethos und Werte gibt».[9] Aber in der Erziehung geht es nicht nur darum, Kindern schon in ganz jungem Alter ein altes, überkommenes Ethos einzuflößen. Sie soll den Kindern viel mehr auch helfen, die Fähigkeit zu entwickeln, über neue Entscheidungen, die sie als Erwachsene werden treffen müssen, vernünftig nachzudenken. Nicht ein schematischer «Gleichstand» mit den alteingesessenen Briten und ihren alten Konfessionsschulen sollte angestrebt werden, sondern das, was am besten die Fähigkeit der Kinder fördert, als Erwachsene in einem integrierten Land ein «examiniertes Leben» zu führen.

Der Vorrang der Vernunft

Die eigentliche Frage wurde vor langer Zeit mit großer Klarheit formuliert, und zwar um 1590 vom indischen Kaiser Akbar in seinen Bemerkungen über Vernunft und Glaube. Akbar, der Großmogul, wurde als Muslim geboren und starb als Muslim, aber er bestand darauf, dass der Glaube keinen Vorrang vor der Vernunft haben dürfe, weil man seinen überkommenen Glauben durch Vernunft rechtfertigen und notfalls verwerfen müsse. Von Traditionalisten angegriffen, die sich für den angeborenen Glauben aussprachen, erklärte Akbar seinem Freund und getreuen Statthalter (der ein ausgezeichneter Kenner des Sanskrit wie des Arabischen und Persischen war und sich in verschiedenen Religionen, darunter auch dem Hinduismus und dem Islam, hervorragend auskannte):

> Das Streben der Vernunft und die Ablehnung des Traditionalismus liegen so offenkundig auf der Hand, dass es keiner Begründung bedarf. Hätte der Traditionalismus recht, wären die Propheten lediglich ihren eigenen Vorgängern gefolgt (und hätten keine neuen Botschaften gebracht).[10]

Nur die Vernunft konnte entscheiden, denn auch wenn man die Vernunft anfechten wollte, müsste man vernünftige Gründe anführen.

Akbar war überzeugt, dass er sich um die verschiedenen Religionen im multikulturellen Indien ernsthaft kümmern müsse, und organisierte deshalb regelmäßige Dialoge, an denen, wie schon erwähnt, nicht nur Vertreter der im Indien des 16. Jahrhunderts maßgebenden Religionen, des Islam und des Hinduismus, sondern auch Christen, Juden, Parsen, Dschainas und sogar Anhänger des «Carvaka» teilnahmen, einer atheistischen Denkrichtung, die vom sechsten vorchristlichen Jahrhundert an seit über zweitausend Jahren erfolgreich gewirkt hatte.[11]

Akbar nahm zum Glauben keine Alles-oder-nichts-Haltung ein, sondern setzte sich gern mit einzelnen Elementen der facettenreichen Religionen auseinander. So bewahrte er sich im Gespräch mit den Dschainas seine Skepsis gegenüber ihren Ritualen, ließ sich aber von ihren Argumenten für den Vegetarismus überzeugen und missbilligte am Ende jeglichen Fleischverzehr. So sehr das alles auch diejenigen irritierte, die die religiöse Überzeugung lieber auf den Glauben als auf Vernunftargumente gründeten, hielt er doch fest am «Weg der Vernunft» (*rahi aql*), wie er ihn nannte, und betonte die Notwendigkeit des offenen Dialogs und der freien Wahl. Akbar erklärte überdies, seine islamischen religiösen Überzeugungen seien nicht «blindem Glauben» oder dem «Sumpfboden der Tradition» entsprungen, sondern eigener Überlegung und Entscheidung.

Da ist ferner die (für Großbritannien besonders relevante) Frage, welche Haltung denn die *nicht*-eingewanderten Gemeinschaften zu den Anforderungen der multikulturellen Erziehung einnehmen sollten. Soll das die Form annehmen, dass jede Gemeinschaft ihre eigenen historischen Feiertage begeht, ohne Rücksicht darauf, dass die «alten Briten» sich der globalen Wechselbeziehungen bei der Entstehung und Entwicklung der Weltzivilisation stärker bewusst werden müssen (wie in den Kapiteln 3 bis 7 erörtert)? Wenn die sogenannte westliche Wissenschaft oder Kultur ihre Wurzeln unter anderem in chinesischen Neuerungen, in der indischen und arabischen Mathematik oder darin hat, dass das griechisch-römische Erbe in Westasien bewahrt wurde (so dass arabische Übersetzungen der vergessenen griechischen Klassiker viele Jahrhunderte später ins Lateinische zurückübersetzt wurden), sollte man dann nicht jene entschieden interaktive Vergangenheit stärker berücksichtigen, als es im derzeitigen Lehrplan des multiethnischen Großbritannien der Fall ist? Die Prioritäten des Multikulturalismus können sehr stark von jenen einer plural-monokulturellen Gesellschaft abweichen.

Zu dem problematischen Verfahren der Konfessionsschulen, dem nicht vernünftig begründeten Glauben den Vorrang gegenüber der Vernunft zu geben, tritt ein weiteres gewichtiges Problem hinzu, nämlich die Bedeutung der Religion als Kriterium für die Klassifikation der Menschen, für die ja auch andere Kriterien denkbar wären. Die Prioritäten und Handlungen der Menschen werden von all ihren Zugehörigkeiten und Verbindungen beeinflusst und nicht nur von der Religion. Die Loslösung Bangladeshs von Pakistan wurde ja, wie schon erwähnt, mit Unterschieden der Sprache und Literatur sowie mit politischen Prioritäten begründet, nicht aber mit der Religion, die ja in beiden Teilen des ungeteilten Pakistan dieselbe war. Sich über alles außer dem Glauben hinwegzusetzen bedeutet, die Realität von Interessen zu leugnen, von denen Menschen veranlasst wurden, ihre weit über die Religion hinausreichenden Identitäten zu bekräftigen.

Unter religiösem Aspekt wird die recht ansehnliche Bangladeshi-Gemeinschaft in Großbritannien mit allen übrigen Glaubensbrüdern in einen großen Topf geworfen, ohne dass ihre Kultur und ihre Prioritäten eine Rolle spielen. Das mag zwar den islamischen Priestern und Religionsführern gefallen, aber es verkürzt ohne Zweifel die reiche Kultur jenes Landes und erklärt die vielfältigen Identitäten, welche die Bangladeshis haben, für unwesentlich. Überdies setzt es sich willentlich über die Entstehungsgeschichte von Bangladesh hinweg. Gegenwärtig findet in Bangladesh selbst eine politische Auseinandersetzung zwischen Säkularisten und ihren Gegnern (zu denen auch religiöse Fundamentalisten gehören) statt, und es ist nicht einzusehen, warum die offizielle britische Politik auf letztere stärker Rücksicht nehmen sollte als auf erstere.

Die hochpolitische Bedeutung dieser Frage kann nicht genug betont werden. Das Problem ist zugegebenermaßen nicht den letzten britischen Regierungen anzulasten. Seit vielen Jahren vermittelt die offizielle britische Politik den Eindruck, britische Bürger und Einwohner, die vom Subkontinent stammen, bevorzugt unter dem Aspekt ihrer jeweiligen Gemeinschaft einzuordnen, und nun, da in aller Welt seit einiger Zeit die Religiosität (einschließlich des Fundamentalismus) betont wird, versteht sie unter Gemeinschaft in erster Linie Glaubensgemeinschaft, statt etwa Kulturen zu berücksichtigen, die allgemeiner definiert sind. Das Problem beschränkt sich nicht auf die Schule und natürlich auch nicht auf Muslime. Dasselbe passiert, wenn, wie man beobachten kann, Religionsführer der Hindus oder der Sikhs als Sprecher für die britische Hindubeziehungsweise Sikh-Bevölkerung anerkannt werden. Statt dass man die britischen Bürger unterschiedlicher Herkunft ermutigt, im Rahmen der Zivilgesellschaft miteinander in Beziehung zu treten und als Bürger am politischen Leben teilzunehmen, fordert man sie auf, «über» ihre jeweils «eigene Gemeinschaft» aktiv zu werden.

Die Beschränktheit dieser reduktionistischen Sichtweise wirkt sich unmittelbar auf die Lebensweise der einzelnen Gemeinschaften aus, und besonders stark sind die einengenden Auswirkungen auf das Leben von Einwanderern und ihren Familien. Überdies aber kann sich das Selbstverständnis von Bürgern und Einwohnern, wie die Ereignisse des Jahres 2005 in Großbritannien gezeigt haben, auch auf das Leben von anderen auswirken. Die Anfälligkeit für Einflüsse eines sektiererischen Extremismus ist sehr viel größer, wenn man im konfessionellen (aber nicht notwendigerweise gewalttätigen) Sinne erzogen und in der Schule unterrichtet wird. Die britische Regierung bemüht sich, Hasspredigten von religiösen Führern zu unterbinden, und das ist unbedingt richtig, aber das Problem ist mit Sicherheit weit umfassender. Es geht darum, ob Bürger mit Migrationshintergrund sich in erster Linie als Mitglieder bestimmter Gemeinschaften und spezifischer religiöser Ethnizitäten betrachten und sich erst *über* diese Mitgliedschaft als Briten in einer vermeintlichen Föderation von Gemeinschaften verstehen sollen. Man wird unschwer begreifen, dass eine Nation mit einem derart zersplitterten Selbstbild anfälliger für das Predigen und Heranzüchten von religiös begründeter Gewalt ist.

Tony Blair hat allen Grund, «hinauszugehen» und «in der muslimischen Gemeinschaft» Debatten über Terror und Frieden zu führen, die «bis ins Mark [dieser] Gemeinschaft gehen».[12] Dass er sich für Fairness und Gerechtigkeit einsetzt, ist unbestreitbar. Dennoch kann die Zukunft des multiethnischen Großbritannien nur darin liegen, die vielfältigen Möglichkeiten zu erkennen und zu fördern, wie Bürger, die neben ihrer ethnischen und religiösen Zugehörigkeit auch ihre je eigenen politischen Einstellungen, ihr jeweiliges sprachliches Erbe und ihre sozialen Prioritäten haben, in ihren verschiedenen Eigenschaften, darunter auch *als Bürger*, in Beziehung zueinander treten. Eine wichtige Rolle im Leben aller Bürger hat vor allem die Zivilgesellschaft zu spielen. Es geht nicht an, die Partizipation britischer Einwanderer, ob Muslime oder andere, als «Gemeinschaftsbeziehungen» zu rubrizieren, die von Religionsführern (seien sie auch «moderate» Priester, «milde» Imame oder sonstige nette Sprecher von Religionsgemeinschaften) vermittelt werden.

Wir müssen gründlich über unser Verständnis des Multikulturalismus nachdenken, um begriffliche Unklarheit bezüglich der sozialen Identität zu vermeiden und der gezielten Ausbeutung der Entzweiung entgegenzuarbeiten, die durch diese Begriffsverwirrung ermöglicht und bis zu einem gewissen Grad sogar gefördert wird. Insbesondere müssen wir, sofern diese Analyse zutrifft, vermeiden, zwei Dinge miteinander zu verwechseln: den Multikulturalismus und die kulturelle Freiheit auf der einen Seite und den pluralen Monokulturalismus mit seinem religiös begründeten Separatismus auf der anderen. Eine Nation darf nicht als eine Ansammlung von abgeschotteten Segmenten definiert werden, in der den Bürgern bestimmte Plätze innerhalb der vorweg bestimmten Segmente zugewiesen werden. Und es ist unzulässig, Großbritannien explizit oder implizit als eine imaginäre nationale Föderation von religiösen Ethnizitäten zu definieren.

Gandhis Argumente

Die Probleme, vor denen Großbritannien heute steht, ähneln auf unheimliche Weise den Problemen, vor denen Britisch-Indien stand und von denen Mahatma Gandhi meinte, sie würden von seiten der britischen Herrschaft direkt gefördert. Insbesondere kritisierte Gandhi die offizielle Auffassung, Indien sei eine Ansammlung von religiösen Gemeinschaften. Auf der von der britischen Regierung im Jahre 1931 einberufenen «Indian Round Table Conference» in London musste Gandhi feststellen, dass man ihm in einem Ausschuss, der den verräterischen Namen «Federal Structure Committee» trug, eine bestimmte, religiös definierte Ecke zugewiesen hatte. Gandhi ärgerte sich darüber, dass man ihn in erster Linie als Sprecher der Hindus darstellte, speziell der «Kasten-Hindus», während die andere Hälfte der indischen Bevölkerung von Delegierten vertreten wurde, die der britische Premierminister aus den «übrigen Gemeinschaften» ausgewählt hatte.

Gandhi betonte, er sei zwar Hindu, doch die politische Bewegung, an deren Spitze er stand, sei entschieden universalistisch und vertrete keine der Gemeinschaften; ihre Anhänger stammten aus all den verschiedenen religiösen Gruppen Indiens. Er räumte ein, dass es möglich sei, die Bevölkerung Indiens nach religiösen Gesichtspunkten zu unterteilen, wies aber darauf hin, dass Gliederungen nach anderen Kriterien nicht minder wichtig seien. Gandhi legte den britischen Herrschern nachdrücklich nahe, die *Pluralität* der vielfältigen Identitäten der Inder zu erkennen. Er erklärte, dass er nicht speziell für die Hindus sprechen wolle, sondern für «die stummen, sich abrackernden, halbverhungerten Millionen», die «über 85 Prozent der Bevölkerung Indiens» darstellen.[13] Er könne, fuhr er fort, mit einer leichten Übertreibung sogar sagen, er spreche für «die Fürsten… den Landadel, die gebildete Klasse».

Ein anderes wichtiges Unterscheidungsmerkmal, erklärte Gandhi, sei das Geschlecht, das die Briten übergangen hätten, womit für die Erörterung der Probleme der indischen Frauen kein Raum sei. An den britischen Premierminister gewandt sagte er: «Den Frauen haben Sie eine eigene Vertretung vollständig verweigert», und fügte hinzu, dass sie «zufällig die eine Hälfte der Bevölkerung Indiens ausmachen». Sarojini Naidu, die mit Gandhi zu der Konferenz am Runden Tisch gekommen war, war die einzige Frau, die als Delegierte daran teilnahm. Gandhi erwähnte, dass sie die gewählte Vorsitzende der Kongresspartei sei, der weitaus größten Partei Indiens (gewählt worden war sie 1925, zufällig fünfzig Jahre bevor eine Frau an die Spitze einer großen britischen Partei gewählt wurde, nämlich Margaret Thatcher im Jahre 1975). Sarojini Naidu konnte im Sinne der «Repräsentations»-Vorstellungen der Briten für die Hälfte des indischen Volkes, nämlich die indischen Frauen sprechen; Abdul Qaiyum, ein anderer Delegierter, wies darauf hin, dass Sarojini Naidu, die er als «die Nachtigall Indiens» bezeichnete, außerdem die einzige herausragende Dichterin in der Versammlung sei, eine andere Identität als die, Hindu-Politikerin zu sein.

Auf einer Sitzung, die während dieses Aufenthalts am Royal Institute of International Affairs stattfand, unterstrich Gandhi außerdem, dass es ihm darum gehe, Widerstand gegen «die Vivisektion einer ganzen Nation» zu leisten.[14] Erfolg war seinem Bemühen um «Zusammenbleiben» letztlich nicht beschieden, auch wenn bekannt ist, dass er zur Vermeidung der 1947 vorgenommenen Teilung gern länger verhandelt hätte, als es der übrigen Kongress-Führung annehmbar erschien. Die Gewalt gegen Muslime, die im Jahre 2002 in seinem Heimatstaat Gujarat von fanatischen Hindu-Führern organisiert wurde, hätte Gandhi sehr geschmerzt.[15] Es hätte ihn jedoch erleichtert, dass diese Greueltaten von der indischen Gesamtbevölkerung massiv verurteilt wurden; das schlug sich auch im Ergebnis der folgenden indischen Wahlen (im Mai 2004) nieder, bei denen die Parteien, die in die Gewalttätigkeiten in Gujarat verwickelt waren, eine schwere Niederlage erlitten.

Einen gewissen Trost hätte Gandhi aus der Tatsache geschöpft, die nicht ohne Bezug zu seiner Erklärung auf der Londoner Round Table Conference von 1931 ist, dass Indien mit über 80 Prozent Hindu-Bevölkerung heute von einem Sikh (Mannohan Singh) als Premierminister regiert wird, während ein Muslim (Abdul Kalam) Präsident ist und die regierende Partei (die Kongresspartei) eine Frau von christlicher Herkunft (Sonia Gandhi) zur Vorsitzenden hat. Auf eine solche Vermengung der Gemeinschaften stößt man in fast allen Lebensbereichen Indiens, von der Literatur über den Film und die Geschäftswelt bis zum Sport, und sie gilt als nichts Besonderes. Nicht nur, dass man Muslime in Spitzenpositionen findet – der reichste Geschäftsmann, ja, der reichste Mensch Indiens (Azim Premji) ist Muslim, Muslime haben das indische Cricket-Team angeführt (Pataudi und Azharuddin), und der erste wirklich internationale Star im Frauentennis (Sania Mirza) ist Muslimin –, sondern sie alle werden in diesem Zusammenhängen als Inder und nicht speziell als indische Muslime wahrgenommen.

In der kürzlichen Parlamentsdebatte über den gerichtlichen Untersuchungsbericht zu den tödlichen Übergriffen gegen Sikhs, die sich unmittelbar nach der Ermordung Indira Gandhis durch ihren Sikh-Leibwächter zutrugen, erklärte der indische Premierminister Mannohan Singh gegenüber dem indischen Parlament: «Ich habe keine Bedenken, mich nicht nur bei der Sikh-Gemeinschaft zu entschuldigen, sondern auch bei der ganzen indischen Nation, denn das, was 1984 geschah, ist das Gegenteil des Nationsbegriffes und dessen, was in unserer Verfassung festgeschrieben ist.»[16] Singhs mehrfache Identitäten treten hier deutlich hervor, wenn er sich als Premierminister Indiens und führendes Mitglied der Kongresspartei (die auch 1984 regierte) bei der Sikh-Gemeinschaft, der er (mit seinem allgegenwärtigen blauen Turban) angehört, und bei der ganzen indischen Nation, deren Bürger er natürlich ist, entschuldigte. Das alles wäre wohl sehr verwirrend, hätten die Menschen wie in der «solitaristischen» Sichtweise jeweils nur eine Identität, doch die Vielzahl der Identitäten und Rollen passt sehr gut zusammen mit dem grundsätzlichen Anliegen, das Gandhi auf der Londoner Konferenz vertrat.

Viel ist darüber geschrieben worden, Indien habe angesichts der Tatsache, dass dort mehr Muslime leben als in fast allen Ländern mit muslimischer Mehrheit (und dass es mit über 145 Millionen fast ebenso viele Muslime hat wie Pakistan), extrem wenige Terroristen hervorgebracht, die im Namen des Islam auftreten, und fast keine, die mit Al Qaida zu tun haben. Das hat viele verschiedene Ursachen, unter anderem die wachsende Intergration der indischen Wirtschaft, worauf der Kolumnist und Autor Thomas Friedman hingewiesen hat.[17] Einiges muss man aber auch dem demokratischen politischen System Indiens gutschreiben sowie der in Indien weithin anerkannten Idee, für die Mahatma Gandhi eintrat, dass es außer der religiösen Zugehörigkeit noch viele andere Identitäten gibt, die für das Selbstverständnis der Menschen und für die Beziehungen zwischen Bürgern unterschiedlicher Herkunft innerhalb des Landes ebenfalls von Bedeutung sind.

Mir fällt auf, dass es für mich als Inder ein wenig peinlich ist, zu behaupten, Indien habe dank der Führung Mahatma Gandhis und anderer (darunter Rabindranath Tagore, der größte Dichter Indiens, der in seiner besonnenen Darstellung «der Idee Indiens» diesen Familienhintergrund als «einen Zusammenfluss dreier Kulturen, der hinduistischen, der mohammedanischen und der britischen» beschrieben hat) weitgehend vermeiden können, dass dort ein mit dem Islam verbundener Terrorismus entstand, wie er gegenwärtig eine Reihe westlicher Länder einschließlich Großbritanniens bedroht. Aber Gandhi drückte eine ganz allgemeine, nicht für Indien spezifische Sorge aus, als er fragte: «Stellen Sie sich vor, dass die ganze Nation viviseziert und auseinandergerissen wird; wie kann man daraus eine Nation machen?»

Anlass dieser Frage waren die tiefen Sorgen, die Gandhi sich um die Zukunft Indiens machte. Das Problem ist jedoch nicht spezifisch für Indien und kann sich auch für andere Nationen ergeben, einschließlich des Landes, das bis 1947 über Indien herrschte. Die Vorstellung, Menschen anhand ihrer religiösen Zugehörigkeit zu definieren und der gemeinschaftsbezogenen Sichtweise von vornherein den Vorrang gegenüber allen sonstigen Identitäten einzuräumen, eine Vorstellung, die nach Gandhis Ansicht von den britischen Herrschern Indiens gefördert wurde, hatte verheerende Folgen, die nun möglicherweise auch das Land der Herrscher selbst heimsuchen.

Bei der Konferenz am Runden Tisch 1931 setzte Gandhi sich nicht durch, und auch seine abweichenden Meinungen wurden nur knapp im Protokoll festgehalten, ohne dass ihr Urheber erwähnt wurde. In einer milden, an den britischen Premierminister gerichteten Beschwerde sagte Gandhi in der Sitzung: «In den meisten dieser Protokolle werden Sie auf eine abweichende Meinung stoßen, und leider gehört diese abweichende Stimme in den meisten Fällen mir.» Gandhis weitblickende Weigerung, eine Nation als eine Föderation von Religionen und Gemeinschaften zu betrachten, «gehörte» jedoch nicht nur ihm. Sie gehört auch einer Welt, die bereit ist, das ernste Problem zur Kenntnis zu nehmen, auf das Gandhi aufmerksam machte. Das hoffe ich zumindest.

9. Kapitel

Freiheit zu denken

Meinen ersten Mord erlebte ich mit elf Jahren. Das war 1944 während der Zusammenstöße zwischen Hindus und Muslimen, zu denen es während der letzten Jahre der britischen Herrschaft, die 1947 endete, immer wieder kam. Plötzlich erblickte ich einen Unbekannten, der blutüberströmt durch das Tor in unseren Garten taumelte und um Hilfe und etwas Wasser bat. Ich rief nach meinen Eltern, während ich ihm Wasser holte. Mein Vater brachte ihn sofort ins Krankenhaus, aber er erlag dort seinen Verletzungen. Sein Name war Kader Mia.

Die Zusammenstöße zwischen Hindus und Muslimen, die der Unabhängigkeit vorausgingen, zeichneten zugleich den Weg zur Aufteilung des Landes in Indien und Pakistan vor. Das Gemetzel brach mit dramatischer Plötzlichkeit aus, und es verschonte auch das sonst so friedliche Bengalen nicht. Kader Mia wurde in Dhaka getötet, damals nach Kalkutta die zweitgrößte Stadt des ungeteilten Bengalen, die nach der Teilung zur Hauptstadt Ostpakistans werden sollte. Mein Vater lehrte an der Universität Dhaka, und wir wohnten in einem Stadtteil namens Wari in Alt-Dhaka unweit der Universität, in dem überwiegend Hindus lebten. Kader Mia war Muslim, und alle anderen Identitäten zählten nicht für die üblen Hindu-Schläger, die sich auf ihn gestürzt hatten. An jenem Tag des Aufruhrs brachten sich Muslime und Hindus gegenseitig zu Hunderten um, und so sollte es noch tagelang weitergehen.

Das plötzliche Gemetzel, scheinbar aus heiterem Himmel, war natürlich bewusst inszeniert worden, angestiftet von Fanatikern, die mit allen Mitteln die Teilung des Landes herbeiführen wollten. Die mörderischen Zusammenstöße ließen bald nach, und kaum war Bengalen geteilt, verflüchtigte sich auf beiden Seiten jede Spur davon. Die Heftigkeit, mit der

Hindus und Muslime aufeinander losgegangen waren, löste sich in nichts auf, wich einem anderen Bild, das man sich von sich selbst und den anderen machte, ließ andere Merkmale der menschlichen Identität in den Vordergrund treten. Wenige Jahre später überschlug sich meine Heimatstadt Dhaka geradezu vor bengalischem Patriotismus, und das, was den Muslimen und Hindus Bengalens gemeinsam war – die bengalische Sprache, Literatur, Musik und Kultur –, wurde begeistert gefeiert. Dass man nun wieder stolz war auf den Reichtum der gemeinsamen bengalischen Kultur, war an sich schon bedeutsam genug, denn während der unverständlichen Grausamkeiten zwischen Hindus und Muslimen war davon kaum etwas zu ahnen. Dieser Stolz hatte aber noch eine gewichtige politische Nebenwirkung: In Ostpakistan (der bengalischen Hälfte Pakistans) empfand man mit wachsendem Groll die starke Ungleichheit der beiden Hälften des unvollkommen integrierten islamischen Staates, was das politische Gewicht, den sprachlichen Status und die wirtschaftlichen Chancen betraf.

Die Entfremdung, welche die Bengalen innerhalb Pakistans empfanden, führte schließlich im Dezember 1971 zur Teilung Pakistans und zur Bildung des neuen, säkularen und demokratischen Staates Bangladesh, dessen Hauptstadt nun Dhaka war. Während des schmerzhaften Prozesses der Loslösung versuchte die pakistanische Armee verzweifelt, der bengalischen Rebellion Herr zu werden, und als es im März 1971 in Dhaka zu einem Blutbad kam, waren es die Sprache und die politische Haltung, woran sich die Identitäten schieden – und nicht die Religion, denn es waren muslimische Soldaten aus Westpakistan, die brutal gegen überwiegend muslimische Rebellen (oder vermeintliche Rebellen) in Ostpakistan vorgingen. Von da an kämpfte die neugebildete «Mukti Bahini» («Freiheitsbrigade») für die volle Unabhängigkeit Bangladeshs von Pakistan. Die Identität, an die der «Freiheitskampf» anknüpfte, hatte eindeutig mit Sprache und Kultur (und natürlich auch mit Politik) zu tun, nicht aber mit einem religiösen Unterschied.

Bei dem Versuch, mir mehr als sechzig Jahre nach dem Tod von Kader Mia die blutigen Zusammenstöße zwischen Hindus und Muslimen in den 1940er Jahren in Erinnerung zu rufen, fällt es mir schwer, daran zu glauben, dass diese schrecklichen Dinge wirklich geschehen sind. Aber so flüchtig und kurzlebig die Zusammenstöße in Bengalen auch waren (und die wenigen Fälle eines später künstlich geschürten Aufruhrs in anderen Teilen Indiens reichen in Umfang und Tragweite nicht entfernt an die damaligen Ereignisse heran), hinterließen sie doch Abertausende von toten Hindus und Muslimen. Die politischen Anstifter, die dazu aufriefen, im Namen – wie es auf beiden Seiten hieß – «unseres Volkes» zu töten, konnten für gewöhnlich friedliche Menschen dazu bringen, sich in fanatische Schläger zu verwandeln, die sich selbst ausschließlich als Hindus beziehungsweise Muslime (die an «der anderen Gemeinschaft» Rache zu üben hatten) und als nichts anderes verstanden: nicht als Inder, nicht als Bewohner des indischen Subkontinents, nicht als Asiaten, nicht als Angehörige der Menschheit.

Die meisten Menschen in beiden Gemeinschaften machten sich diese wahnhaft verengte Sicht nicht zu eigen, aber allzu viele ließen sich von dieser bösartigen Denkweise einfangen, und die brutaleren unter ihnen – oft aus den einfachsten Schichten – ließen sich verleiten zur Tötung «der Feinde, die uns töten» (so die jeweilige Bezeichnung). Menschen, die viele Seiten hatten, wurden durch die unscharfe Optik fanatischer Singularität auf eine einzige Identität reduziert, und die hing zusammen mit der Religion oder genauer mit der religiösen Zugehörigkeit (denn auch wer seine angestammte Religion nicht praktizierte, war vor Angriffen keineswegs geschützt).

Kader Mia, ein muslimischer Tagelöhner, wurde auf dem Weg zur Arbeit erstochen, einer schlechtbezahlten Arbeit in einem Nachbarhaus. Er wurde auf der Straße von Leuten erstochen, die ihn nicht kannten und wahrscheinlich nie zuvor gesehen hatten. Für einen elfjährigen Jungen war der Vorfall ein wahrer Albtraum und völlig rätselhaft. Warum sollte jemand plötzlich umgebracht werden? Und warum von Leuten, die das Opfer nicht einmal kannten, das ihnen also nichts getan haben konnte? Dass man Kader Mia als Menschen mit nur einer Identität betrachten könnte, nämlich der des Mitglieds einer «feindlichen» Gemeinschaft, das man überfallen und nach Möglichkeit töten «sollte», erschien unglaublich. Für ein verwirrtes Kind war die Gewalt der Identität schwer verständlich. Selbst für einen noch immer verwirrten, nicht mehr ganz jungen Erwachsenen ist sie nicht ganz einfach zu verstehen.

Meinem Vater, der ihn in unserem Auto ins Krankenhaus brachte, erzählte Kader Mia während der Fahrt, seine Frau habe ihn angefleht, während des Aufruhrs nicht ins feindliche Gebiet zu gehen. Er habe jedoch hinausgemusst, um Arbeit zu suchen, für einen kleinen Lohn, weil seine Familie nichts zu essen gehabt habe. Die Strafe für diese durch wirtschaftliche Entbehrung verursachte Notwendigkeit war, wie sich herausstellte, der Tod. Meine kindliche Seele war überwältigt von der schockierenden Erkenntnis, dass wirtschaftliche Armut und totale Unfreiheit – das Opfer hatte nicht einmal die Freiheit zu leben – aufs engste zusammenhängen.

Kader Mia starb als ein zum Opfer gemachter Muslim, aber er starb auch als armer, arbeitsloser Arbeiter, der verzweifelt nach etwas Arbeit und ein bisschen Geld suchte, um seine Familie in schwerer Zeit durchzubringen. Am einfachsten ist es während dieser Unruhen, die ärmsten Mitglieder der anderen Gemeinschaft zu töten, denn sie müssen auf der Suche nach dem täglichen Unterhalt vollkommen schutzlos hinaus, und für Banden ist es ein leichtes, in ihre baufälligen Hütten einzudringen und sie zu verwüsten. Bei den Zusammenstößen zwischen Hindus und Muslimen töteten hinduistische Schläger ohne Mühe arme muslimische Underdogs, während muslimische Schläger in ausgelassener Stimmung verarmte hinduistische Opfer umbrachten. Die beiden Gruppen misshandelter Opfer hatten eine ganz unterschiedliche Gemeinschafts-Identität, aber in ihrer Klassen-Identität (als arme Arbeiter) stimmten sie überein. Doch zählen durfte in jenen Tagen, da der polarisierte Blick nur einen Unterschied zwischen den Menschen gelten ließ, keine andere Identität als die religiöse Zugehörigkeit. Die Illusion, alles sei von der Auseinandersetzung zwischen den beiden Gruppen bestimmt, hatte die Menschen völlig reduziert und in den Hintergrund treten lassen, dass die Handelnden die Freiheit zu denken besaßen.

Die Kultivierung der Gewalt

Die fanatische Gewalt überall in der Welt ist heute nicht minder primitiv, nicht minder reduktionistisch als vor sechzig Jahren. Die grobe Brutalität beruht auch auf einer Begriffsverwirrung bezüglich der Identitäten der Menschen, die aus vieldimensionalen Menschen eindimensionale Kreaturen macht. Wer sich 1994 der Mordbande der Hutus anschloss, wurde zumindest stillschweigend aufgefordert, sich nicht als Ruander oder Afrikaner oder Mensch zu sehen (diese Identitäten besaßen auch die als Opfer ausersehenen Tutsis), sondern einzig als Hutu mit der heiligen Pflicht, «es den Tutsis heimzuzahlen». Mein pakistanischer Freund Shaharyar Khan, ein hochangesehener höherer Diplomat, der unmittelbar nach dem Morden vom UN-Generalsekretär nach Ruanda geschickt wurde, sagte mir später: «Du und ich, wir haben die Bestialität der Unruhen in Indien während der vierziger Jahre erlebt, aber auf das ungeheure Ausmaß des Gemetzels in Ruanda und den umfassenden Charakter des organisierten Genozids dort war ich nicht gefasst.»[1] Die Metzelei in Ruanda und die damit zusammenhängende Gewalt zwischen Hutus und Tutsis im benachbarten Burundi forderten innerhalb weniger Tage weit über eine Million Menschenleben.

Menschen zu hassen ist nicht leicht. Ogden Nashs Gedicht («A Plea for Less Malice Toward None») hat es treffend erfasst:

Any kiddie in school can love like a fool,
But hating, my boy, is an art.

Wenn wir dennoch sehr viel Hass und gewalttätige Konflikte zwischen Gruppen von Menschen erleben, stellt sich sogleich die Frage: «Wie funktioniert diese ‹Kunst›?»

Diejenigen, die Verfolgung und Gemetzel befehligen, kultivieren geschickt die Illusion der singulären Identität, die ihren gewalttätigen Absichten dienlich ist. Dass die Illusion einer einzigen Identität, die für aggressive Zwecke ausgebeutet werden kann, bei denen Anklang findet, die gewohnheitsmäßig zur Gewalt aufrufen, ist nicht erstaunlich, und es ist kein Geheimnis, dass man sich große Mühe gibt, alles auf diese eine Dimension zu reduzieren. Unverständlich ist nur, warum die Kultivierung der singulären Identität so erfolgreich ist, wo doch jeder sehen kann, dass die Menschen vielfältige Zugehörigkeiten haben. Der Trick, jemanden unter dem Aspekt nur einer seiner zahlreichen Identitäten zu kategorisieren, ist, wie schon gesagt, geistig sehr primitiv, aber offenbar wirkungsvoll und demnach eine leicht zu handhabende Täuschung. Man sondert die Gruppe, die angegriffen werden soll, unter dem Aspekt der einen Identität aus und erklärt, diese Identität selektiv und hetzerisch hervorhebend, die übrigen Verbindungen und Zugehörigkeiten für unwesentlich («Wie kannst du von diesen anderen Dingen reden, während unsere Leute ermordet und unsere Frauen vergewaltigt werden?»).

Das Kultivieren von Gewalt stützt sich auf niedrige Instinkte und nützt sie aus, um die Freiheit zu denken und die Möglichkeit besonnener Reflexion auszuschalten. Es stützt sich freilich, wie wir zugeben müssen, auf eine Art Logik, eine *fragmentarische* Logik. Meistens wird bei demjenigen, der für einen Übergriff gewonnen werden soll, eine tatsächlich vorhandene Identität angesprochen: Ein Hutu ist nun einmal ein Hutu, ein «*Tamil tiger*» ist eindeutig ein Tamile, ein Serbe ist kein Albaner, und ein mit Nazipropaganda verseuchter nichtjüdischer Deutscher ist gewiss ein nichtjüdischer Deutscher. Um aus diesem Selbstverständnis ein Mordinstrument zu machen, wird erstens die Bedeutung aller übrigen Zugehörigkeiten ignoriert, und zweitens werden die Anforderungen der «einzigen» Identität in besonders aggressiver Weise umdefiniert. Dies ist der Punkt, wo all das Gehässige und die Begriffsverwirrungen sich einschleichen.

Die niederträchtige Wirkung einer hohen Theorie

Es mag ausgesprochen grob erscheinen, wenn Menschen aufgefordert werden, ihre Gedanken auf eine einzige Identität zu beschränken, aber man sollte in dem Zusammenhang nicht vergessen, dass es ein Merkmal etlicher der derzeit recht einflussreichen hohen Theorien über Kulturen und Zivilisationen ist, die Menschen in Schubladen einer singulären Identität zu stecken. Diese Theorien befürworten oder billigen natürlich keine Gewalt, ganz im Gegenteil. Es bleibt aber dabei, dass sie die Menschen nicht als Personen mit vielfältigen Identitäten begreifen, sondern vor allem als Mitglieder einer bestimmten sozialen Gruppe oder Gemeinschaft. Die Gruppenzugehörigkeiten können natürlich wichtig sein – keine ernstzunehmende Theorie des Individuums kann diese sozialen Zusammenhänge leugnen –, aber wenn man von den Betroffenen nur eine Mitgliedschaft zur Kenntnis nimmt (und alle anderen vernachlässigt), macht man mit einem Schlag die weitreichende Bedeutung unserer vielfältigen Zugehörigkeiten und Engagements zunichte.

So wurde Indien von jenen, die die Welt in Kulturen unterteilen, oft als «hinduistische Kultur» klassifiziert – dabei wurde unter anderem darüber hinweggegangen, dass es in Indien, abgesehen von den indischen Sikhs, Dschainas, Christen, Parsen und anderen, über 145 Millionen Muslime gibt, und man setzte sich hinweg über die intensiven Beziehungen unter den Bürgern Indiens, bei denen es nicht um Religion geht, sondern um die Mitwirkung an politischen, gesellschaftlichen, wirtschaftlichen, gewerblichen, künstlerischen, musikalischen oder sonstigen kulturellen Aktivitäten. Etwas verklausulierter bekennt sich auch der Kommunitarismus, eine einflussreiche Denkschule, zu genau *einer Identität pro Mensch*, die auf der Mitgliedschaft in der Gemeinschaft beruht; alle übrigen Zugehörigkeiten, die den Menschen zu dem komplexen und beziehungsreichen sozialen Wesen machen, das er ist, fallen praktisch unter den Tisch.

In diesem Zusammenhang sei daran erinnert, dass der Kommunitarismus zumindest teilweise als ein konstruktiver Versuch begann, die Identität eines Menschen in seinem «sozialen Kontext» zu begreifen.[2] Aber was als durchaus achtenswerter theoretischer Versuch begann, Menschen «vollständiger» – und «sozialer» – zu sehen, endete großenteils mit dem sehr eingeschränkten Verständnis, wonach der Mensch vornehmlich Mitglied genau einer Gruppe ist. Das ist als «sozialer Kontext» leider nicht hinreichend, denn jeder besitzt viele verschiedene Bindungen und Verbindungen, deren Bedeutung jeweils vom Kontext abhängt. Die von Gesellschaftstheorien immer wieder postulierte lobenswerte Aufgabe, «den Platz eines Menschen in der Gesellschaft zu bestimmen», ist eine großartige Vision, bei deren Umsetzung jedoch oft die Bedeutung der pluralen sozialen Beziehungen eines Menschen übersehen und die Fülle der vielen Aspekte seiner «sozialen Situation» erheblich unterschätzt wird. Auf diese Weise entsteht ein drastisch verkürztes Bild des Menschen.

Nachteile der solitaristischen Illusion

Die solitaristische Reduktion der menschlichen Identität hat weitreichende Folgen. Eine Illusion, die man beschwören kann, um Menschen in bestimmte Kategorien zu stecken, lässt sich dazu missbrauchen, Hader zwischen Gemeinschaften zu schüren. Hohe Theorien mit solitaristischen Eigenschaften wie der Einteilung in Kulturen oder der kommunitaristischen Einengung wollten selbstverständlich nicht Konfrontation schüren, ganz im Gegenteil. Wenn etwa eine Theorie vom «Kampf der Kulturen» vorgetragen wird, so besteht das Ziel in der Feststellung dessen, was als vorhandene Realität wahrgenommen wird (ich habe gezeigt, dass man dabei Fehler macht, aber das ist eine andere Geschichte als die der Motivation und des Antriebs), und die Theoretiker glauben, eine Konfrontation zu «entdecken», nicht aber, eine zu erzeugen oder noch hinzuzufügen.

Dabei können Theorien Einfluss auf das allgemeine Denken, das politische Handeln und die staatliche Politik haben. Die künstliche Reduktion des Menschen auf singuläre Identitäten kann Entzweiung hervorrufen und die Gefahr, dass die Welt in Brand gerät, vergrößern. So freuen sich die fanatischen Aktivisten der Hindutva-Bewegung jedesmal, wenn Indien auf eine «hinduistische Kultur» reduziert wird. Der extreme Flügel dieser Bewegung war maßgeblich an der künstlich geschürten Gewalt in Gujarat beteiligt, der im Jahre 2002 am Ende vor allem Muslime zum Opfer fielen. In der Praxis werden Theorien oft ernster genommen, als die Theoretiker selbst erwartet haben. Und wenn diese Theorien dann nicht nur begrifflich unklar sind, sondern obendrein dazu benutzt werden können, die Ausschließung anderer zu verstärken, können sie von den Anführern gewaltsamer sozialer Auseinandersetzungen nur begrüßt werden.

Theorien islamischer Ausschließlichkeit unter gleichzeitiger Ausblendung aller sonstigen Zugehörigkeiten, die Muslime (neben ihrer religiösen) haben, können als theoretische Grundlage für eine gewaltsame Version des Dschihad dienen – dieser ist ein dehnbarer Begriff, der alles einschließt, die aggressive Hetze ebenso wie das friedliche Streben. Dass dieser Weg zur künstlich geschürten Gewalt beschritten wird, zeigt mit einer Fülle von Beispielen die jüngste Geschichte des fälschlich so genannten islamischen Terrorismus. Die ganze historische Fülle unterschiedlicher Identitäten von Muslimen, zum Beispiel als Gelehrte, Wissenschaftler, Mathematiker, Philosophen, Historiker, Architekten, Maler, Musiker oder Schriftsteller, die so viel zum Werk muslimischer Menschen (und zum Erbe der Menschheit) beigetragen haben, droht – mit ein wenig Hilfe von seiten der Theorie – unterzugehen in der zielstrebigen Befürwortung einer aggressiv-religiösen Identität – mit verheerenden Folgen.

Es gibt, wie schon gesagt, keinen Grund, warum unzufriedene muslimische Aktivisten sich heute einzig auf die religiösen Leistungen des Islam und nicht auch auf die großen Errungenschaften von Muslimen auf vielen anderen Gebieten stützen sollten, wenn sie entscheiden, wie sie die die Welt von heute, die sie mit systematischer Demütigung und Ungleichheit assoziieren, verändern wollen. Dennoch schaffen es die Befürworter eines gewalttätigen Dschihad immer wieder, alle anderen Wege, die von den Muslimen im Einklang mit ihren reichen Traditionen ohne weiteres beschritten werden könnten, mit Hilfe eines auf die aggressiv-religiöse Identität verkürzten Menschenbildes zu versperren.

Auch auf der anderen Seite, bei jenen, die sich diesem Terrorismus widersetzen und ihn bekämpfen, gibt es gute Gründe, sich auf den Reichtum der vielen Identitäten von Menschen zu berufen und nicht nur auf deren religiöse Identität (die für die Anwerbung von Terroristen ausgebeutet wird). Allerdings beschränkte sich dieser Widerstand bislang häufig darauf, die betreffenden Religionen entweder anzuprangern (sehr gern wurde in diesem Kontext auf den Islam eingeprügelt) oder sie so zu definieren oder umzudefinieren, dass sie im Kampf auf der «richtigen» Seite stehen (wobei man sich beispielsweise, in den flehenden Worten Tony Blairs, an «die moderate und wahre Stimme des Islam» wandte). Die islamischen Militanten haben natürlich guten Grund, alle Identitäten von Muslimen außer dem islamischen Glauben zu negieren, aber es ist nicht einzusehen, dass diejenigen, die dieser Militanz Widerstand leisten wollen, sich ebenfalls so stark auf die Interpretation und Exegese des Islam einlassen, statt sich auf die vielen sonstigen Identitäten zu stützen, welche die Muslime sonst noch haben.

Manchmal geht man in der Singularisierung sogar über die allgemeine Kategorie des Islam hinaus. So wurde der Unterschied zwischen Schiiten und Sunniten hochgespielt, um zu konfessionell begründeter Gewalt zwischen diesen beiden muslimischen Gruppen anzustacheln. Dieser Konflikt fügt der Gewalt, die aus der immer enger definierten Identität abgeleitet wird, von Pakistan bis zum Irak eine weitere Dimension hinzu. Während ich dabei bin, dieses Buch abzuschließen, ist noch immer nicht klar, wie weit die Führer der Sunniten neben denen der Schiiten und Kurden die neue Verfassung des Irak unterstützen werden und wie es in Zukunft weitergehen mag.

Der staatlichen Integrität des Irak stehen natürlich viele historische Faktoren entgegen, zum Beispiel die Willkür der von den westlichen Kolonialisten gezogenen Grenzen und die unvermeidliche Gegnerschaft gegen eine willkürliche und auf Fehlinformationen beruhende militärische Intervention. Zusätzlich hat die Politik der Besatzungsmächte, sich auf bestimmte Gruppen zu stützen, viel Öl in das schon brennende Feuer gegossen.

In der westlichen Berichterstattung über den Irak überwog bisher ein Bild, wonach dieser Staat nur eine Summe von Gemeinschaften ist und die Individuen allein als Schiiten oder Sunniten oder Kurden eingeordnet werden, und darin spiegelte sich auch die politische Entwicklung im Irak nach dem Sturz Saddams. Sa'doon al-Zubaydi (ein Mitglied des irakischen Verfassungsausschusses) kann den BBC-Reporter James Naughtie getrost fragen: «Darf ich Sie bitten, mich nicht als Sunniten, sondern als Iraker vorzustellen?»[3] Sieht man aber, wie sich die Gruppen im Irak bekämpfen und wie wenig die Militärs von den Vorgängen im Land begreifen, wird man kaum erwarten, dass die Schwierigkeiten, vor denen der Irak und Bagdad heute stehen, so bald einem umfassenderen, nationalen Verständnis in diesem wirklich geplagten Land weichen werden.

Weil sich der Irak aus der Sicht der Vereinigten Staaten als eine Gesamtheit nicht von Bürgern, sondern von Religionsgemeinschaften darstellte, ging es in fast allen Verhandlungen um Entscheidungen und Äußerungen der Führer dieser Gemeinschaften. Das war natürlich angesichts der schon vorhandenen und der durch die Besatzung selbst geschaffenen Spannungen eine einfache Vorgehensweise. Was auf kurze Sicht am einfachsten ist, ist aber nicht unbedingt das Beste, wenn es um die Zukunft eines Landes geht und vor allem wenn etwas Wichtiges auf dem Spiel steht, nämlich die Notwendigkeit, dass eine Nation sich als eine Gesamtheit von Bürgern und nicht als ein Kollektiv religiöser Gemeinschaften versteht.

Das Problem wurde bereits angesprochen, besonders im letzten Kapitel im Kontext eines ganz anderen Landes, nämlich Großbritanniens, das eine ganz andere Geschichte hat. Dennoch liegt in beiden Fällen dieselbe grundlegende Schwierigkeit vor, dass ein Land als eine Föderation von Gemeinschaften verstanden wird, denen die einzelnen Menschen angehören, bevor sie der Nation angehören. Angesichts der Förderung und Bevorzugung der gemeinschaftsbezogenen Identität durch die Briten sprach Gandhi von der «Vivisektion» einer Nation, und gegen eine solche Sektionalisierung sprechen doch ganz erhebliche politische Bedenken. Außerdem kommt es entscheidend darauf an, die Pluralität der irakischen Identitäten zu berücksichtigen, also neben der Religion auch das Geschlecht und die Klasse. Gandhi hatte, wie man sich erinnern wird, dem britischen Premierminister 1931 ins Gedächtnis gerufen, dass Frauen «zufällig die eine Hälfte der Bevölkerung Indiens ausmachen» – eine Betrachtungsweise, die auch für den heutigen Irak von einiger Bedeutung ist. Die Notwendigkeit, auf diese allgemeineren Interessen Rücksicht zu nehmen, besteht im Irak heute genauso.

Die Rolle der globalen Stimmen

Die solitaristische Illusion hat auch Folgen für die Wahrnehmung globaler Identitäten. Wenn jemand nur eine Identität haben darf, wird die Entscheidung zwischen der nationalen und der globalen zum Alles-oder-nichts-Wettstreit. Nicht anders wird es um ein globales Zugehörigkeitsgefühl, das wir möglicherweise empfinden, und um unsere lokalen Loyalitäten bestellt sein. Wollte man das Problem so gegensätzlich und ausschließlich sehen, hätte man die Natur der menschlichen Identität, insbesondere ihre unvermeidliche Pluralität, gründlich missverstanden. Unsere Überlegungen und Entscheidungen bei der Bestimmung unserer Prioritäten müssen nicht zwangsläufig diese Entweder-oder-Form haben.

Ich habe oben eine Reihe von wirtschaftlichen, sozialen und politischen Problemen von globaler Dimension auszumachen versucht und die damit zusammenhängenden politischen Fragen formuliert, die dringend angesprochen werden müssen. Vieles spricht namentlich für institutionelle Reformen, die jene Veränderungen erleichtern würden, die nötig wären, um aus der Globalisierung eine gerechtere Sache zu machen. Die Nöte der Schwachen und Unsicheren müssen an verschiedenen Fronten angegangen werden. Notwendige Schritte auf nationaler Ebene (das Bildungs- und das Gesundheitswesen müssen dringend ausgebaut werden) sind ebenso erforderlich wie internationale Initiativen und Reformen (so muss der Waffenhandel durch globale Absprachen eingedämmt werden, die ärmeren Länder brauchen einen besseren Zugang zu den Märkten der reicheren Länder, die Patentgesetze und Anreizsysteme müssen die Entwicklung und Zugänglichkeit von Medikamenten für die Armen der Welt erleichtern, usw.). Diese Veränderungen, die an sich schon bedeutsam sind, können, wie im siebten Kapitel erörtert, zu mehr Sicherheit beitragen und die Anwerbung von künftigen Terroristen erschweren. Sie können außerdem ein wenig das Klima der Tolerierung von Gewalt verändern, das selbst nicht ganz unbeteiligt daran ist, dass in Gesellschaften mit tiefen Problemen der Terrorismus gedeiht.

Da ist ferner die Frage der intellektuellen Fairness im Umgang mit der Weltgeschichte, die wir einerseits brauchen, um die Vergangenheit der Menschheit besser zu verstehen (was keine geringe Aufgabe ist), und andererseits, um den falschen Eindruck einer umfassenden Überlegenheit des Westens zu überwinden, der vollkommen unnötig zu Identitäts-Konfrontationen beiträgt. So wurde letzthin mit Recht darüber diskutiert, dass Menschen mit Migrationshintergrund in Europa und Amerika mehr über die westliche Kultur wissen müssten, aber gleichzeitig spricht man kaum darüber, dass die «alten Briten», die «alten Deutschen», die «alten Amerikaner» und andere eigentlich mehr über die Geistesgeschichte der Welt wissen müssten.

Nicht nur, dass es in anderen Ländern auf einzelnen Gebieten von der Wissenschaft über die Mathematik und die Technik bis hin zur Philosophie und Literatur bemerkenswerte Errungenschaften gegeben hat – auch das, was wir heute «westliche Kultur» oder «westliche Wissenschaft» nennen, ist in vielen Grundzügen geprägt von Beiträgen aus anderen Ländern rings um den Globus. Kultur- oder Zivilisations-Theorien, die von der Rolle «anderer» Gesellschaften nichts wissen wollen, beschränken nicht nur den geistigen Horizont der «alten Europäer» oder «alten Amerikaner» und hinterlassen in deren Bildung eine eigentümliche Lük-ke, sondern vermitteln den antiwestlichen Bewegungen auch einen falschen Eindruck der Getrenntheit und des Konflikts, der dazu beiträgt, Menschen entlang einer künstlichen Scheidelinie zwischen «Westen» und «Antiwesten» zu entzweien.

Eine mögliche Welt

Oft wird mit sichtlicher Berechtigung darauf hingewiesen, dass es einen demokratischen globalen Staat in absehbarer Zeit nicht geben kann. Das ist schon richtig, aber wenn wir (wofür ich ja plädiert habe) unter Demokratie einen öffentlichen Diskurs und besonders eine weltweite Diskussion über globale Probleme verstehen, dann müssen wir die Möglichkeit einer globalen Demokratie nicht unbegrenzt auf Eis legen. Es ist keine Alles-oder-nichts-Entscheidung, und vieles spricht dafür, eine ausgedehnte öffentliche Diskussion in Gang zu bringen, mag sie auch mit vielen unvermeidlichen Beschränkungen und Schwächen behaftet sein. Viele Institutionen können bei dieser Einübung globaler Identität zu Hilfe gerufen werden, darunter natürlich die Vereinten Nationen, aber es gibt auch die Möglichkeit engagierter Arbeit, mit der Bürgerorganisationen, nichtstaatliche Institutionen und unabhängige Bereiche der Medien bereits begonnen haben.

Eine wichtige Rolle kommt auch den Initiativen sehr vieler besorgter Bürger zu, die sich veranlasst fühlen, eine stärkere Beachtung globaler Gerechtigkeit zu verlangen (gemäß der Erwartung von David Hume, dass «sich die Grenzen der Gerechtigkeit erweitern»). Washington und London mögen über die verbreitete Kritik an der Strategie der Koalition im Irak irritiert sein, so wie Chicago, Paris oder Tokio entsetzt darüber sein mögen, dass die internationale Geschäftswelt von Teilen der sogenannten Antiglobalisierungsbewegung heftig attackiert wird. Die Protestierenden mögen nicht in allen Punkten recht haben, aber sie stellen, wie ich zu zeigen versucht habe, höchst relevante Fragen und tragen dadurch konstruktiv zum öffentlichen Diskurs bei. Auch auf diese Weise kommt die globale Demokratie schon ein Stück weit in Gang, ohne dass man wartet, bis ein gigantischer globaler Staat in ausgereift-institutioneller Form entstanden ist.

Man muss heute nicht nur nach den ökonomischen und politischen Bedingungen der Globalisierung fragen, sondern auch nach den Werten, der Ethik und dem Zugehörigkeitsgefühl, die unsere Wahrnehmung der globalen Welt prägen. Die Beschäftigung mit diesen Problemen verlangt bei einem nicht-solitaristischen Verständnis menschlicher Identität nicht unbedingt, dass wir unsere nationalen Bindungen und lokalen Loyalitäten durch ein globales Zugehörigkeitsgefühl ersetzen, das sich im Wirken eines riesigen «Weltstaates» widerspiegelt. Man kann der globalen Identität nach und nach das Ihre zukommen lassen, ohne seine anderen Loyalitäten zu beseitigen.

In einem ganz anderen Kontext, in der Auseinandersetzung mit seinem integrierten Verständnis der Karibik (trotz der immensen Vielfalt der Ethnien, Kulturen, Vorlieben und historischen Hintergründe), schrieb Derek Walcott:

> Ich hab niemals den Augenblick gefunden,
> da ein Horizont den Geist halbierte –
> denn dem Goldschmied aus Benares,
> dem Steinmetz aus Kanton sinkt,
> wie eine Angelschnur, der Horizont
> in die Erinnerung.[4]

Indem wir uns gegen die Verkürzung der Menschen wehren, was Gegenstand dieses Buches war, können wir zugleich die Möglichkeit einer Welt eröffnen, welche die Erinnerung an ihre qualvolle Vergangenheit zu überwinden und die Ungewissheiten ihrer schwierigen Gegenwart zu bezwingen vermag. Als elfjähriger Knabe konnte ich nicht viel tun für Kader Mia, dessen blutender Kopf auf meinem Schoß ruhte. Ich stelle mir jedoch eine Welt vor, die nicht außerhalb unserer Reichweite liegt und in der wir beide unsere vielen gemeinsamen Identitäten solidarisch bekräftigen können (während die kämpferischen Singularisten draußen am Einlaß krakeelen). Wir müssen vor allem dafür sorgen, dass unser Geist nicht durch einen Horizont halbiert wird.

Nachwort

1

Traurige Dinge geschehen auf dieser Welt mit bemerkenswerter Häufigkeit. Sehr viele Menschen sterben durch Epidemien, Erdbeben, Überschwemmungen und andere tragische Ereignisse, wobei die Natur, was das Töten angeht, führend ist. Wir haben Grund, alles in unserer Macht Stehende zu unternehmen, um Naturkatastrophen durch eine bessere Umweltpolitik einzudämmen und zu beseitigen. Daneben aber haben wir eine vielleicht noch größere Verantwortung, die Gewalt zu stoppen, die durch unser eigenes verwirrtes Denken und durch hochentzündliche Ideen verursacht wird.

In diesem Buch, *Identität und Gewalt* – im englischen Original erstmals 2006 veröffentlicht –, habe ich mich insbesondere mit der Bedeutung tragischer Ereignisse befasst, die durch die eigenen falschen Vorstellungen der Menschen zustande kommen. Von Kriegen, Rassenunruhen, dem Genozid an Gemeinschaften und Ethnien bis hin zu Massakern, die von sektiererischen Mördern veranstaltet werden,* sind die blutigen Spuren von auf Identität basierenden Gemetzeln deutlich sichtbar. Gewalt, die durch konfuse Vorstellungen hinsichtlich unserer eigenen Identität und der anderer Menschen entfacht wird, ist in der Regel hauptverantwortlich dafür, dass es zu solchen Taten kommt.

Die Erkenntnis, dass die Idee der Identität derart zerstörerische Kraft entfalten kann, hat etwas Bestürzendes an sich, denn Identität dient auch als wunderbare Quelle unserer Freude und unseres Stolzes. Tatsächlich beginnt mein Buch damit, wie Langston Hughes – der große afro-ameri-

* Diejenigen, die am 11. September 2001 die Zwillingstürme des World Trade Center in New York zum Einsturz brachten, schafften es, mit einem einzigen raschen Ereignis 2977 Menschen abzuschlachten.

kanische Schriftsteller – voller Begeisterung seine erste Reise nach Afrika schilderte – einen Kontinent, den er bis dahin noch nie mit eigenen Augen gesehen hatte, mit dem er sich aber identifizierte. In der Tat wäre die menschliche Gesellschaft ohne den Rückhalt der Identifikation – mit Familie, Freunden, Nachbarn, Arbeitskollegen und anderen – nur schwer aufrechtzuerhalten.

Ein Gefühl der Identität kann jedoch auch die Ursache für viele Arten von Leid und Aggression sein. Wenn wir uns einreden, wir würden zu einer bestimmten Gruppe gehören, die in einer feindseligen Beziehung zu einer anderen Gruppe steht, lassen wir uns möglicherweise in eine Feindschaft gegenüber Angehörigen der anderen Gruppe drängen, selbst wenn diese uns nichts zuleide getan haben. Gewalt, die aus einem Identitätskonflikt entsteht, kann das Produkt unserer eigenen Vorstellungskraft sein. Rassenunterschiede zum Beispiel können nicht mehr als die Länge unserer Zehen betreffen, aber wenn wir einen Grund finden, diesen Unterschieden Bedeutung beizumessen (z. B. den Glauben an die kriminelle Neigung langzehiger Menschen gegenüber anderen Gruppen), dann können Rassenunterschiede zu einer Quelle von Identitätskonflikten und Konfrontationen werden.

Vielen Konflikten liegt die – oft eher implizit angenommene als explizit vertretene – Annahme zugrunde, jede Person lasse sich nach einem singulären und umfassenden Einteilungssystem genau einer Gruppe zuordnen. Und diese singulären Zuschreibungen lassen sich manipulieren und je nach Bedarf verändern, um die Art von Feindseligkeit zu erzeugen, welche die Anstifter hervorrufen wollen. Ich erinnere mich, dass ich als heranwachsendes Kind in Indien in den frühen 1940er Jahren erlebt habe, wie die Menschen in unserem betont multireligiösen Land mit seiner stolzen Geschichte säkularer Werte durch eine religiöse Politik unter Druck gesetzt wurden, die sie dazu brachte, sich nicht mehr als Inder in einem breit verstandenen Sinne, sondern nur noch als militante Hindus oder nur noch als kriegerische Muslime zu sehen.

Diese singuläre spalterische Sichtweise widerspricht nicht nur dem altmodischen humanitären Glauben, wonach «wir Menschen im Grunde alle gleich sind», sondern auch dem weniger diskutierten, aber viel plausibleren Verständnis, dass wir auf mannigfaltige Art verschieden (*diversely different*) sind. Tatsächlich behaupte ich in meinem Buch, dass die größte Hoffnung auf Harmonie in der heutigen Welt in der Pluralität unserer Identitäten liegt, die scharfen Abgrenzungen rings um eine einzige verhärtete Linie feindseliger Spaltung entgegenwirkt. Unser gemeinsames Menschsein wird brutal in Frage gestellt, wenn die Konfrontation auf *ein* angeblich dominantes Einteilungssystem reduziert wird. Das ist viel spalterischer als das Universum der pluralen und mannigfaltigen Kategorisierungen, welche die tatsächliche Welt, in der wir leben, prägen.

2

Identität und Gewalt ist nur eine kleine Abhandlung, aber die Gründe zur Besorgnis, die mich seinerzeit dazu veranlasst haben, sie zu schreiben, beschäftigen mich heute mehr als bei jedem anderen meiner Bücher.

Wenn ich mir, als das Buch erstmals erschien, Sorgen über die Gewaltbereitschaft gemacht habe, die durch verwirrende Ideen hervorgerufen wird, so habe ich heute, anderthalb Jahrzehnte später, noch weitaus mehr Grund zur Sorge. Der Einsatz von künstlich singularisierten Identitäten zu aggressiven Zwecken hat in den letzten Jahren eher zu- als abgenommen. Es sind neue Möglichkeiten entstanden, die Anfälligkeit der Menschen auszunutzen, Möglichkeiten, die aus religiösem Extremismus, ethnischer Diversität und politischer Spaltung immer mehr Gift saugen. Die Verwirrung rund um menschliche Identitäten, die eine gefährliche Provokation darstellen, hat nicht abgenommen, und der Missbrauch eines identitätsbasierten Denkens, das Gewalt in beträchtlichem Maße schürt, geht unvermindert weiter.

So sind zum Beispiel religiös begründete Misshandlungen, die von extremistischen Verfechtern bestimmter Glaubensrichtungen verübt werden, immer gewaltsamer geworden. Unsere Identitäten haben natürlich vielfältige Aspekte, die Religion ist nur einer davon, und es gibt keinen besonderen Grund, warum Religion die Geltung anderer Merkmale wie

Nationalität, Ort, Klasse, Beruf, Sprache oder Politik ersticken sollte. Und doch hat das brutale Ausnutzen religiöser Spaltungen in vielen Teilen der Welt weiter an Intensität gewonnen, während gleichzeitig alle Hemmungen gefallen sind.

Zum Beispiel sind die mit dem politischen Islam verbundenen Organisationen immer gewalttätiger geworden. In den letzten Jahrzehnten haben Al-Qaida, die Taliban oder der Islamische Staat eine große Rolle im Weltgeschehen gespielt. Zwar haben auch diese Organisationen Expansionen und Kontraktionen erlebt, doch gab es Zeiten, in denen kriegerische religiöse Identitäten einen bedrohlichen Aufschwung erlebten. Der Islamische Staat wuchs im Irak und in Syrien zu einer beinahe allmächtigen Kraft heran, die ihre Gegner – von Kurden und Jesiden bis hin zu schiitischen Muslimen und Christen – gnadenlos folterte und tötete. Er benannte sich in Islamischer Staat im Irak und in der Levante (ISIL oder ISIS) um und herrschte über ein rund 90 000 Quadratkilometer großes Gebiet des Nahen Ostens, bevor sein Niedergang einsetzte. Während ISIS viel von seinem Einfluss verloren hat, sind Organisationen wie Al-Qaida oder die Taliban noch lange nicht zerschlagen.

Gleichzeitig haben einige Länder mit enormem Ansehen, wie die Vereinigten Staaten mit ihrer langen Tradition der Toleranz, darauf hingearbeitet, sämtlichen Muslimen – zumindest allen Muslimen aus einigen Ländern – die Einreise zu verweigern. Viele dieser Ausgeschlossenen sind Muslime mit einem ausgesprochen friedlichen Lebensstil und ohne Böswilligkeit gegenüber Menschen anderen Glaubens, und ihr Ausschluss bei der Zuwanderung kann durchaus dazu führen, dass sie im Ausland eher in Richtung Militanz als in Richtung Frieden gedrängt werden.

Eine andere Art von Gefahr lässt sich in Indien besichtigen, meinem eigenen Land, das über eine ausgeprägte gesellschaftliche Tradition des Säkularismus verfügt. Doch trotz dieser Tradition und trotz der starken Rückendeckung, die Indien durch seine sorgfältig ausgearbeitete säkulare Verfassung besitzt, wird das Land von seiner Regierungspartei mit Macht in Richtung Hindu-Staat geführt. Muslime haben verschiedene Rechte verloren, selbst in Fragen der Staatsbürgerschaft, die Nicht-Muslime behalten durften. Ein wichtiges Thema ist zudem die Frage der Sicherheit, bei der es nicht sonderlich hilfreich ist, indischer Muslim zu sein.

3

Eine ganz besondere Art der Infragestellung ist in Europa zu beobachten, und zwar dort, wo Zuwanderern mit Misstrauen und mit (unterschiedlich stark ausgeprägter) Ablehnung begegnet wird – nicht nur illegal ins Land Kommenden, sondern oft auch legalen Immigranten. Tötungen sind nur selten eine direkte Folge dieser Art von Diskriminierung, doch diskriminierende Behandlung und Vernachlässigung (insbesondere bei der medizinischen Versorgung) kommen häufig genug vor, was natürlich indirekte Auswirkungen auf das Überleben der Menschen haben kann. Eine besonders brutale Behandlung von Neueinwanderern – oder solchen, die zuwandern wollen – kann sich gegen Flüchtlinge richten, die das Mittelmeer überqueren, um nach Europa zu gelangen. Viele dieser aus prekären Notsituationen Geflüchteten lässt man ertrinken, wenn ihre Boote kentern (auch wenn einige von der Küstenwache gerettet werden). In den letzten Jahren hat die feindselige Stimmung gegenüber Migranten in vielen europäischen Ländern zugenommen, am stärksten vielleicht in Ungarn, Polen und bis zu einem gewissen Grad auch in Österreich und Italien.

Großbritannien – ein Land mit einer langen Tradition der Offenheit und Freizügigkeit – hat sich entschieden, sich in sehr hohem Maße dem einen eng gefassten Ziel zu widmen, nämlich «to get Brexit done», den Brexit hinzubekommen. Der Diskriminierung von Immigranten von außerhalb Europas würde der Brexit letztlich auch den Verlust der Rechte anderer Europäer hinzufügen. Als der Zweite Weltkrieg endete, gab es eine viel größere Toleranz gegenüber Menschen aus anderen Teilen Europas und sogar von außerhalb des Kontinents. Ich erinnere mich, dass ich als junger indischer Student im England der 1950er Jahre durch ganz Europa gereist bin, ohne überhaupt Formalitäten wie ein Visum zu benötigen, und dass ich fast überall willkommen war. Die Dinge haben sich in dieser Hinsicht grundlegend geändert.

Bis zu einem gewissen Grad ist das jedoch unvermeidlich angesichts der Versorgungsleistungen eines «Wohlfahrtsstaats», etwa dem National Health Service, der sich leicht in Anspruch nehmen lässt, so dass Trittbrettfahren schwer zu vermeiden ist. Es ist vermutlich nicht einfach, die Vorteile des Lebens in einem Sozialstaat (und anderer wohnsitzbedingter Privilegien) mit der Bewegungsfreiheit und der produktiven Interaktion zwischen Menschen unterschiedlicher Abstammung zu verbinden. Ein umfassenderes Verständnis von Identitätsfragen sollte uns dazu bringen, gründlich zu prüfen, was sinnvoll getan werden kann, um die Funktionsfähigkeit des Sozialstaats zu erhalten, gleichzeitig aber unnötige Einschränkungen zu vermeiden.

Wenn wir die in *Identität und Gewalt* vorgetragenen Argumente rückblickend betrachten, dürfen wir unser Augenmerk nicht nur auf die Beseitigung von Gewalt richten, die auf falschen Vorstellungen in Sachen Identität beruht, sondern müssen auch kritisch prüfen, wie die institutionellen Regelungen den verschiedenen gesellschaftlichen Werten, die wir mit gutem Grund unterstützen, am besten gerecht werden. Identitätsbezogene Bedürfnisse und Interessen zu verstehen ist wichtig, um sowohl gesellschaftliche Werte zu hinterfragen als auch Leben zu retten. Es gilt, Entscheidungen zu treffen und dabei – wie der Untertitel der englischen Ausgabe es formuliert – «die Illusion der Schicksalhaftigkeit» zu vermeiden.

Anmerkungen

1. Kapitel
Die Gewalt der Illusion

1. Langston Hughes, *Ich werfe meine Netze aus*, München: Nymphenburger Verlagsanstalt 1963, S. 7, 12.
2. Siehe Robert D. Putnam, *Bowling Alone: The Collapse and the Revival of the American Community*, NewYork: Simon & Schuster 2000.
3. Dafür, dass Ethnozentrismus nicht unbedingt mit Xenophobie einhergeht, sprechen viele empirische Belege; siehe zum Beispiel Elizabeth Cashdan, «Ethnocentrism and Xenophobia: A Cross-cultural Study», *Current Anthropology* 42 (2001). Dennoch hat die übertriebene Ausnutzung ethnischer, religiöser, rassischer und anderer selektiver Loyalitäten in vielen Fällen zur Gewalt gegen andere Gruppen geführt. Das entscheidende Problem ist hier die Anfälligkeit für «solitaristische» Aufwiegelung.
4. Jean-Paul Sartre, «Betrachtungen zur Judenfrage», in: Jean-Paul Sartre, *Drei Essays*, Frankfurt u. a.: Ullstein 1973.
5. *Der Kaufmann von Venedig*, III.1.
6. Siehe Alan Ryan, *J. S. Mill*, London: Routledge 1974, S. 125. Mill bemerkte, seine Ansichten zum Frauenwahlrecht würden ihm als «meine Launen» ausgelegt: John Stuart Mill, *Autobiography*, 1874; Wiederauflage Oxford: Oxford University Press 1971, S. 169.
7. Samuel P. Huntington, *Kampf der Kulturen. Die Neugestaltung der Weltpolitik im 21. Jahrhundert.* München, Wien: Europa-Verlag 1996.
8. Zitiert in *International Herald Tribune*, 27. August 2004, S. 6.
9. Diese Frage wird im 4. und 8. Kapitel erörtert.

2. Kapitel
Was heißt Identität?

1. V. S. Naipaul, *In den alten Sklavenstaaten*, Köln: Kiepenheuer und Witsch 1990.
2. Siehe auch Leon Wieseltier, *Against Identity*, New York: Drenttel 1996.

3. Siehe mein Buch *On Ethics and Economics*, Oxford: Blackwell 1987.
4. Die intellektuellen Beschränkungen dieser von manchen Mainstream-Ökonomen eigentümlich konstruierten Figur habe ich ansatzweise erörtert in «Rational Fools: A Critique of the Behavioral Foundations of Economic Theory», *Philosophy and Public Affairs* 6 (1977), nachgedruckt in *Choice, Welfare and Measurement*, Cambridge, Mass.: Harvard University Press 1997, sowie in Jane J. Mansbridge, Hrsg., *Beyond Self-Interest*, Chicago: Chicago University Press 1990.
5. Siehe George Akerlof, *An Economic Theorist's Book of Tales*, Cambridge: Cambridge University Press 1984; Shira Lewin, «Economics and Psychology: Lessons for Our Own Day from the Early 20th Century», *Journal of Economic Literature* 34 (1996); Christine Jolls, Cass Sunstein und Richard Thaler, «A Behavioral Approach to Law and Economics», *Stanford Law Review* 50 (1998); Matthew Rabin, «A Perspective on Psychology and Economics», *European Economic Review* 46 (2002); Amartya Sen, *Rationality and Freedom*, Cambridge, Mass.: Harvard University Press 2002, Essays 1–5; Roland Benabou und Jean Tirole, «Intrinsic and Extrinsic Motivation», *Review of Economic Studies* 70 (2003).
6. Siehe u. a. George Akerlof und Rachel Kranton, «Economics and Identity», *Quarterly Journal of Economics* 63 (2000); John B. Davis, *The Theory of the Individual* in *Economics: Identity and Value*, London, New York: Routledge 2003; Alan Kirman und Miriam Teschl, «On the Emergence of Economic Identity», *Revue de Philosophie Économique* 9 (2004); George Akerlof und Rachel Kranton, «Identity and the Economics of Organizations», *Journal of Economic Perspectives* 19 (2005).
7. Siehe Jörgen Weibull, *Evolutionary Game Theory*, Cambridge, Mass.: MIT Press 1995; Jean Tirole, «Rational Irrationality: Some Economics of Self-management», *European Economic Review* 46 (2002).
8. Karl Marx, «Kritik des Gothaer Programms», in: *Karl Marx/Friedrich Engels – Werke*, Bd. 19, Berlin: Dietz Verlag, 4. Auflage 1973, S. 13–32, hier S. 21.
9. Pierre Bourdieu, *Soziologische Fragen*, Frankfurt: Suhrkamp 1993.
10. E. M. Forster, *Two Cheers for Democracy*, London: E. Arnold 1951.
11. Zum Verhältnis von Selbst und Gemeinschaft vgl. die erhellenden Analysen von Charles Taylor, *Quellen des Selbst. Die Entstehung der neuzeitlichen Identität*, Frankfurt: Suhrkamp 1996, und *Philosophical Arguments*, Cambridge, Mass.: Harvard University Press, 1995. Siehe auch Will Kymlickas aufschlussreiche Einschätzung dieser und verwandter Fragen in *Politische Philosophie heute. Eine Einführung*, Frankfurt: Campus-Verlag 1996.
12. Für kommunitaristische Einwände gegen liberale Theorien der Gerechtigkeit siehe insbesondere Michael Sandel, *Liberalism and the Limits of Justice*, Cambridge: Cambridge University Press 1982, 1998; Michael Walzer, *Sphären der Gerechtigkeit*, Frankfurt: Campus-Verlag 1992; Charles Taylor, «Cross-Purposes: The Liberal-Communitarian Debate», in: Nancy L. Rosenblum, Hrsg., *Liberalism and the Moral Life*, Cambridge, Mass.: Harvard University Press 1989. Siehe auch John Rawls' Antwort auf Kritik an seiner Theorie der

Gerechtigkeit von seiten Sandels und anderer in «Justice as Fairness: Political Not Metaphysical», *Philosophy and Public Affairs* 14 (1985), und *Political Liberalism*, New York: Columbia University Press 1993, worauf Sandel in der 1998 erschienen Auflage von *Liberalism and the Limits of Justice* antwortet. Hilfreiche Kommentare zu diesen heftigen Debatten findet man in Will Kymlicka, *Politische Philosophie heute*, Kapitel 6; Michael Walzer, «The Communitarian Critique of Liberalism», *Political Theory* 18 (1990); Stephen Muthall und Adam Swift, *Liberals and Communitarians*, Oxford: Blackwell 1992, 1996. Meine Zweifel an der kommunitaristischen Kritik an Theorien der Gerechtigkeit habe ich vorgetragen in *Reason Before Identity*, Oxford: Oxford University Press 1999.

13. Zu diesem und verwandten Problemen siehe Frédérique Apffel Marglin und Stephen A. Marglin, Hrsg., *Dominating Knowledge*, Oxford: Clarendon Press 1993.
14. Die Rolle des Widerspruchs und des Arguments in der indischen Tradition wird erörtert in meinem Buch *The Argumentative Indian*, London: Allen Lane; New York: Farrar, Straus & Giroux 2005.
15. Sandel, *Liberalism and the Limits of Justice*, S. 150 f.
16. Die Ethik der Identität ist entscheidend gerade wegen der unausweichlichen Entscheidungen im Hinblick auf die Prioritäten unter unseren vielen Zugehörigkeiten; siehe dazu Kwame Anthony Appiahs schöne Analyse in *The Ethics of Identity*, Princeton, N.J.: Princeton University Press 2005. Siehe auch Amin Maalouf, *In the Name of Identity: Violence and the Need to Belong*, New York: Arcade Publishing 2001.

3. Kapitel
Gefangen in der Kultur

1. Samuel P. Huntington, *Kampf der Kulturen. Die Neugestaltung der Weltpolitik im 21. Jahrhundert*, München, Wien: Europa-Verlag 1996.
2. Einige der hier behandelten Themen erörtere ich ausführlich in *The Argumentative Indian*, London: Allen Lane; New York: Farrar, Straus & Giroux 2005.
3. Ich erörtere die multireligiöse und multikulturelle Geschichte Indiens in *The Argumentative Indian*.
4. Huntington, *Kampf der Kulturen*, S. 103.
5. Oswald Spengler, *Der Untergang des Abendlandes*, München: Beck 1921, S. 440.
6. Siehe *Nihongi: Chronicles of Japan from the Earliest Times to* A.D. 697, übers. von W. G. Aston, Tokyo: Tuttle 1972, S. 128–133.
7. Siehe Nakamura Hajime, «Basic Features of the Legal, Political, and Economic Thought of Japan», in Charles A. Moore, Hrsg., *The Japanese Mind: Essentials of Japanese Philosophy and Culture*, Tokyo: Tuttle 1973, S. 144.
8. Alexander reagierte, wie wir von Flavius Arrian erfahren, auf diesen egalitären Vorwurf mit derselben Bewunderung, die er bei seiner Begegnung mit Dio-

genes gezeigt hatte, doch sein Verhalten änderte sich deshalb nicht («das genaue Gegenteil dessen, was er damals zu bewundern vorgab»). Siehe Peter Green, *Alexander of Macedon, 356–323 B.C.: A Historical Biography*, Berkeley: University of California Press 1992, S. 428.

9. Alexis de Tocqueville, *Über die Demokratie in Amerika*, Stuttgart: Reclam 1985, S. 15 f.
10. Nelson Mandela, *Der lange Weg zur Freiheit*, Hamburg: Spiegel-Verlag 2006, S. 35.
11. Die Bedeutung des Buchdrucks für den öffentlichen Diskurs wird erörtert in meinem Buch *The Argumentative Indian*, S. 82 f., 182 ff.

4. Kapitel
Religionszugehörigkeiten und muslimische Geschichte

1. *Corpus of Early Arabic Sources for West African History*, übers. von J. F. P. Hopkins, herausgegeben und mit Anmerkungen versehen von N. Levtzion und J. F. P. Hopkins, Cambridge: Cambridge University Press 1981, S. 285. Siehe auch *Ibn Battuta: Travels in Asia and Africa 1325–1354*, übers. von H. A. R. Gibbs, London: Routledge 1929, S. 321.
2. *Corpus of Early Arabic Sources for West African History*, S. 286; hier wurde Hopkins' abgekürzte Form «Shar'» durch «Scharia» ersetzt.
3. Siehe Pushpa Prasad, «Akbar and the Jains», in Irfan Habib, Hrsg., *Akbar and His India*, Delhi und New York: Oxford University Press 1997, S. 97 f.
4. Der Vater des Maratha-Königs, Raja Sambhaji, dem sich der junge Akbar angeschlossen hatte, war kein anderer als Shivaji, den die politischen Hindu-Aktivisten von heute als Superhelden betrachten und nach dem sich die intolerante Hindu-Partei Shiv Sena benannt hat (Shivaji selbst war durchaus tolerant, wie der Mogul-Historiker Khafi Khan berichtete, der in anderer Hinsicht kein Bewunderer Shivajis war).
5. Siehe Iqtidar Alam Khan, «Akbar's Personality Traits and World Outlook: A Critical Reappraisal», in Habib, Hrsg., *Akbar and His India*, S. 78.
6. María Rosa Menocal, *The Ornament of the World: How Muslims, Jews, and Christians Created a Culture of Tolerance in Medieval Spain*, New York: Little, Brown 2002, S. 86; dt. *Die Palme im Westen*, München: Droemer 2003.
7. Ibid., S. 85.
8. Siehe Harry Eyres, «Civilization Is a Tree with Many Roots», *Financial Times*, 23. Juli 2005. Wie Jan Reed bemerkt hat, «bleiben die maurischen Bewässerungsanlagen, die man später stark erweiterte, die Grundlage der Landwirtschaft in den ausgedörrten Regionen Spaniens und Portugals» (*The Moors in Spain and Portugal*, London: Faber & Faber 1974, S. 235).
9. Bericht von Michael Vatikiotis, «Islamizing Indonesia», *International Herald Tribune*, 3.–4. September 2005, S. 5. Siehe auch Vatikiotis, «The Struggle for Islam», *Far Eastern Economic Review*, 11. Dezember 2003, und M. Syafi'i An-

war, «Pluralism and Multiculturalism in Southeast Asia: Formulating Educational Agendas and Programs», *ICIP Journal* 2 (Januar 2005).

10. Ein damit zusammenhängendes Problem ist, wie der Islam in gesellschaftlichen und politischen Kontexten zu interpretieren ist, und dass die Interpretation nicht zu eng sein darf; siehe dazu Ayesha Jalal, *Self and Sovereignty: Individual and Community in South Asian Islam Since 1850*, London: Routledge 2000. Siehe auch Gilles Kepel, *Die neuen Kreuzzüge. Die arabische Welt und die Zukunft des Westens*, München: Piper 2004.
11. Dass sich in Pakistan dank des Engagements mutiger und weitblickender Journalisten starke und weitgehend unabhängige Medien etablieren konnten, ist eine für Frieden und Gerechtigkeit in Pakistan entschieden positive Entwicklung, die außerhalb des Landes stärkere Anerkennung verdient hätte. Die Tradition der Mitsprache und der Furchtlosigkeit, begründet durch Zeitschriften wie die (von dem mutigen und visionären Najam Sethi begründete) *Friday Times* und den *Herald* und durch Tageszeitungen wie *The Dawn*, *The Nation*, die *Daily Times* und die *News*, berechtigt zu großen Hoffnungen für die Zukunft des Landes. Das hätte Faiz Ahmed Faiz gefallen, dem großen Dichter und engagierten Redakteur in den Anfängen der *Pakistan Times*, der sich sehr für die Entwicklung unabhängiger pakistanischer Medien einsetzte, bevor die Herrschaft der Militärs und der politische Extremismus ihnen ein Ende machten. Er wurde, wie später auch Najam Sethi, eingesperrt.
12. Husain Haqqani, «Terrorism Still Thrives in Pakistan», *International Herald Tribune*, 20. Juli 2005, S. 8. Siehe auch sein informatives Buch *Pakistan: Between Mosque and Military*, Washington, D.C.: Carnegie Endowment for International Peace 2005. Ferner Ahmed Rashid, *Taliban: The Story of the Afghan Warlords*, London: Pan 2001, und *Taliban: Islam, Oil and the New Great Game in Central Asia*, London: Tauris 2002.
13. Siehe die *Human Development Reports*, die alljährlich vom Entwicklungsprogramm der Vereinten Nationen veröffentlicht werden, einem Projekt, das von Mahbub ul Haq angestoßen und lange Jahre geleitet wurde. Nach dem frühen Tod Mahbub ul Haqs wurde diese weitgehend säkulare Arbeit in Pakistan von einem Institut fortgesetzt, das er gegründet hatte (und das jetzt von seiner Witwe Khadija Haq geleitet wird).
14. Judea Pearl, «Islam Struggles to Stake Out Its Position», *International Herald Tribune*, 20. Juli 2005.
15. Hier sei ausdrücklich auf die Unterscheidung verwiesen, die Mahmood Mamdani so klar formuliert hat: «Ich möchte die verbreitete Annahme in Frage stellen, dass extremistische religiöse Tendenzen gleichzusetzen seien mit politischem Terrorismus. Terrorismus ist keine notwendige Folge religiöser Tendenzen, seien sie fundamentalistischer oder säkularer Art. Der Terrorismus erwächst vielmehr aus politischen Gegensätzen» (*Good Muslim, Bad Muslim: America, the Cold War, and the Roots of Terror*, New York: Doubleday 2004, S. 61 f.).
16. Damit soll nicht bestritten werden, dass man den Bereich der islamischen Lehrsätze unterschiedlich definieren kann; siehe z. B. M. Syafi'i Anwars Unter-

scheidung zwischen dem «rechtlich-inklusiven Ansatz» und dem «materiell-exklusiven Ansatz» in seinem Aufsatz «The Future of Islam, Democracy, and Authoritarianism in the Muslim World», *ICIP Journal* 2 (März 2005). Keine dieser Spielarten kann jedoch die Religion zur allumfassenden Identität eines Menschen machen.

5. Kapitel
Westen und Antiwesten

1. Albert Tevoedjre, *Winning the War Against Humiliation*, New York: UNDP 2002, Bericht der unabhängigen Kommission über Afrika und die Herausforderungen des dritten Jahrtausends. Dies ist die englische Übersetzung eines ursprünglich auf französisch publizierten Berichts: *Vaincre l'humiliation*, Paris 2002.
2. Die Liebesgeschichte, die William Dalrymple in seinem fesselnden Roman *White Mughals* (London: Flamingo 2002) schildert, eine Liebe, welche sich über die Rassenschranken im Indien des 18. Jahrhunderts hinwegsetzt, als etwa ein Drittel der britischen Männer in Indien mit indischen Frauen zusammenlebte, hätte sich unter den immer schärferen imperialen Vorschriften im folgenden Jahrhundert kaum wiederholen können.
3. James Mill, *The History of British India*, London 1817; Wiederauflage Chicago: University of Chicago Press 1975, S. 247.
4. Zitiert in John Clives Einführung zu Mill, The *History of British India*, S. viii.
5. Mill, *The History of British India*, S. 225 f.
6. William Jones wird oft für einen typischen «Orientalisten» gehalten, der er in einem gewissen Sinne auch war. Doch die These einer von allen Orientalisten – von William Jones bis James Mill – geteilten gemeinsamen Haltung lässt sich kaum aufrechterhalten. Siehe dazu Kapitel 7 («Indian Traditions and Western Imagination») meines Buches *The Argumentative Indian*, London: Allen Lane; New York: Farrar, Straus & Giroux 2005.
7. Mill sah in Jones' Ansichten über die Mathematik und Astronomie im frühen Indien einen «Beweis der Leichtgläubigkeit, mit der man den Zustand der Gesellschaft unter den Hindus eine Zeitlang betrachtet hat», und speziell macht er sich darüber lustig, dass Jones diese Zuschreibungen «mit einem Anschein von Überzeugung» getroffen hatte (*The History* of *British India*, S. 223 f.). Inhaltlich wirft Mill Behauptungen über unterschiedliche Sachverhalte in einen Topf, nämlich (1) das Prinzip der gravitativen Anziehung, (2) die tägliche Drehung der Erde und (3) die Bewegung der Erde um die Sonne. Aryabhata und Brahmagupta haben sich hauptsächlich mit den beiden ersten befasst und eindeutige Aussagen darüber gemacht, nicht dagegen über den dritten.
8. Mill, *The History of British India*, S. 223 f.
9. Ibid., S. 248.
10. *The Argumentative Indian*, Kapitel 6, 7 und 16.

11. Partha Chattergee, *The Nation and Its Fragments*, Princeton, N.J.: Princeton University Press 1993, S. 6.
12. Siehe zu diesen und verwandten Fragen auch *The Argumentative Indian*, Kapitel 1–4 und 6–8.
13. Akeel Bilgrami, «What Is a Muslim?», in: Anthony Appiah und Henry Louis Gates, Hrsg., *Identities*, Chicago: University of Chicago Press 1995.
14. Mamphela Ramphele, *Steering by the Stars: Being Young in South Africa*, Cape Town: Tafelberg 2002, S. 15.
15. Fareed Zakaria, «Culture Is Destiny: A Conversation with Lee Kuan Yew», *Foreign Affairs* 73 (März-April 1994), S. 113.
16. Zitiert in *International Herald Tribune*, 13. Juni 1995, S. 4. Siehe auch Lees aufschlussreiche Autobiographie *From Third World to First: The Singapore Story, 1965–2000*, New York: HarperCollins 2000.
17. W. S. Wong, «The Real World of Human Rights», Rede des Außenministers von Singapur auf dem Zweiten internationalen Menschenrechtskongress in Wien 1993.
18. Zitiert in John F. Cooper, «Pekings Post-Tienanmen Foreign Policy: The Human Rights Factor», *Issues and Studies* 30 (Oktober 1994), S. 69; siehe auch Jack Donnelly, «Human Rights and Asian Values: A Defence of ‹Western› Universalism», in: Joanne Bauer und Daniel A. Bell, Hrsg., *The East Asian Challenge for Human Rights*, Cambridge: Cambridge University Press 1999.
19. Die Fakten habe ich erörtert in *Human Rights and Asian Values: Sixteenth Morgenthau Memorial Lecture on Ethics and Foreign Policy*, New York: Carnegie Council on Ethics and International Affairs 1997, gekürzter Nachdruck in *The New Republic*, 14./21. Juli 1997. Siehe auch mein Buch *Ökonomie für den Menschen*, München: Hanser 2000, und ferner «The Reach of Reason: East and West», *New York Review of Books*, 20. Juli 2000, nachgedruckt in *The Argumentative Indian*.
20. *Ökonomie für den Menschen* und ferner, gemeinsam mit Jean Drèze, *Hunger and Public Action*, Oxford: Clarendon Press 1989.
21. Berechnet aufgrund der Daten des Stockholmer Friedensforschungsinstituts, http://www.sipri.org.
22. Kwame Anthony Appiah, *In My Father's House: Africa in the Philosophy of Culture*, London: Methuen 1992, S. xii.
23. Meyer Fortes und Edward E. Evans-Pritchard, *African Political Systems*, New York: Oxford University Press 1940, S. 12.
24. Appiah, *In My Father's House*, S. xi.
25. Selbst politische Bewegungen, die nur lokale Forderungen erheben, wie etwa die Palästinenser, die ein eigenes, souveränes Territorium verlangen, werden politisch-fundamentalistisch gedeutet, als Beispiele einer allgemeinen Opposition gegen westliche Vorherrschaft, unabhängig davon, wie die Betroffenen (in diesem Fall die Palästinenser) den regionalen Konflikt selber deuten.

6. Kapitel
Kultur und Unterdrückung

1. Ich habe mich mit dieser Frage auseinandergesetzt in «How Does Culture Matter?», in: Vijayendra Rao und Michael Walton, Hrsg., *Culture and Public Action*, Stanford, Calif.: Stanford University Press 2004.
2. Siehe Joel Mokyrs ausgewogene Beurteilung dieses schwierigen Problems in *Why Ireland Starved: A Quantitative and Analytical History of the Irish Economy, 1800–1850*, London: Allen & Unwin 1983, S. 291 f. Siehe auch Mokyrs Schlussfolgerung, dass «Britannien Irland als fremde und sogar feindliche Nation betrachtete» (S. 291).
3. Siehe Cecil Woodham-Smith, *The Great Hunger: Ireland, 1845–9*, London: Hamish Hamilton 1962, S. 76.
4. Siehe Andrew Roberts, *Churchill und seine Zeit*, München: dtv 1998, S. 294.
5. Lawrence E. Harrison und Samuel P. Huntington, Hrsg., *Streit um Werte*, München: Goldmann 2004, S. 9.
6. Siehe dazu Noel E. McGinn, Donald R. Snodgrass, Yung Bong Kim, Shin-Bok Kim und Quee-Young Kim, *Education and Development in Korea*, Cambridge, Mass.: Council on East Asian Studies, Harvard University 1980.
7. William K. Cummings, *Education and Equality in Japan*, Princeton, N.J.: Princeton University Press 1980, S. 17.
8. Siehe Herbert Passin, *Society and Education in Japan*, New York: Teachers College Press, Columbia University 1965, S. 209 ff.; ferner Cummings, *Education and Equality in Japan*, S. 17.
9. Zitiert in Shumpei Kumon und Henry Rosovsky, *The Political Economy of Japan*, Bd. 3, *Cultural and Social Dynamics*, Stanford, Calif.: Stanford University Press 1992, S. 330.
10. Siehe Carol Gluck, *Japan's Modern Myths: Ideology in the Late Meiji Period*, Princeton, N.J.: Princeton University Press 1985.
11. Dass die kulturelle Freiheit im Weltentwicklungsbericht der Vereinten Nationen 2004 (New York: UNDP 2004) erstmals in die Liste der Kriterien «menschlicher Entwicklung» aufgenommen wurde, erhöht die Aussagekraft der Analyse menschlicher Entwicklung enorm.
12. Siehe «Other People», veröffentlicht in den *Proceedings of the British Academy 2002* und außerdem unter dem Titel «Other People – Beyond Identity», *The New Republic*, 18. Dezember 2000.

7. Kapitel
Globalisierung und Widerspruch

1. *The Advancement of Learning*, 1605; Neuauflage in B. H. G. Wormald, *Francis Bacon: History, Politics and Science, 1561–1626*, Cambridge: Cambridge University Press 1993, S. 356 f.
2. Ich habe diese Frage am 8. Juni 2000 in meiner Dankrede zur Verleihung der Ehrendoktorwürde («Global Doubts») an der Harvard University erörtert, abgedruckt in *Harvard Magazine* 102 (August 2000).
3. T. B. Macaulay, «Indian Education: Minute of the 2nd February, 1835», abgedruckt in G. M. Young, Hrsg., *Macaulay: Prose and Poetry*, Cambridge, Mass.: Harvard University Press 1952, S. 722.
4. Howard Eves, *An Introduction to the History of Mathematics*, 6. Aufl., New York: Saunders College Publishing House 1990, S. 237. Siehe auch Ramesh Gangolli, «Asian Contributions to Mathematics», Portland Public Schools Geocultural Baseline Essay Series 1999.
5. Es muss anerkannt werden, dass Großbritannien unter der Führung von Tony Blair und Gordon Brown eine bedeutende Rolle dabei gespielt hat, die G8-Länder in diese Richtung zu drängen. Auch soziale Bewegungen, an deren Spitze bekannte Persönlichkeiten wie Bob Geldof stehen, haben (ungeachtet der Skepsis der akademischen Welt) nicht wenig zu solchen Initiativen beigetragen.
6. Siehe Jeffrey Sachs, *Das Ende der Armut. Ein ökonomisches Programm für eine gerechtere Welt*, München: Siedler 2005.
7. Mein Essay «Gender and Cooperative Conflict», in: Irene Tinker, Hrsg., *Persistent Inequalities*, New York: Oxford University Press 1990, untersucht die Relevanz und Bedeutung der Kombination von Kooperation und Konflikt.
8. Siehe J. F. Nash, «The Bargaining Problem», *Econometrica* 18 (1950); Sylvia Nasar, *A Beautiful Mind*, New York: Simon & Schuster 1999.
9. Die wegweisenden Theoretiker der Marktwirtschaft haben – von Adam Smith, Léon Walras und Francis Edgeworth bis zu John Hicks, Oscar Lange, Paul Samuelson und Kenneth Arrow – klarzumachen versucht, dass die Marktergebnisse zutiefst von der Ressourcenverteilung und anderen Determinanten abhängen, und sie haben – seit Adam Smith – Vorschläge gemacht, wie man zu einer billigeren und gerechteren Lösung kommt.
10. Siehe Paul A. Samuelson, «The Pure Theory of Public Expenditure», *Review of Economics and Statistics* 35 (1954); Kenneth Arrow, «Uncertainty and the Welfare Economics of Medical Care», *American Economic Review* 53 (1963); George Akerlof, *An Economic Theorist's Book of Tales*, Cambridge: Cambridge University Press 1984; Joseph Stiglitz, «Information and Economic Analysis: A Perspective», *Economic Journal* 95 (1985).
11. Siehe dazu George Soros, *Die offene Gesellschaft. Für eine Reform des globalen Kapitalismus*, Berlin: Fest 2001.
12. Siehe unter anderem Joseph Stiglitz, *Die Schatten der Globalisierung*, Berlin: Siedler 2002, und Sachs, *Das Ende der Armut.*

13. Ihr Anteil beträgt nach den Ermittlungen des Stockholmer Internationalen Friedensforschungsinstituts während der 1990er Jahre 84,31 Prozent, und die neueren Zahlen deuten eher auf eine Konsolidierung als auf eine Umkehrung dieser Entwicklung hin. Das Problem wurde ausführlicher im 6. Kapitel erörtert. Nur eines der G8-Länder (Japan) exportiert keinerlei Waffen.
14. Der Vaccine Fund und die Global Alliance for Vaccines and Immunization (GAVI) haben viel dafür getan, Impfstoffe in den ärmeren Ländern verfügbar zu machen. Ein gutes Beispiel für eine innovative Idee, wie man bessere Anreize für die Entwicklung solcher Medikamente schaffen kann, ist die Möglichkeit, im voraus einen Großeinkauf durch global tätige NGOs und andere internationale Institutionen zu garantieren; siehe Michael Kremer und Rachel Glennerster, *Strong Medicine: Creating Incentives for Pharmaceutical Research on Neglected Diseases*, Princeton, N.J.: Princeton University Press 2004.
15. Das allgemeine Problem der «globalen Frontlinien der modernen Medizin» wird erhellend angesprochen von Richard Horton, *Health Wars*, New York: New York Review of Books 2003. Siehe auch Paul Farmer, *Pathologies of Power: Health, Human Rights, and the New War on the Poor*, Berkeley: University of Califomia Press 2003, und Michael Marmor, *Social Determinants of Health: The Solid Facts*, Copenhagen: World Health Organization 2003.
16. Die Rolle des Staates für das gerechte Funtionieren der Marktprozesse wird mit vielen Beispielen erörtert in meinem gemeinsam mit Jean Drèze verfassten Buch *India: Development and Participation*, Delhi und Oxford: Oxford University Press 2002.
17. Siehe dazu meinen Beitrag «Sharing the World», The *Little Magazine* (Delhi) 5 (2004).
18. David Hume, *Prinzipien der Moral*, Stuttgart: Reclam 2002, S. 111 f.

8. Kapitel
Multikulturalismus und Freiheit

1. *Ökonomie für den Menschen*, München: Hanser 2000.
2. Zu gemeinsamen amerikanisch-europäischen Problemen siehe auch Timothy Garton Ash, *Freie Welt. Europa, Amerika und die Chance der Krise*, München: Hanser 2004.
3. James A. Goldston, «Multiculturalism Is Not the Culprit», *International Herald Tribune*, 30. August 2005, S. 6. Für eine andere Perspektive siehe auch Gilles Kepel, *Die neuen Kreuzzüge. Die arabische Welt und die Zukunft des Westens*, München: Piper 2004, insbesondere Kapitel 7.
4. Julie Henry, «Dumbed-Down GCSEs Are a ‹Scam› to Improve League Tables, Claim Critics», *Daily Telegraph*, 28. August 2005, S. 1.
5. Zu den weitreichenden Folgen der Bastardisierung in der Welt von heute siehe Homi Bhabha, *The Location of Culture*, New York: Routledge 1994.
6. Agence France-Presse, Meldung vom 18. August 2005.

7. Diese Beschreibung stammt von Lord Parekh, dem bemerkenswerten Vorsitzenden der «Commission on the Future of Multi-ethnic Britain», in: «A Britain We All Belong To», *Guardian*, 11. Oktober 2000. Es gibt viele ähnliche Äußerungen, und oft wird ein «föderatives» System in sehr viel primitiverer Form gefordert. Bhikhu Parekh hat jedoch in seinen eigenen Schriften voller Verständnis auch andere Auffassungen des Multikulturalismus dargestellt; siehe insbesondere *Re-thinking Multi-culturalism: Cultural Diversity and Political Theory*, Basingstoke: Palgrave 2000.
8. Siehe Cornelia Sorabji, *India Calling*, London: Nisbet 1934, und Vera Brittain, *The* Women *at Oxford*, London: Harrap 1960.
9. Aus dem Text einer Pressekonferenz von Premierminister Blair am 26. Juli 2005. Tony Blair zeigt einen starken Wunsch nach kultureller Fairness, indem er die neuerrichteten islamischen Schulen genauso behandelt wie die älteren christlichen Schulen. Auch diese Frage wurde im 6. Kapitel erörtert.
10. Siehe M. Athar Ali, «The Perception of India in Akbar and Abu'l Fazl», in Irfan Habib, Hrsg., *Akbar and His India*, Delhi: Oxford University Press 1997, S. 220.
11. Zu der Tradition, über unterschiedliche Schulen religiösen Denkens (einschließlich des Agnostizismus und des Atheismus) zu debattieren, siehe mein Buch *The Argumentative Indian*, London: Allen Lane; New York: Farrar, Straus & Giroux 2005.
12. Aus einer Pressekonferenz am 26. Juli 2005.
13. *Indian Round Table Conference (Second Session) 7th September, 1931–1st December, 1931: Proceedings*, London: Her Majesty's Stationery Office 1932; siehe auch C. Rajagopalachari und J. C. Kumarappa, Hrsg., *The Nation's Voice*, Ahmedabad: Mohanlal Maganlal Bhatta 1932.
14. M. K. Gandhi, «The Future of India», *International Affairs* 10 (November 1931), S. 739.
15. Abgesehen von den Greueln, zu denen es bei diesem schrecklichen Vorfall in Gujarat im Jahre 2002 kam, werden die ideologischen Probleme, welche diese weitgehend künstlich angefachte Gewalt ans Licht brachte (einschließlich des Versuchs, Gandhijis integrative Ideen zurückzuweisen), erhellend erörtert in Rafiq Zakaria, *Communal Rage in Secular India*, Mumbai: Popular Prakashan 2002.
16. *Indian Express*, 13. August 2005.
17. Thomas Friedman, *Die Welt ist flach*, Frankfurt: Suhrkamp 2006. Indiens Bilanz speziell in Kaschmir ist jedoch weit weniger befriedigend. Sowohl das Eindringen des Terrorismus von außen als auch die Rebellion im Inneren haben der Lösung der Kaschmir-Frage geschadet.

9. Kapitel
Freiheit zu denken

1. Siehe auch sein bewegendes und auf bedrückende Weise erhellendes Buch: Shaharyar M. Khan, *The Shallow Graves of Rwanda*, mit einem Vorwort von Mary Robinson, New York: I. B. Tauris 2000.
2. Siehe Will Kymlicka, *Politische Philosophie heute. Eine Einführung*, Frankfurt: Campus-Verlag 1996.
3. Siehe «The Real News from Iraq», *Sunday Telegraph*, 28. August 2005, S. 24.
4. Derek Walcott, «Namen», in: *Erzählungen von den Inseln*. Gedichte. Ausgewählt und aus dem Englischen von Klaus Martens, München: Hanser 1993, S. 73.

Personenregister

Aus dem Verlagsprogramm

128 S. | Klappenbr. | ISBN 978-3-406-76255-0

«Die Welt teilen» stellt in sechs eindrucksvollen Lektionen Sens Denken vor. Vom Übel der Armut über die Notwendigkeit einer freien Presse für die Bekämpfung von Missständen bis zu einem leidenschaftlichen Plädoyer für Reformen in seinem Heimatland Indien umkreisen alle diese Texte das Thema Gerechtigkeit in sehr unterschiedlichen Facetten. Und noch etwas ist ihnen allen gemeinsam: Der unerschütterliche Glaube an die Macht der Vernunft und die Möglichkeit des Guten.